Fous et culture populaire

L'Anthropologie historique dans la France médiévale

愚者と民衆文化

中世フランスの歴史人類学

蔵持不三也

柊風舎

目次

人類の母にしてその創り手である自然が、
どこであれ痴愚の味付けがまったくせぬことがないようにと、
懸命にも前々からどれほど気を配ってくださったは、ご覧のとおりです。
（エラスムス『痴愚神礼讃』、沓掛良彦訳）

愚者の饗宴は、
人びとが祭りと空想に対するよく発達した能力を持っていた時代に発展した。
（ハーヴェイ・コックス『愚者の饗宴』、志茂望信訳）

愚者は流行を作り出し、賢者はそれに従う。
（『アカデミー・フランセーズ辞典』第9版、二〇一九年）

愚者は賢者に助言を与え、愚者は賢者に答えられない質問をする。
（『ＯＥＣＤ』二〇二〇年）

はじめに

ユゴーの誤り?

まず、ヴィクトル・ユゴーの名作『ノートル＝ダム・ド・パリ、一四八二年』(一八三一年)からみていこう。一八三〇年二月の初演になる彼の韻文劇『エルナニ』をめぐるロマン派と古典派の論争が、ユゴー率いる前者の勝利で終息し、そして「国民王」ルイ＝フィリップが立憲君主制を開始する「七月革命」の翌年、わずか五か月で書き上げたという、この小説の本文は次の一文から始まる(カッコ内蔵持。以下同)。

今から三百四十八年六か月と十九日前のことだが、パリの市民は中の島、大学区、市街区をとりまく三重の城壁の中で、いっせいにガンガンと鳴りだした全市の鐘の音で夢を破られた。
だが、一四八二年一月六日というこの日は、何かとくに歴史に残るような事件が起こったわけではない。(…)ブールボン枢機卿は、やれやれやっかいなことだわい、と思いながらも、フランドルの市長連からなるこのおのぼりさん一団をもてなし、ブールボンの自邸で、「教訓劇、茶番、狂言などを存分に催して」彼らを楽しませなければならなかった。(…)ジャン・ド・トロワが「パリの全市民が湧きたった日」と言っているこの日は、ずっと昔から御公現の祝日とらんちき祭りとが、ちょうど重なりあうようにできている日だった。この日には、グレーヴ広場でかがり火が焚かれ、ブラック礼拝堂に五月柱(後出)が立てられ、パリ裁判所で聖史劇(後出)が上演される。前の日になると、紫色のウールの美しい胴着を着て胸に大きな白い十字架をつけたパリ奉行殿の役人たちが、辻々でラッパを吹き鳴らして、祝日を触れまわったものだ(1)。

図１　「愚者たちの王カジモド」、ユゴー『ノートル＝ダム・ド・パリ』1836年版、ウィリアム・フィンデン作挿画

いささか理解しがたいことに、数通りある邦訳書には、いずれも原著の題名にある一四八二という年号が省かれている。だが、それより面妖なのは、この年号自体である。作者によれば、二日前の一月四日、ルイ十一世の王太子、のちの国王シャルル八世（在位一四八三―九八）と、オーストリア・ハプスブルク家の、当時三歳だった皇女マルグリットの婚礼を取り決めるため、フランドル使節団がパリに入城し、国務諮問会議の長だったブルボン（ブールボン）枢機卿は、その接待に追われたという。問題はまずここにある。一四七〇年から、ルイ十一世とのちの神聖ローマ皇帝マクシミリアン一世が争った、いわゆるブルゴーニュ継承戦争はアラスの和約で終焉したが、その和約では、両国の和平を保証するため、王太子と皇女との結婚が定められていた。

だが、この和約が結ばれたのは一四八二年の十二月。とすれば、同年一月のフランドル使節団のパリ訪問は間尺に合わない。正鵠を期していえば、この使節団がパリに入ったのは、一四八三年一月四日。[2] つまり、文中にある暦日よりちょうど一年後（！）のことなのである。さらにいえば、ユゴーが参照した（？）と思われる、ブルボン公ジャン二世の秘書官やパリ裁判所の公証人だった、ジャン・ド・ロワ（一四二五頃―九五頃）の編とされる、通称『醜聞年代記』（初版一五〇二年）でも、一四八三年一月（六日の明示はない）となっている。[3] ちなみに、この年代記の著者をパリ市庁舎の書記だったドゥニ・エスラン（一四七五―一五一〇）とする説もある。

もとより創作であってみれば、史実を忠実になぞる必要はないのだろうが、なぜ作家はあえて史実より一年前の一四八二年にこだわったのか、こだわる意図はどこにあったのか。疑問なしとしない。

このパリの中心部、ノートル゠ダム司教座聖堂やオテル・デュー（慈善院。現パリ市立病院）のあるシテ島で繰り広げられた大騒ぎのあと、物語は同じシテ島にあり、十二世紀末頃から盛んになったイエスの受難詩を演劇化した、聖史劇（Mistère）ないし受難劇（Passion）[4]が上演される、パリ裁判所（現司法宮）大広間内での新たな大騒ぎの情景へと移る[5]。この聖史劇はユゴーが作中幾度も登場させている、そして本書でも縷々紹介することになるピエール・グランゴワールの作である。ただ、ここにも間尺に合わない話がある。グランゴワールの生年は一四七五年頃。とすれば、一四八二年の彼は一〇歳にも満たない子ども。いかに彼が早熟だったとしても、ありえる話ではない。しかも、彼がパリの聖史劇を主導していた時期は一五〇二年から一七年頃[6]。以後、長々とグランゴワールのエピソードが続くことからすれば、おそらくはこれもまた創作上の意図的な（？）錯誤なのかもしれない[7]。

こうした舞台設定上の疑問は措くとして、『ノートル゠ダム・ド・パリ』のこの導入部には、じつは当時の民衆文化の一端がみてとれる。まず、フランドルの使節団を歓待するためにブルボン枢機卿が催した「教訓劇、茶番、狂言」である。このうち、「茶番」は原文ではソティ（sotie, sottie）を指す。また、「狂言」と訳されているfarceとは、通常は聖史劇の前、客寄せのために演じられたファルス（笑劇）のことで、後述するように、いずれも愚者ないし道化役が登場するフランス演劇史に重要な足跡を刻んだ民衆劇である。賭け事同様、芝居を悪魔の発明として徹底的に唾棄した、セビリャ大司教のイシドールス（五六〇頃―六三六）がこの場にいたら、おそらく司教杖を振り上げて断罪したことだろう。

余談はさておき、さらに一月六日はキリスト教暦でクリスマスに始まる降誕節の最終日、東方の三博士がイエスの生誕を祝うために来訪したことを記念する公現祭（エピファニー）にあたる。ほほえましい慣習では、この日、等分に切り分けられた菓子のなかにソラマメないし小さな人形が入っていた子どもが一日限りの王となり、自ら選んだ王妃や臣下を従えて遊んだものだった。また、各種の職業組合でも、メンバーがやはり菓子に入っていたソラマメを用いて向こう一年間の王を選び、会計法院の書記たちは行列を組んで、菓子を仲間たちに配る習わしがあった。[8] だが、引用文中の「らんちき祭り」とは、原文に fête des fous と明示されているところからして、明らかにこれはカーニヴァルとならんでもっとも盛んに営まれていた、すぐれて民衆的な祝祭、すなわち「愚者の祭り」の謂いである。図1の画面中央、盛装して輿に担がれているのは、この日、「愚者たちの王」に選ばれたノートル＝ダム司教座聖堂の鐘撞き男カジモド。あとに続くのは仮装の聖職者たちで、左手の愚者ないし道化役たちは思い思いに踊り、笑い、叫びながら一行を先導している。

もとより十九世紀の小説であり、そのための挿画である。情景の正確さは疑問なしとしない。画面から登場人物を仔細に読み取るのも難しい。だが、おそらく実際の群衆のなかには、中世、町から町へ、城から城へ遍歴する社会の周縁者たち、たとえばエスメラルダが演じていたような踊り子やジョングルール、[9] さらには「愚者」と呼ばれた者たち、たとえば行き場を失って身を持ち崩したゴリヤール（後出）と呼ばれた放浪学生や都市お抱えの道化たちもいただろう。彼らもまた愚者の役回りとして登場していたはずである。

キリスト教的な人間観や定住社会から継続的ないし一時的にはみ出たこれら「愚者」と総称された彼らは、多くの大道芸人ないしジョングルール同様、一種の社会的なトリックスターとして、愚者の祭りやカーニヴァル、あるいは民衆劇や見世物の感興を盛り上げただけでなく、しばしば治安当局や教会からの抑圧を受けながら、現実をパロディ化する自らの奇矯な、そしてなにほどか逸脱した言動によって、人びとの笑いや諧謔的な精神をかきたてた。つまり、日常的な規範を意図的に逸脱して、社会の仕組みを撥無する。撥無して、この規範に拘泥し、束縛されている人びとに笑いをもたらし、ときには彼らからの蔑みや嘲弄すら甘受する。社会的な指弾すら恐れない。いや、むしろ戦略的にそうした指弾に果敢に立ち向かったりもする。

もとより彼ら愚者たちの挑戦は無謀であり、いずれ敗北することは目にみえている。だが、それもまた彼らの戦略の想定内である。攪拌のメトドロジー。まさに彼らはそれを身をもって演じ、意識的にせよ、無意識的にせよ、そしてたとえ束の間であれ、閉鎖的な社会をささやかに祝祭化し、活性化する。いや、そればかりではない。彼ら愚者たちはまた民衆に寄り添いながら、自ら文学や演劇、音楽、絵画、彫刻などを創作し、あるいはまたそうした分野に恰好の話題を提供したりもした。その限りにおいて、彼らは過不足なく一種の対抗文化、こういってよければ「愚者の文化」を築き上げた。では、中世から近世にかけてのフランスにおいて、この負性の文化ははたしていかに展開し、いかなる世界を立ち上げたのか。本書はさまざまな事例と史料に基づきながら、その独自の文化的・社会的な示標性に着目して、民衆文化のひとつのありようを検討するものである。

かつてミハイル・バフチンは、浩瀚無尽の大著『フランソワ・ラブレーの作品と中世・ルネサンスの民衆文化』（一九六五年）の冒頭部で、民衆的な笑いの文化における基本的な形式を「儀礼的な見世物」、「滑稽な言語作品」、「ジャンルの無遠慮な広場の言説」に分類し、これら三形式が異種では

図２　11世紀の典礼書に描かれたジョングルールと楽師。BNF. Mss. Lat. 1118

あるものの、相互に絡み合いながら世界を滑稽視する単一の見方を反映しているとした[10]。本書でとり上げる愚者や道化はまさにこれら三形式のみならず、ときには宮廷や教会をも格好の舞台として、笑いを仕掛けた。大文字の歴史（Histoire）が小文字の物語（histoires）の集積とするなら、一介の民衆から生まれた彼らは、自らの文法と才覚でこの物語を演じ、結果的に大文字の文化（Culture）を歪め、異化したともいえる。本書はそのメカニズムの解明を目的とする。彼らはそれぞれのステージで多様な笑いを創作し、場の感興を盛り上げながら人びとを笑わせ、自分を笑う者を笑った。そして、ときに埒もない、ときにグロテスクなまでのこの笑いの往還から、はたしていかなる文化が生まれたのか。そもそも社会はなぜ彼らを必要としたのか。本書はこうした疑問とも向き合うものである。

第1章

愚者の風景

ヨーロッパの中世は、異形に満ちていた。過剰と欠如を造形化した無数の怪物たちが、おぞましいイマジネール（社会的想像力）の化身となって跳梁跋扈し、ときには疫病や天変地異と結びつけられて人びとを怯えさた。その一方で、こうした怪物とは反対に、人びとに多様な笑いをもたらした異形者たちも各地に登場した。フランス語で「フ（fou）」と呼ばれる異能者たちである。「狂人」を本義とし、やがて「愚者」や「道化」へと収斂していった彼らは、異形な風体で各地を遍歴し、ときには町のお抱え芸人として、祭りや大市、広場など、人びとが蝟集する場所で得意の芸を披露し、娯楽的・生理的、さらに風刺的・諧謔的な笑いを演出した。演出して、社会を過不足なく祝祭化した。しばしば教会や治安当局から抑圧を受けこそすれ、彼らが姿を消すことはほとんどなかった。むろんそれは、権威・権力をものともしない彼らのしたたかさのみならず、つねに安寧とは程遠い日々の生活のなかで、人びとが彼らの多様な笑いを切望していたことを端的に物語る。

いや、これら異形のパーソナリティを切望していたのは民衆だけではない。ときに彼らは宮廷にさえ入り込んで、国王や廷吏たちに、多くは皮肉や侮蔑の混じった裏返しの笑いを提供した。事実、フランスに限らず、多くの国王は、宮廷道化（宮廷愚者とも訳される）と総称される彼らを高額で召し抱え、広間でその巧みな話術や身体芸を堪能し、王侯たちが列席する祝宴では、しばしばトリックスター的な役を演じさせて場を盛り上げさせてもいる。これらの道化たちはまた、国王の巡行や遠征にも加わって陪臣役を担い、なかには国王の分身として政治に口出しし、貴族を凌駕する権力さえ手に入れた者すらいた。こうして彼ら道化たちは、宮廷文化の一翼を担った。

そして「愚者の祭り」（阿呆祭とも訳される）。中世フランスでは、ときにカーニヴァルの別称となることもあったこの祝祭では、しばしば地元の富裕市民などからなるパロディックな愚行結社を主体として、たとえば教会内での瀆聖的な振舞いや市中での数々の脱法行為が展開された。カーニヴァルと同様、そこでは人びとにとって堅苦しい規制ないし拘束でしかない日常的な秩序や倫理が、卑猥かつスカトロジックな言動によってあざとく笑いの俎上に上げられた。こうして愚者たちは、一時的ではあるものの、社会を脱聖化した。民衆的な笑いのイマジネールが、体制的な規範のイマジネールを撥無したともいえる。はたしてそれがやがて訪れる革命への土壌を形づくったといえるかどうか、即断は控えなければならないだろうが、「賢者（理性）の文化」を「愚者（愚性）の文化」が凌駕する。まさにこれこそが、歴史が本来的に宿す慣性としての諧謔といえるだろう。

愚者のパラドックス

「愚者の数に限りなし（Stultorum numerus est infinitus）」。これは古代ローマの格言で、むろん現代にもそのまま通用するだろうが、通説によれば、その典拠は、前三世紀に編まれたウルガタ訳聖書『伝道の書（コヘレトの言葉）』の、「邪悪なる者は矯正しがたく（Perversi difficile corriguntur）」（第1章15節）に続く一文にある[1]。ソロモン王によるというこの言葉は、それより古い前八世紀頃に成立したとされる『イザヤ書』の次の一文、「それゆえ、私は再びこの民を　驚くべき業によって驚かす。この民の知恵ある者の知恵は滅び　悟りある者の悟りは隠される」（第29章14節）と符合する。これはそれから九世紀ほどのちに編まれた、新約聖書の『コリントの信徒への手紙一』にも採録されているが（第1章20―21節）、神の目からすれば、所詮人間の知恵などというものは無知の域を出ず、その限りにおいて、世の賢者などという存在も畢竟愚者にすぎないということになる。それゆえにこそ、宣教が不可欠とされる。使徒パウロはそう力説するのだ。

神が万物を創造したなら、罪（人）と同様、なぜ愚者を創造したのか。グノーシス主義的な発想からすれば、当然そうした疑問を抱かざるをえないが、中世の西欧社会における民衆の諧謔精神が好んで登場させた愚者像は、まさに伝統的ともいうべき、ユダヤ＝キリスト教的な愚者のイマジネールを抜きにしては考えられない。「賢者のお前は俺を愚者として嗤い、蔑む。だが、そのお前もじつはまた愚者なのだ」。そこでは明らかに賢者＝愚者の対比的ないし反語的な――こういってよければ構造化された――対合が瓦解する。「自らを無知なる者として知ることが篤ければ篤いほど、人はいよいよ学識ある者となるであろう[2]」。これは『ウパニシャッド』の梵我一如を想起させる、「相反するものの一致（conincidentia oppositrum）」という言葉によって、神と被造物の関係のみならず、全＝個の融合という神秘主義の本質までを見事に看破した、ニコラウス・クザーヌス（一四〇一―六四）の有名なオクシモロン（撞着語法）的レトリックだが、民衆化された愚者のイマジネールはそのレトリックすらも凌駕する。

ところで、こうして世の中が愚者で満ち満ちている（stultorum plena sunt ominia）ということは、愚者を遍在させる社会があるということ、翻っていえば、愚者を生み出す社会が、そして愚者を必要とする社会があるということをも逆説的に意味する。中世は明らかにそうした時代だった。より正鵠を期していえば、愚者を社会の周縁者としてのみならず、民衆的愚性の集約的な化身として可視化した時代だった。可視化して、賢者の体制を揶揄し、笑いのめす。その逸脱の文法が民衆文化に過不足なく根づいていた時代でもあった。人びとが社会的・教会的な秩序や倫理をたとえ一時的でも切り離し、自らの日常的かつ多様なルサンチマンを、秩序攪拌者としての愚者のイメージとその荒唐無稽な、しかしときには辛辣なまでに演劇的あるいは諧謔的な振舞い、すなわち自らの「愚行」に仮託し、それを一種のカタルシスとしていた。おそらく愚者のイマジネールが、文学や絵画を含む造形表現、演劇、さらには見世物や祝祭の歴史を自由かつ奔放に彩ることができた所以がここにある。

こうした「愚者の文化」は、だれもが内側に等しく愚性を宿していると公言して、民衆に新たな社会観を

図3　『愚者と賢者の対話』表紙

もたらした。たとえばそれはヒエロニムス・ボスの『愚者の船』（一四九〇―一五〇〇年頃）や、ピーテル・ブリューゲルの『愚者の祭り』（原画、一五五九年、後出）などの傑作を誕生させた。さらに、後出のゼバスティアン・ブラントの『愚者の船』（一四九四年）やエラスムスの『痴愚神礼讃』（一五一一年）、フランソワ・ラブレーの通称『ガルガンチュアとパンタグリュエル』（一五三二―五二年）といった、人文主義を代表する「愚者文学」もまた、愚者の文化を唱道した。

ちなみに、わが国ではさほど知られていないが、この愚者文学のなかには、一四九六年にリヨンで初版が上梓され、以後、一八三三年まで――筆者が確認した限りで――幾度となく版を重ねた[3]、ゴシック文字による著者不明の『愚者と賢者の対話』（図3）もある。副題は「賢者と滑稽な愚者が、ご立派な話によって、自分が賢いと思うのが愚者であると簡潔な言葉で結論づける（よくみかけるものである）、愉快で心地よい書」。左手に道化杖を持ち、右手の人差し指で天を指し――勝利や祝福の所作――、堂々と身構えた愚者と、左手で巻物らしきものを握りしめながら悄然とそれを眺め、やはり右手の人差し指で地を指している――敗北や屈辱の所作――賢者を対比させて描いた表紙の図柄は、三八頁からなるこの小冊子の内容を端的に物語る。事実、脚韻を踏んでふたりのやり取りを縷々展開したその最終節、富や名誉が気苦労の種にしかならないと悟った賢者に愚者がこう諭す。

とどのつまり
愚者とは自分が賢いと思う者のこと。
まさにこれが結論である。
世間はすべて偽りばかり
だけど君は間違ってはならない
この歩みを始めよう
よりよいことをおこなうため。
善行を積めば
最後はだれもが天国に行ける。(4)

愚者は自分を賢いと思い、賢者は自分を愚者と思うとは、シェイクスピア的ないささかステレオタイプ化した発想だが、(5)もとより目に一丁字ない一般の民衆にしてみれば、むろんこれらの絵画や著作、つまり「賢者たち」の作品に触れる機会はほとんどなかったはずである。だが、彼ら民衆には賢者たちが描き出した想像上の愚者とは異なる、よりリアルな、いわば生身の愚者を目の当たりにすることできた。たとえば、カーニヴァルやその収斂進化ともいうべき愚者の祭りにおいて、である。社会の規範的な日常を攪拌するオージアスティックな民衆祭こそ、まさにこの上ない「愚者の王国」(ナタリー・Z・デーヴィス)だった。そこでは愚者が王になり、愚行が家臣、そして無秩序が法となった。栄枯盛衰をつねとする王国である以上、いずれそれは瓦解の憂き目をみることになるが、中世の文化の生態系(エコ・カルチャー)において、はたしてこの逸脱と笑いの王国は

図4　パリ、サン=メリ教会の軒蛇腹の愚者像、16世紀（筆者撮影）

いかなる形態をとり、いかなる役割をはたしたのか。

改めて指摘するまでもなく、本書で扱う「愚者」（フランス語 fou）とは狂人や愚かな人間ではなく、愚性を表現する者、より端的には周囲ないし社会から愚者と呼ばれた者、あるいはそれを意図的に演じる者をさす。たとえばモリエールらと親交を結び、有名な『詩法』（一七六四年）をもってプレシオジテを批判し、新たな試論をうちたてたニコラ・ボワロー（一六三六―一七一一）は、その代表作『風刺詩集』所収の第8風刺詩（一六六七年）――ソルボンヌの博士モレル（伏字）にあてられた作品――で、こう記している。

空高く舞い、
地上を歩き、あるいは海を泳ぐ
すべての生き物のなかで、
パリからペルーまで、日本からローマまで、
もっとも愚か《ソ》な動物、私見によれば、それは人間である。(6)

フランスのみならず、ヨーロッパ各地のカトリック教会堂には、後述するように、外壁や聖職者席などにしばしば愚者像の彫刻やレリーフがみられる。はたしてその寓意をどれほどの信者や見物人が理解しているかは

さておくとして、なおも一部の教会外壁にみられる性的なレリーフが、姦淫の禁の暗喩的な表現であるように、この愚者像がたとえば前出の『伝道の書』に記された言葉、すなわち「知恵ある者の心は弔いの家に、愚かなる者の心は喜びの家にある」（第7章4節）——ただ、ダビデの子でエルサレムの王が書いたとされるこの書にはまた、次のような一文がある。「知恵を一心に知ろうとし、また無知と愚かさを知ろうとしたが、これもまた風を追うようなことだと悟った。知恵が深まれば、悩みも深まり　知識が増せば、痛みも増す」（第1章16—18節）——や、新約聖書の「コリントの信徒への手紙一」に記されたパラドックス表現、すなわち「神は知恵ある者を恥じ入らせるために、世の愚かな者を選び、強い者を恥じ入らせるために、世の弱い者を選ばれました」（第1章27節）などを造形化したものと思われる。(7)

フランス語のfouはほかに「道化」や「阿呆」などとも訳されるが、英語のfoolと同様、ラテン語で「革袋」や「鞴（ふいご）」、あるいは「風船」を意味するfollis（後期ラテン語では「愚かな」の意）を語源とする。アルベール・ドーザらの『フランス語語源・歴史辞典』によれば、このfou（fol）は一〇八〇年頃に成立した長編武勲詩『ローランの歌』に、ラテン語と同義で初出するという。(8) たとえば、シャルルマーニュ大帝の甥で十二勇士（パラディン）のひとりであるローランは、敵方のサラセン王マルシルの甥アエルローを倒したあと、こう叫んでいる。「この下郎めが！　シャルル（マーニュ）が愚者とな！　叛逆は大のお嫌い、われらを山峡に残せしは、知恵ある御振舞いぞ、麗しの国フランスが、何とて誉を失おうや！(9)」。

むろん、辞書の語彙は、そこに収載されるかなり以前から巷間通用していたものであり、fouがそれ以前から用いられていたことは間違いないだろうが、一六八〇年に初版が出たセザール＝ピエール・リシュレ（一六二八—九八）の『新旧フランス語辞典』（初版）では、fouのラテン語義が消え、「正気や理性を失った狂人」という語義のほかに、「賢者（sage）」と対置される「愚者」の意が加えられている。「愚者は飲み騒ぎ、賢者はそ

図5　マルセイユ版タロットカード「愚者」、18世紀初頭

れを愉しむ」という例文が示すように、である。(10) たしかに愚性の擬人化として負性を帯びた愚者は、フランス語の言語表現においてしばしばそうしたものとして用いられている。たとえば一六九四年に初版が編まれた『アカデミー・フランセーズ辞典』(*Dictionnaire de l'Académie française*) では、名詞の fou が狂人やチェスのビショップの意味のほかに、道化 (bouffon) と同義であるとし、「Faire le bouffon」(字義は「道化をつくる」) や「Contrefaire le fou」(「愚者を真似る」) が、「無茶をする」や「無作法を働く」の謂いだとしている (この説明は一九三五年刊の第8版にまでほぼそのまま踏襲されている)。

だが、まさに日常的に負性を帯びているがゆえに、愚者はときに風刺や諧謔の表象ともなるのだ。それには fou (男性第2形は fol) というラテン語由来の語が有する多義性が大きくかかわっている。たとえばタロットカードの大アルカナ札二二枚の二二番目、あるいはそれから省かれるという、いささか微妙な位置づけがなされている「愚者《ル・フォル》(Le Fol)」——これはヘブライ語の基本母字の最後に置かれるタヴ (ת) に対応する——は、他のアルカナ札と異なり、唯一動きを伴っている (図5)。一説に犬に後押しされて未来に向かおうとしているさまを描いたものとされるが、その寓意性は多様に解釈できる。たとえば画家でありながら、秘教やヘルメス学にも精通していたエルヴェ・マソン (一九一一—九〇) によれば、ここでの愚者は「受動性と本能への盲目的な屈従、優柔不断、感情や契約などでの不確かさと躊躇、移り気、全体的な不均衡」を表すという。(11) こうした解釈からすれば、タロットカードの愚者はまさに人間の負性を仮託した存在となるが、この愚者はまたフランス語でル・マト（Le Mat）とも呼ばれる。十二世紀中葉に初出する名詞で、これはペルシア語の「死んだ（māt）」を語源とし、フランス語の表現で「マトである（être mat）」は「負ける」を意味する。ところが、グレマスの前記中世フランス語辞典によれば、動詞の mater（マテ）は「圧倒する」の意で、そこから名詞の mat は「勝利」の謂いともなるという。(12) とすれば、近世以降に成立したタロットカードの愚者は、敗北者（死者）と勝利者という相反する意味を帯びている、あるいはこの両極のあいだをさまよっていたことになる。

愚者の作法

「さかさまの世界《モンド・ア・ランヴェルス》」（フランス語 monde à l'invers：ラテン語 mundus inversus）とは、定説化した、だが幾分なりと誤解と先入観が混じったカーニヴァルの代名詞となっている。たしかに愚者たちは、前述したように、そのトリックスター的な愚行というパフォーマンスによって、社会の伝統的な構図を反転させたりもする。理性（規範）のうちに潜む愚性（反規範）を顕在化させたり、ときには愚性が理性を凌駕するメカニズムを演出したりもする。ミハイル・バフチンの顰に倣っていえば、こうして愚者たちは崇高なもの、精神的なもの、理想的なもの、抽象的なものを、ことごとく物質的・身体的領域に格下げする、つまり「グロテスク・リアリズム」を体現してみせるのだ。しかし、愚者の祭りにしても、暦日上そのあとに続くカーニヴァルにしても、すべてがそうとは限らない。なかには行政当局から資金的な支援を受け、それゆえ至極穏当な、「さかさまの世界」とは程遠い祭りもかなりあったはずだ。経済的な余裕のない住民、とくに農村部の住民はいかにして祭りの資金を確保しえたか。ましてや見物人が大勢集まる祭りでないならば、愚性を面白おかしく演じて笑いをとる必要もなかっただろう。

むろんこうしたささやかな祭りにかんする記録なり文献はありそうにないが、それは祭りそのものが存在していなかったことを意味しない。一部のすぐれて演劇性に溢れた祭りのみをもって、すべてがそうだとするメトノミー(換喩法)。まさにこれこそが歴史の陥穽であることを看過してはならない。さらにいえば、本書で引用・参照する資料はほとんどが聖職者や治安・司法当局者の手による。当然それらは彼らの価値観や倫理観に基づいて一方的に記されており、そこにあるのは「書く側」の論理であり、「書かれる側」の考えや言説はほとんどみられない。歴史研究のアポリアともいえるこのこともまた、十全に留意しなければならないだろう。

さて、愚者はまた賢者との対比で、後者の負性を暴く存在ともなっている。たとえば、十四世紀から十六世紀に盛んに上演された、そして『ノートル゠ダム・ド・パリ』の導入部にも登場している寓意的な「教訓劇(moralité)」[13]では、賢者が世俗の富を讃えるのに対し、愚者はその虚栄を難じたりもする。事実、一四二六年と二七年の聖アントワヌの祝日、つまりなおも愚者の祭りの余韻が残っている一月十七日に、パリのナヴァール学寮[14]で上演された、『モンドを懲罰するためのフーロワ詩形による教訓劇』では、「コリントの信徒への手紙」のパラドックスを基調として話が展開している。そこでは自ら賢者をもって任じるモンド――ラブレーのいう「モロゾフ」、すなわち愚かな賢者の化身――が、学生たち(stulti「愚者」)を訪れ、愚かしくも高尚な話を説教に盛り込んで諭すさまが主題となっている。その際、彼は世俗的な衣(プライドも含む)を剥ぎ取られ、真の知恵の衣である愚者の謙虚な衣を着せられる[15]。皆が同じレベルにいるように見えれば、謙虚な精神で説教を始めることができる、というのである。賢者の高尚さが、愚者の卑俗さにやり込められる。おそらくこれは教訓劇に仮託された、より正鵠を期していえば、観客としての民衆が期待した風刺や諧謔のドラマトゥルギーであり、その限りにおいて、教訓劇は後述するソティやファルスと択ぶところがない。もとより民衆にとってみれば、自らが足を運ぶ芝居の分類など、ほとんど意味がなかっただろう。意味があるのは、芝居がエリート゠賢者と民衆＝愚者の構造化された、つまり日常的な対峙の構図をどこまで反映しているかだったはずだ。

愚者（＝負性）と賢者（＝正性）との象徴的な逆転（バーバラ・A・バブコック）ないし転位や、社会的・伝統的な規範や秩序を破って笑いをとる愚者たちの脱聖的な言動。これらはまた、さまざまな劇団ないし演劇集団たちの世俗劇やカーニヴァル劇の前身となった一部の復活祭劇、モリエールらに影響を与えたとされる一連のファブリオー作品、あるいは十四世紀の北ドイツに実在していたトリックスターをモデルとし、とくに親方をやりこめる話などが盛り込まれているために職人階層に広まったという、有名な『ティル・オイレンシュピーゲル』（十五世紀）などの滑稽文学にも好んでとり上げられているが、こうした多様な性格や役割こそが、まさに「愚者」の面目躍如たる祝祭的な仕掛けといえるだろう。それを端的に物語っているのが上掲の有名な版画である（図6）。フランドルの版画家ピーテル・ファン・デル・ヘイデン（一五三〇—七二頃）が、生没地であるアントウェルペンの版画家・版画商ヒエロニムス・コックの店「四方の風」のために一五五九年に制作した、ピーテル・ブリューゲル原画の『愚者の祭り』である。そこには愚者＝道化姿の人物を含む村人たちが登場しているが、数多くの風船と戯れているのは、だれもが「風船＝愚性」を帯びて

図6　P・ファン・デル・ヘイデン作『愚者の祭り』、1559年（原画P・ブリューゲル）

いることの暗喩である。画面下部にはフラマン語による次のような四つの銘文が記されている。

虚栄にあえぐ馬鹿球よ、転がりたい奴らは球戯場に来い。栄冠に輝く球もあれば、すかんぴんになる球もある。その優秀な馬鹿球を世間はやんやとほめたてる。馬鹿球はどこの国にもいるものだ。たとえ道化帽をかぶってはいなくても、踊り蹴れば引き立てられる。独楽みたいにくるくる回る馬鹿球、すりへってよたよた回るきたない馬鹿球。鼻を掴みあう阿呆もいれば、喇叭を売り出すもの、眼鏡を競るもの。馬鹿球の品さだめをしているものもたくさんいる。恰好だけは賢げな馬鹿球もいて、馬鹿球の、その真意をつかんでいるようなものもいるけれど、どいつもこいつも自分の阿呆に浮かれているのだ。だからそんな馬鹿球どもは、そのうち、こっぴどい目にあうだろう。(16)

ブリューゲルの一五五九年の作になる『四旬節とカーニヴァルの闘い』(ウィーン美術史美術館蔵)と同様、この作品でもまたひとりとして同じ顔のいない夥しい数の村人たちが、UFOを思わせる超現代的な屋根をもつ球戯場前の広場を埋めている。前景では道化杖を腰につけた愚者(=道化)が、右手の親指を鼻先につけて傍らの愚者を嘲弄している。その向こうでは別の道化が逆立ちをし、さらに彼の背後ではふたりの愚者が互いに相手の鼻を掴みあいしている。大きな財布を下げた老婆(に扮した)人物もおり、その財布にホタテ貝らしきものがついているところからすれば、この老婆はサン=チャゴ=デ=コンポステーラへの巡礼者だったのか。老婆の後ろで大きな口をあいている男は、『四旬節とカーニヴァルの闘い』にも登場する、ワイルドマン(野人)の変形だろう。右端では猿を頭にのせながら、鞴式の風笛(一種のバグパイプ)を奏でる道化がおり、(17)さらに後景では、石壇の上で弦楽器のフィドルやハーディーガーディー、そして太鼓の音にあわせて輪舞が繰り広げられている。

フランス民俗学の碩学クロード・ゲニュベは、大著『中世における俗なる芸術と民衆宗教』において、画面背景の樹木が葉をつけていることに着目し——この着眼は彼の『カーニヴァル　民衆神話論』（一九七四年）にもみられる——、さらに前面中央のフィドルを背負った愚者が右手指で嘲弄的な女陰印を突き出し、それを古典的な五月の象徴であるフクロウが凝視しているところから、これは年末から年始にかけての愚者の祭りではなく、おそらく五月初めの住民たちによる地域祭の情景だろうとしているが、はたしてどうだろうか[18]。原作者ブリューゲルにとって、この作品はあくまでも想像上の「愚者の祭り」であってみれば、現実の暦日にさほどこだわりがあったとは思えない[19]。

この碩学の指摘はさておき、こうした登場人物の多彩な所作も含めて、いかにもブリューゲル風の情景を彩る最大の特徴は、銘文に記された「馬鹿球（sottebol）」——「痴愚球」とも訳せる——である。画面前面に小さな的が据えられていることからすれば、馬鹿球がそれをめがけて抛《ほう》られたことに間違いないが、フラマン語でこの語は「愚者（sot）」と「球体＝頭（bol）」を指す。フランス語では sot と boule（bol）もこれに対応する[20]が、フラマン科学・文学・芸術アカデミーのルイ・ルベールによれば、めいめいが画面前景右手に突き出た杭にこれを当てようとしているのだという。そして「ブリューゲルは、フラマン語で bol が〈球〉と〈頭〉の両方の意味をもつことに注目して、この人間の狂愚を告発する情熱とユーモアの絵を描いた[21]」としている。とすれば、ブリューゲルはこうして愚者の祭りに場を借りながら、その一連の農民画と同様、すべての人間に内在する愚性を諧謔的に描いたことになるだろう。はたしてブリューゲルがどこまで意識していたか定かではないが、賢者に対置される愚者は、じつは愚性において賢者を一蹴する。賢者が構築し、維持する秩序そのものを、トリックスターよろしく愚性とその表象である愚行によって演劇的ないし儀礼的に攪拌する。愚者の祭りの違犯性は、そのまま祝祭の醍醐味だった。

　繰り返しをおそれずに言えば、こうした修辞法は、ブリューゲルにかなりの影響を与えたヒエロニムス・ボスの『愚者の船』や、ユマニスト文学の旗手ゼバスティアン・ブラントが、アルブレヒト・デューラーの挿画入りで、一四九四年のファスナハト（カーニヴァル）期間中にバーゼルで上梓し、同年にはニュルンベルクやアウグスブルクでも新版が、三年後にはラテン語訳が出て近隣諸国にまで広まった、風刺詩『愚者の船』（図7）のきわめてシニカルな諧謔精神と通底するものがある。[22]

図7　ゼバスティアン・ブラント『愚者の船』挿画、15世紀

　ミシェル・フーコーによれば、この愚者の船（阿呆船）は実在した船で、狂人たちをある都市から別の都市に運んでいたという。[23]フーコーはこの船が「中世末期ころヨーロッパ文化の地平ににわかに起こった一つの不安をそっくり象徴する」とし、「狂気と狂人は、威嚇と嘲笑、世界のもっている、目がくらむほどの非理性、人間のちっぽけな愚かさという多義的な姿をした、中心人物となる[24]」とも述べている。社会的に負性のラベルを張られた周縁的な存在が「正統な存在」を凌駕する。まさにそれはバフチンのいう冷めた笑いを引き起こすグロテスク・リアリズムとなるだろうが、この『愚者の船』に仮託された諧謔的なメッセージには、条理を気取る社会と高慢な人間自身の内奥をえぐりだして、哄笑に付すニヒリックな響きさえある。それはまたほぼ同時代のエラスムスによる『痴愚神礼讃』にもなにほどか当てはまるだろう[25]。

愚者と鞴——スフラキュル

興味深いことに、この版画に登場する球体は、中に空気ないし風が入っていることによって、前述した「革袋」、「鞴」、「風船」などを意味するfollisと語義的のみならず、造形的にもつらなる。たとえばラングドック地方ヴィルフランシュ＝ド＝ルエルグのノートル＝ダム参事会聖堂共誦祈祷席（十五世紀）には、犬顔の男がリンゴらしきものを頬ばる猿面の男の突き出した尻に鞴を当てるレリーフが刻まれている。トロワのサン＝ピエール＝エ＝サン＝ポール司教座聖堂の迫持飾り（十四世紀）にも、道化帽の男が駆る馬の尻に鞴（スフレ、ブフレ）を差し入れながら、道化がもうひとり、籠を背負ったまま追いかけるレリーフがある（図8）。こうした造形表現はまさにfollisを具現するものといえる。

図8　スフラキュル。トロワ、サン=ピエール=エ=サン=ポール司教座大聖堂、持ち送りレリーフ、14世紀

さらに、フランスの民俗語彙には、「スフラキュル（soufflacul）」——「息（souffle）」と「尻（cul）」の合成語で、字義は「鞴吹き」——と呼ばれるものがある。後述するように、これは愚者の祭りにしばしば登場し、今もなおフランス各地のカーニヴァルでもみられる。「通過儀礼」理論を体系化し、フランス全土の民俗慣行を網羅した『現代フランス民俗概観』によって、フランス民俗学に巨歩を記したA・ヴァン・ジェネップによれば、一九四七年当時、

フランス各地の少なくとも五〇か所で営まれていたという。[26]この「愚行」では、相手のだれかれを構わず、その尻に小型の鞴を当てて風を送る所作をして、被害者の無償の悲鳴や見物人たちの笑いを誘うという、スカトロジックで脱聖的・脱冠的な出し物が演じられているのだ。

こうした伝統的な慣行について、筆者はすでに『異貌の中世』（第1章）で縷々検討しておいたが、[27]follis はまた古くはファロスを意味してもいた。この古義をカーニヴァルのドラマトゥルギーにとり入れたものとして、たとえばフランス中東部ジュラ県サン゠クロードのカーニヴァル、通称「スフラキュル（Soufflacul）」がある。第2次世界大戦で一時消滅したが、二〇〇七年に復活したそこでは、カーニヴァルが終わった翌日、すなわち灰の水曜日に、白木綿のナイトキャップに白いネグリジェ姿の「スフラキュ」――最盛期には二〇〇人を数えた――と呼ばれる若者主体の仮装者（＝愚者）たちが、夜、冬のあらゆる負性を表象する「スフルの王」の張りぼてを焚殺するまで町中を練り歩く。そして、この示威行進の途中、これはと狙った女性を取り囲んでは、逃げまどう彼女のスカートの下から鞴を差し入れ、中に入れておいた灰や小麦粉を吹きつける。こうした「愚行」が終わると、彼らスフラキュたちは箒でその場所を掃き浄めた。明らかにこれは性的な行為の擬きである。[28]市の広報ではスフラキュルを「生の息吹（スフル）を尻（キュル）から吹き込むため」としている。おそらくそれが人口に膾炙した解釈なのだろう。だが、たしかにカーニヴァルが春迎えの伝統行事だとしても、この解釈には鞴のもつ三重の深層的な意味、すなわちそれが痴愚の風を送り込む装置であると同時にファロスのパロディでもあり、灰や小麦粉が精液を象徴するものであるということ、そして何よりも尻を指すフランス語のフェス（fesse）という語が、卑語的な用法でじつは「女性」や「性的欲求」を意味するということが看過されている。とすれば、「生の息吹」は送る方と送られる方、双方にとって喜びとなるはずだ。

ジェネップの紹介する別の解釈によれば、かつて鞴や箒を手にした修道士たちが、ベネディクト会系のサン゠クロード大修道院（建立四一〇年頃）から町に出陣して、異教の悪弊であるカーニヴァルの穢れを家屋や住民たちから消し去ろうとしていたという。やがて、この行事は白衣や黒衣をまとった贖罪会士（同信団）の宗教行列へと姿を変え、そこではスフラキュルが、悪魔の憑りついた者の口からそれを追い出すための所作になった。[29]つまり、潔斎期間である四旬節の第一日目にあたる灰の水曜日に、こうして悪魔祓いをおこなったというのである。いかにもありそうな話だが、この払禍招福説もまた、「生の息吹説」と同様の瑕疵を含んでいる。

もとより現代の祝祭要素にラテン語の古義に対する知見は必ずしも必要ではないが、たとえばフランス中南部ペリゴール地方のノントロン――ここでのスフラキュルは、「浣腸器」を意味するスラングー（Seringueux）と呼ばれ、前述したようないで立ちのスフラキュたちが、悪霊を払うとの名目で互いに浣腸器の中の水を吹きかけ、見物人たちの笑いをとっている――や南仏ニーム近郊のユゼスなどでも、古くからカーニヴァルや灰の水曜日に独自のスフラキュルが営まれているところからすれば、この民俗行事の古層に輣＝ファロス対合をみなければならないだろう。そしてそれは、カーニヴァルのみならず、後述するように愚者の祭りにおいてより明確な祝祭要素となってもいた。

スフラキュルと性的暗喩にかかわるより端的なカーニヴァルは、かつてフランソワ・ラブレー（入学一五三〇年）とノストラダムス（同一五二九年）がほぼ同時期に医学部で学んでいた南仏モンペリエでも、第1次世界大戦まで繰り広げられていた。ジェネップは同市出身のオック語による作家・ファルス戯曲家だった、フランソワ・ドゥズーズ（一八七一―一九五九）の『モンペリエ一帯の風趣と愉しみ』（一九三五年）の一文を引用する形で、この行事を次のように紹介している。

踊り手たちは木綿の頭巾をかぶり、顔を黒塗りにし、長いキャミソールをまとって女装する。厨房用の鞴で武装した彼らの隊長は、ロバにまたがって行列を先導するが、麾下の踊り手たちは精肉商や鍛冶師の鞴でこのロバの尻に空気を送り込む。そして、広場や四辻に着くたびに、一行は円くなって踊り、寄金を集め、鞴を手に何時間も「ブファ（鞴）ここにあり！」を歌うのだった。[30]

民俗慣行でロバに乗るという行為は、しばしばイエスのエルサレム入城をパロディ化したものであるが、ここではそのロバに鞴で「風」が送り込まれていたという。むろんこれもまた、前述した脱聖化の作法だが、ここでも「尻（女性）＝鞴（男性）」の対合が暗黙裡に祭りの感興を盛りあげていたことになる（ただし、ジェネップにそれにかんする言及はない）。

おそらくこれは、公現祭（後出）における愚者の祭りの一環として営まれていた「見世物」だと思われるが、ラブレーの時代でもモンペリエではそれが盛んであり、『ガルガンチュアとパンタグリュエル』がそのときの実見を、たとえ一部であれ、背景として書かれたことは間違いないだろう。

図 9　モンペリエ大学医学部創設 800 周年記念におけるラブレー像の除幕式。1921 年

同様の愚行は、モンペリエの南西方に位置し、モリエールゆかりの地であるペズナスでも営まれていた。そ

こでは今もなおカーニヴァル時期に、「プーラン」と呼ばれる高さ三メートル、全長五メートルもある巨大な馬の張りぼてが登場し、自在に頸を伸び縮みさせながら、エスティエヌーとエスティエネットという男女の人形を乗せ、ピエロ役を先触れとして、白いネグリジェに白化粧の仮装者（＝愚者）たちに伴われて町中を練り歩いている。伝承によれば、これは一六三一年にリシュリュー枢機卿に対する陰謀に加担したとしてバスティーユ送りとなるフランソワ・ド・バソンピエール元帥が、愛馬に乗ってペーヌ川にさしかかった際、河岸で難渋していた村娘を乗せて渡河したという故事（異伝については本書第4章註54参照）に基づく行事だという。前記のゲニュベは、一九八六年に上梓した大部の二巻からなるラブレー論『ア・プリュ・オー・サンス』で、このカーニヴァルに触れ、次のように指摘している。「ペズナスでもまた、灰の水曜日（カーニヴァル最終日）の午後、スフラキュルの一団が角踊りを演じ、コキュ（寝取られ亭主）たちをロープで縛り、その頭を一対の角で飾って、飲み代を払わせている[31]」。

いうまでもなく、この角は妻を寝取られた夫ないしその不甲斐なさを象徴する。これは一種の性規範逸脱者に対するシャリヴァリということになるだろう。後述するように、これもまた愚者の祭りやカーニヴァルによくみられる随伴行事だが、プーラン行列を見物していて、たまたま捕まって観衆の笑いの種となった人物にしてみればとんだ災難ということになる（ただし、現在はおこなわれていない）。ただ、本格的なシャリヴァリなら、姦通当事者たちも裸にされ、ロバに魔女よろしく後ろ向きに乗せられて、一帯を引き回された。このカーニヴァルではさすがにその模擬的な行事までは見られなかったが、ここでは鞴が明らかに男性権の象徴としてのファロスに見立てられていたことになる。つまり、本来鍛冶師の道具であった鞴が風＝愚性を吹き込む道具へと転位し、さらに男性器の象徴にまでなっているのだ。

一方、ときに鞴は女性器の象徴ともなって、愚行結社の隊旗にも登場している。たとえばフランス中東部、

図 10　ディジョンの愚行結社「メール・フォル」の隊旗。15-16 世紀

ブルゴーニュ地方の中心都市であるディジョンの「歩兵隊」（後出）の隊旗には、表側にハーフカラーの衣装で女装し、両手に鞴に持ち、左足でもうひとつの鞴を踏んでいる、リーダーのメール・フォル（狂った母親）があしらわれている（図10）。周囲を睥睨するような威風堂々たるこの「母親」は、同市参事会の弁護士だったピエール・マルポワなる人物によれば、鞴でその家来たる愚者を生んでいるのだという[32]。こうして鞴は日常性を撥無されて祝祭空間に取りこまれる。取りこまれて愚者の執り物となり、すぐれて象徴的なオブジェとなる。その限りにおいて、この鞴の事例はテクストを脱テクスト化して新たな文化コードに仕立て上げる、民衆文化特有の自由にして闊達な想像力を如実に示すものといえるだろう。

第2章

愚者劇

ソティと「ソ」

『ノートル＝ダム・ド・パリ』の導入部で、ブルボン枢機卿がフランドルからの使節団を歓迎するために上演させたソティ（sotie, sottie）とは、十五世紀から十七世紀まで、こうした王侯貴族にまつわる各種の行事のみならず、より一般的には愚者の祭りやカーニヴァル、大市あるいは祭日のために上演された民衆劇である。「愚者」と同義の「ソ（sots）」と呼ばれたその役者たちに、むろん常設の舞台などあるはずもなく――十六世紀前葉まで――、広場であれ、四辻であれ、人びとの蝟集が見られるところなら、どこでも彼らの束の間の舞台となった。ときには、死者のためだけでなく、出会いや取引、あるいは情報交換や娯楽などの場でもあった墓地でも演じた。彼らソたちの活動がいつ始まったかは不明だが、若くして発狂し、のちに狂気王と呼ばれるようになるシャルル六世（在位一三八〇―一四二二）が、一四〇二年に発布した公開状（高等法院の登録を必要とする王令）によって、その結社の設立と「アンファン＝サン＝スーシ（能天気な子どもたち、Enfants-sans-souci）」という呼称の使用が認められている。十五世紀には同様の演劇結社がフランス各地にも誕生し[1]、後述する受難同信団（Confrérie de la Passion）が、同王の公開状によってパリでの聖史劇の独占的な上演権を得たのも、同じ一四〇二年のことだった。

社会的・政治的な風刺によって見物人の笑いをとった、そしてフランス演劇史に特異な足跡を刻むことになる、この滑稽さと風刺・諧謔を存分に盛り込んだソティ劇の役者たち、すなわち愚者たちは、しばしばハーフカラーないし雑色の衣装[2]に鈴とロバの耳がついた頭巾をかぶって登場し、王や裁判官、修道院長、貴族、はては労働者や貧民の役を演じた。それは、階層の如何を問わず、だれもが愚性を帯びているとする強烈な揶揄であり、メッセージでもあった。「愚者の数に限りなし」（前出）に加えて、「ときには賢い愚者もいる（Sapientes stulti aliquando)」、さらに「愚性を演じることは、思慮深さの行為である（Stultitiam simulare loco summa prudentia est)」。おそらくこれは、結社に加わっていたであろうパリ大学の学生か下位の聖職者、あるいは裁判所の書記あたりが考え出したと思われる、いかにもパロディックなモットーだが[3]、それは結社が、プランス・デ・ソ（ソたちの王）やメール・フォルないしメール・ソット（愚かな母親）を演じる役者を長にいただいていたことからもわかる。前者が国王、後者が教皇、そして他の「ソ」＝「アンファン」が民衆の暗喩だったからである。

フランスの中世文学や演劇史の碩学で、ソルボンヌなどで教鞭をとっていたL・プティ・ド・ジュルヴィル（一八四一―一九〇〇）は、アカデミー・フランセーズのマルスラン・ゲラン賞を得た『中世フランスの役者たち』（一八八五年）で、こう述べている。

ソティはソたちによって演じられていた。ソは愚者である。このふたつの呼称はつねに区別されることなく同一の登場人物を指していた。愚者と呼ぼうとソと呼ぼうと、それは人間一般、とくに人間の本能の底にある愚かさと悪徳に身を委ねた人士を象徴しているのだ。王や教皇、司教や判事、貴族や商人など、さまざまな役柄を演じるためには、愚者は決して自分自身ではありえない。愚者はつねにあれこれの衣装をまとうからである。その限りにおいて、ソティは何よりも仮面舞踏会なのであり、愚者の祭りとは純粋な仮面舞踏会だったといえるのではないか[4]。

ソティの科白の特徴は言語遊戯、すなわち同一音を繰り返す畳韻法や意味が正反対の表現を一文中に並べる対句法、さらに語呂あわせないし地口にあった。単語内での二音の位置の転倒である音位転換やアナグラムも好んで用いられた。単語の語句を切り離して、意味の異なる単語をつくったり、標準的な語句の音を方言のそれに替えて異化効果を狙ったりするといった手法も駆使された[5]。こうした言語遊戯はむろんファルス（笑劇）にもみられたが[6]、フランス最初期のファルスないし喜劇作品とされる『ピエール・パトラン師のファルス』（一四五六／六一―六九年）は、北仏ピカルディをはじめとする各地の方言を織り込みながら、以下のように話が進行する――。メートル（弁護士）のパトランは、羅紗の売掛金を回収に来た羅紗商を、気がふれたように方言を連発して追い返す。追い返された羅紗商は、羊の世話を頼んでいた羊飼いが、肝心の羊を食べしまったことを知って訴える。この羊飼いの弁護を引き受けたパトランは一計を案じ、裁判官から何を聞かれても、ひとこと「ベー（めぇー）」とだけ答えさせる。裁判官は羊飼いが知的障碍者だと判断し、羅紗商の訴えを退ける。こうして裁判を乗り切ったあと、パトランが羊飼いに弁護の報酬を要求すると、味をしめた羊飼いはひとこと口にするのだった。「ベー」と[7]。

図11　村外れの仮設舞台で演じられる夫婦を扱ったファルスと観客たち。16世紀、カンブレ市立図書館

弁護士や羅紗商、それに裁判官という上層階級をめぐる「騙し」のサイクルが、最終的に貧しい羊飼いで完結する。広場や四辻などの仮設舞台でこれを観劇した民衆が、その結末に快哉を叫んだであろうことは推測に難くない。事実、このファ

ルス作品は初版以来今日まで、多くの版を重ねている。にもかかわらず、作者が誰かはわかっていない。ただ、興味深いことに、文学史家のブリュノ・ロワによれば、アンジュー公ルネのお抱え道化で、本書の後段で詳しく紹介する「道化の王」トリブレだったという。[8] ただし、それを裏付ける史料はおそらくない。

中世文学研究で知られるアルマン・ストリュベルは、『中世事典』（二〇〇二年）に寄せた「ソティ」の項で、ソティが何らかの効力を目的としている限りファルスと異なるとして、こう述べている。「（この芝居に登場する）愚者たちは、社会、政治、歴史のスキャンダル、あらゆる種類の不平不満、権力の濫用など、《愚者》の愚性だけが暴くことのできるものを点検する。そこでは風刺的な視点が突出しており、それがソティをして《社会参加型の演劇》《テアトル・アンガジェ》に仕立て上げ、既存の無秩序な世界を航海する《愚者の船》よろしく、一般化された愚性に対する認識を高める装置となっていた」[9]。愚性による社会の歪みの告発。「社会参加型の演劇」とはなかなか興味深い表現だが、むろんソティの役者たちにそうした意識があったかどうかは定かでない。また、ファルスに風刺精神がまったく欠如していたわけでもない。風刺が笑いを喚起する格好の手段だったからである。たとえばわが国の優れたフランス中世・ルネサンス演劇研究者である川那部和恵によれば、ソティにおける「ソ」は作中でつねにそう名のっていたわけではなく、「ギャラン」や「（全）世界」、「仲間」、「隠修士」、「よき時代」などといった名前で登場したが、一般に道化姿の彼らは阿呆の「君主」や「母」に率いられて舞台に上がったという。こうしたソティには、「単なる叫びやアクロバット、言語遊戯などに戯れるだけの気ままな客寄せ道化のようなものから、物価の高騰や夫婦の不仲に言及した教訓的でファルス的なもの、あるいは《愚》の仮面の特権を利用して社会や政治に容赦ない批判を浴びせる風刺もの」などがあったともいう。[10]

一方、ジュルヴィルは、十五・十六世紀にフランス国内で上演されたファルスのリストと上演場所・時期を網羅した、いわばファルス事典ともいうべき『中世フランスにおける喜劇一覧』で、ファルスとソティの違いについて、次のように至極明確な定義をしている。「ファルスがソたちによって演じられるとき、それはソティとなる」[11]。では、「ソ」の登場しないファルスはどれほどあったのか。それについて筆者は詳らかにしないが、言語学者・小説家で、三巻からなる『ソティ大全』（一九〇二・〇四・一二年）を編んだエミール・ピコ（一八四四—一九一八）は、ソティ研究の基本的な論文である「フランスのソティ」で、その二六本の演目を紹介し、テクストが残存しているもののうち、最古の作品は一四五〇年頃に北仏のルーアンで上演された「三人の色事師」だとしている。[12]この論文の冒頭、彼は「ソ」についてこう記している。

「ソ」たちは、わが国の往時の演劇できわめて重要な位置を占めていたが、その起源は、中世にかなりもてはやされていたカーニヴァルやグロテスクな祝祭の娯楽にある。何世紀ものあいだ、彼らはひたすらフォリ（愚性、狂気）の仮面をかぶって放縦なセリフを弄し、この仮面の下でのみ、放縦さはほぼ完璧なものとなったといえる。教会のさまざまな典礼は、聖嬰児の祝日（十二月二十八日）に奔放にパロディ化され、愚者（ソ）たちは国王に真実を聞かせるという特権を享受していた。さらにソティは多様な社会階層に対する風刺を舞台に上げた。[13]

祝祭の場における仮面の使用は、それをかぶって正体を隠した者がしばしば罪を犯すとして古くから禁止の対象になってきたが、一六一四年の全国三部会で、第三身分の代表として国王に民衆の困窮と救済を訴えたことで知られる法曹家・歴史家のジャン・サヴァロン（一五六六—一六二二）は、主著『反仮面論』（一六〇八年）において、仮面で仮装することは悪魔の所業であり、悪魔はこうして正体を隠して弱者が犯罪を働くように仕向ける。悪魔は抽象的な悪の原理などではなく、弱い魂を求めて街の公共空間に出没する脅威的な存在だとする。そして、親たちが若者に「魔女や異端者、偶像崇拝者」の服をまとい、仮面仮装や動物異装といった悪習に盲目的に従うことを止めさせ、「カトリックの真の教義」を教えるよう求めている。(14)

サヴァロンはとくにクリスマスにおける仮面仮装を重視していたが、この「悪魔の仮面」は愚者の祭りやカーニヴァル、さらには後述する愚行結社のパフォーマンスにも頻繁に登場していた。むろんそれは、サヴァロンの懸念とは裏腹に、まさに負性=愚性を有徴化するための道具であり、それをかぶる者にとって、教会や治安当局の指弾は織り込み済みのことだった。こうした仮面を用いたソティが、クリスマス後の聖嬰児の祝日に上演されたということからすれば、この風刺劇は愚者の祭りの出し物だったといえる。

だが、後述するように、愚者の祭り――神学者ジャン・デリヨン（一六一五―一七〇〇）の顰に倣っていえば、「われわれの教会史のなかでもっとも奇怪かつ信じがたいもの」――は、悲惨な運命を辿ることになる少年十字軍が派遣された一二一二年のパリ教会会議で、大司教や司教たちのみならず、修道士や修道女までもがこれを営むことが禁じられた。フロベールやユゴーと親交があったが、ゴンクール兄弟とは激しく対立した美術評論家・劇作家で、写実主義運動を推進したシャンフルリーことジュール・F・F・ユソン（一八二一―八九）は、その著『中世のカリカチュア史』（一八七二年）で、これについてこう指摘している。「古代のベールを脱いだ文明は、もはやルペルカリア祭（古代ローマ暦二月十五日）やバッコス祭（同一月・三月）の復活を許さなかった」。(15)

これ以後、この悪魔の祭りは教会当局やパリ大学（神学部）などから幾度となく抑圧されるようになる。たとえば一四七五年、シャルトル司教区会議が、公会議主義者と教皇支持派がしのぎを削り、最終的に公会議を教皇の上位に置くとしたことで知られる、一四三一年のバーゼル公会議の教令を更新して、この無法かつ冒瀆的な祭りを禁止し、教会から追放してもいる。さらに、一五六六年にトレドで開かれた教会管区会議は、ソティが聖嬰児の祝日を冒瀆するものだとしてこれを禁止してもいる。同様の禁令は以後各地で幾度となく出されるようになるが、こうして繰り返される禁令は、いうまでもなくそれがさほど効力を発揮しなかったことを如実に物語る。

愚者の祭りに対する当局の具体的な弾圧については後段で縷々検討するが、ソティは聖嬰児の祝日以外の日にも上演されていた。たとえば、司書・古文書研究家のリュドヴィク・ラランヌ（一八一〇―九八）がまとめた『フランソワ一世下のあるブルジョワの日記』（一八五四年）は、この匿名のブルジョワが、一五一五年四月、カルチェ・ラタンに近いモベール広場に設けた舞台で、クリュシュという聖職者が演じたソティや説教劇（セルモン・ジョワイユー）、教訓劇、ファルスを見物したとしている。[16]それは、同年一月に逝去した国王ルイ十二世のあとを受けて即位したフランソワ一世が、たまたまパリに滞在していたときだという。文芸やレオナルド・ダ・ヴィンチの庇護者として、さらに一五三〇年、スコラ学の拠点であったソルボンヌを向こうに回して、自由な学問の場となるコレージュ・ロワイヤル（王立教授団）、現在のコレージュ・ド・フランスを創設したことでも知られるこの新国王は、三月、冒瀆を禁ずる王命を出している。当然のことながら、ソティに対しても制限を課した。とすれば、このブルジョワが見物したソティは、少なくとも王権に対する風刺や諧謔とは無縁なものだったのだろう。

前出のエミール・ピコはまた、ソティが、口上や曲芸・軽業、手品などと同様、芝居の上演前に観客を引き寄せるパラド（客寄せ芝居）だったとしている。[17]パレードという語はこのパラドに由来するが、ラランヌの報告にもあるように、ソティはまず観客たちを楽しい気分にさせる独白劇（モノローグ）ないし陽気な説教劇から始まり、ついで多少の反発を呼び起こす聖史劇（ミステール）ないし教訓劇へと移り、最後にファルスが演じられて笑いのうちに幕が下りることになっていたという。[18]

また、受難同信団が高等法院から上演禁止の処分を受けた一五四八年、パリのカーニヴァル（二月）では、バゾシュ（後出）と呼ばれるパリの高等法院や会計法院の書記たちが、「バゾシュの王」と題したソティを上演している。[19] これは、アンファン＝サン＝スーシがバゾシュたちのレパートリーであったファルスや教訓劇の上演権と引き換えに、ソティのそれを認めたことによる。むろんそこには、互いのレパートリーを広げて、より多くの観客をよびこもうとする戦略があったのだろうが、まさにそうした戦略によって、やがて両者はその出自を除いて、独自性をなにほどか失うようになった。事実、バゾシュたちは「ソ」の衣装をまとって芝居をおこなったりもした。また、「すべてのバゾシュはソではなかったが、多くのソはバゾシュだった」（ジュルヴィル）とする指摘もある。[20] なかには、後出の風刺詩人クレマン・マロ（一四九六頃―一五〇四）のように、双方の結社に属する者もいた。

では、ソティの作者はだれだったか。マロはその代表格としてつとに知られるが、川那部和恵によれば、その出し物の大半は、演者と同様、知的な若者たちで結成された娯楽結社的な「愚者集団」――前記バゾシュもそのひとつ――によって創られたものだったという。[21] ただ、何人かはわかっている。その代表的な人物が、アンファン＝サン＝スーシの副団長格で、「愚かな母親」を演じていたあのピエール・グランゴワール（Pierre Gringoire）である。以下では、ユゴーの創作的誤解を修正することも兼ねて、少しくこの劇作家についてみておこう。

ピエール・グランゴワール

ユゴーと親交のあったテオドル・ド・バンヴィル（一八二三―九一）の聖史劇『グランゴワール』（一八六六年）で、その名を不朽のものとしたグランゴワールは、『ノートル＝ダム・ド・パリ』の年代設定より七年前の一四七五年、北仏ノルマンディ地方のテュリ゠アルクールで生まれている。おそらく彼はカーン大学で法学を学んだ。父ロベールはテュリ領主に仕えていた会計・徴税官で、ボーモン鉄鉱山の訴訟も担当し、一四六〇年代には子爵となっている。[22] ピエールが、当時ルーアンと並んで民衆演劇が盛んだったカーンを去っていつパリに出たのかは定かでない。ただ、かねてよりソティに関心を抱いていたエラスムスが一四九八年にパリで観劇したのが、グランゴワールの処女作とされる『占星術師の新しいソティ』だったという。[23] これは国王と占星術師、それに愚者（ソ）役のプリムス（一人目）、セクンドゥス（二人目）、さらにシャカン（各人）という五人が登場するソティで、国王が愚者たちに世の中の出来事を尋ねるところから幕が開く。尋ねられた愚者たちは、未来への希望を口にしながらも、不安を隠そうとしない。そこに占星術師が登場し、星座占いによって王国の行く末に不吉な予言をする。次いで登場するシャカンが、自分の置かれた悲惨な状況を嘆き、支配者たちの悪政を訴える。これを受けて、占星術師は解決策を提示する。悪政に抗するには、理性と信仰をもってするほかない。シャカンはしぶしぶそれに従うことにする…。

『痴愚神礼讃』の著者の目に、批判精神に満ちたこの若い才能の作品がはたしてどう映ったかは不明とするほかないが、愚性に反体制的・反宗教的な意味づけをおこなって伝統的な「理性」の桎梏から解放し、新たなユマニスムの潮流に身を投じたエラスムスにとって、おそらくグランゴワール（たち）のソティは自らの思想を可視化するものであったに違いない。それはさておき、戯作者としてだけでなく、あるいは役者としても非凡な才を買われてか、グランゴワールは遅くとも一五〇五年までに、当時パリで評判をとっていたアンファン゠サン゠スーシに入る。この劇団のリーダーは、「ソたちの王」を役どころとしていた、風刺詩人のジャン・ドゥ・レスピーヌことジャン・ド・レスピネ・デュ・ポン゠タレ（生没年不詳）。グランゴワールよりかなり年下だったはずの彼は、ソティ用のファルスのほか、ソンジュクルー（字義は「夢想家」）を筆名として、人間と社会の

図12 「メール・フォル」に扮したグランゴワール。『ソたちの王とソの母』表紙。三方のカルトゥーシュには、「すべては、理性、によって」の文言が、語順を変えて記されている。1511年

さまざまな誤謬を告発した、風刺詩『ソンジュクルーの異議申し立て』（一五三〇年）[24]なども発表している。

こうしてアンファン＝サン＝スーシはふたりの異才を迎え、さらにそれ以前からのルイ十二世——内政の整備に腐心して「民衆の父」と呼ばれていた——の庇護もあって、全盛期を享受することになる。一四九四年に始まるイタリア戦争のさなかにあった当時、この国王は、歴史に悪名を残すボルジア家出身の教皇アレクサンデル六世（在位一四九八—一五〇三）と、その後継者で、神聖同盟を立ち上げてフランス軍のイタリア介入を阻止しようとした、ユリウス二世（在位一五〇三—一三）とも激しく対立していた。そんな国王の意を呈して、グランゴワールは敬虔なカトリック教徒であったにもかかわらず[25]、何点か教皇を揶揄するソティ用の作品を創作している。たとえば寓意的な『鹿たちのなかの鹿狩り』（一五一〇年）と、三部作の『ソたちの王とソの母』（一五一一年）である。前者は教皇の自称「神の僕《しもべ》の僕（Servus Servorum Dei）」を皮肉った題名で、鹿（cerf）が僕（serf）と入れ替わっている。一方、全体で七〇〇行あまりの後者は、以下のような前口上から始まる。

狂ったソ、粗忽なソ、賢いソ、都市や城や村のソ、愚にもつかないことをほざくソ、反抗的なソ、狡猾なソ、

（…）惚れっぽいソ、内輪のソ、粗野なソ、未開で余所者、異教徒のソ、思慮分別のあるソ、不品行なソ、強情なソ。汝たちの王は間断なく、マルディ・グラ（カーニヴァル最終日）にはレ・アルで芝居を演じるだろう（以下、略）[26]。

こうして数十人の「ソ」を列挙したあと、自らも「愚かな母親」役で舞台に上がったグランゴワールは、二三か所に教皇に関する文言を登場させている。そこにはたとえば「私は呪う、破門を」（三八六行目）といった文言もある。これは一五一〇年にルイ十二世が招集したトゥール教会会議で、国王が教皇ユリウス二世の廃位を企て、それに賛同したフランスの司教たちを、反転攻勢に出た教皇が破門したことを風刺したものである。中世演劇研究者の片山幹生によれば、この作品の主題は、じつは「ソたちの王」＝国王＝カーニヴァルと「ソの母」＝教皇＝四旬節にあるという[27]。古代ローマの寓意詩人プルデンティウス（三四八頃―四一〇頃）が、『プシコマキア』において描いた美徳――信仰、貞節、忍耐など――と悪徳――異教・偶像崇拝、淫欲、忿怒など――の、いわば二元論的な闘いを原型とする「カーニヴァルと四旬節の闘い」という主題である。前出のブリューゲルの油彩画（一五五九年）はこの主題を念頭に描いたものである（詳細は前掲の拙著『祝祭の構図』を参照されたい）。とすれば、『ソたちの王と愚かな母親』には、まさに「王侯のプロパガンディスト」（ブアイク＝ジェロネス）としてのグランゴワールの面目躍如たるものがあるといえる。一五一一年のカーニヴァル最終日であるマルディ・グラの出し物として、パリの鮮魚商たちの卸市場があったレ・アル地区の仮設舞台で上演されたこのソティの観客たちが、はたしてどこまで作者の意図を解したかは不明とするほかないが[28]、少なくともルイ十二世にとってみれば、自分の想いを大衆に直接訴えてくれるソティは庇護するだけの値打ちがあっただろう。

だが、そのルイ十二世が一五一五年に没し、フランソワ一世が国王に即位すると、風向きが一変する。前述したように、王室や貴顕などに対する政治的な批判・風刺を嫌った新国王は、高等法院を介して、寄宿学寮でのソティ上演を禁じ、アンファン＝サン＝スーシの活動にも制約を加えるようになる。そこで一五一八年、劇団のメンバーは彼らに好意的だったロレーヌ公を頼り、カーニヴァルなどでソティを上演するようになる。むろん、グランゴワールもまた仲間と行動を共にし、その地でカトリーヌ・ロジェと結婚する。この頃から、彼は聖史劇を数多く手がけるようになった。異端やマルティン・ルターを含む宗教改革の指導者たちを攻撃した『異端の紋章』（一五二四年）や、死後刊行になる『聖王ルイの聖史劇』（一五四一年）などである。この変化が何に由来するかは、彼の正確な終焉の地と同様わからないが、アンファン＝サン＝スーシの活動は彼の死後も続き、一六〇二年には、今も人形劇などに登場する、「メール・ジゴーニュ（Mère Gigogne）」（字義は「ジゴー母さん」）ないし「ダム・ジゴーニュ（Dame Gigogne）」と呼ばれる女装の役どころが劇団に加わる。そして、一六〇七年、ルーヴル宮での「サン＝ジェルマン大市での出産」と題した公演で、彼女はスカートの下から、占星術師、シャルラタン、画家、巾着切りを生業とすることになる一六人の子どもを次々と産む。しかし、もはやアンファン＝サン＝スーシの時代は過ぎており、かつてのような辛辣な風刺や諧謔精神を反映するようなドラマトゥルギーは、すでに影を潜めていた。

道化としての「ソ」

演劇結社としてのアンファン＝サン＝スーシは、遅くとも十七世紀初頭には姿を消すが、その「ソ」たちはソティやファルスの外にも出没している。たとえば、グランゴワールと同時代を生きた、「知の飽食家」フランソワ・ラブレーの驚天動地の書『第三之書　パンタグリュエル物語』（一五四五年頃）のなかである。わが国の翻訳史上、おそらく最大の偉業を成し遂げた渡辺一夫は、「sot」を「瘋癲」と訳しているが、この書の第37章は「ソ」が中心的な話題となっている。そこでは「カイエット（Caillette）の曽祖父に当るパリで名うての瘋癲殿様ジョアン」が、「人足と焼肉屋の亭主」の争いを、「拳には王笏でも持つように人形笏を捧げ、頭には、紙の耳が附いた、延声記号形の襞飾りのある猿貂皮の頭巾を戴き、予め両三度に亙って咳払いをしてから、大音声を張りあげて」裁いている。[29] 訳注にも指摘があるように、いうまでもなくこのジョアンのいで立ちは道化のそれであり、「曾祖父ジョアン」については不詳だが、文中のカイエット（一五一四頃没）もまた、ルイ十二世（在位一四九八―一五一五）のお抱え道化だった。[30]

じつはラブレーは、後述するように、道化を指すフランス語ブフォン（bouffon）という語を一五四九年にはじめて（！）用いたとされる。『フランス語語源・歴史辞典』（前出）の説だが、これがもし真実なら、彼は「ソ」と「ブフォン」をどのように差異化しようとしたのか。容易に氷解しそうにないこの疑問はさておき、たしかにカイエットの肖像画（図13）からすれば、彼は明らかに道化の格好をしている。一四九九年にパリで上演されたソティないしファルス作品の『ジュナン・ア・ポームの復活』は、主人公がピカルディ方言で話しながら地獄から還ってくる話だが、このファルスの配役にはカイエットの名がある。はたして道化自身がそれを演じたのかどうかさだかではないものの、少なくともこの役どころのカイエットは、道化の姿で登場したのだろう。たしかに道化のなかにはソティの作者や

図13　道化カイエット。制作者・制作年不詳

役者もいた。自ら愚性を演じながら、愚性を演じさせてもいたのである。その限りにおいて、「ソ」も道化も選ぶところがなかった。

バゾシュ王国

パリにはまた、専業的な役者たちではないが、ファルスやソティなどの上演を活動の一環としていた集団もあった。おもに裁判所の書記や法学生たちからなる、そして、前述したように、アンファン＝サン＝スーシと近い関係にあり、それゆえときに当時の人びとから混同されもしたパロディックな愚行結社、すなわち「バゾシュ書記団（Clercs de la Basoche／Bazoche)」である。[31] バゾシュといえば、ゴンクール兄弟の小説『マネット・サロモン』（一八六七年）の作中人物で、バゾシュの聖職者アナトル・バゾシュが知られているが、実際のバゾシュの登場には、大胆王フィリップ三世（在位一二七〇―八五）が深くかかわっている。父の聖王ルイ九世に従って一二七〇年の第8回十字軍に加わり、その父が赤痢のためにチュニスで病没したあとを受けて即位した彼は、一二五〇年に聖王がそれまでの国王会議から独立させてシテ島に創設した高等法院[32]を、一二七八年、王令によって常設化したのである。強大な叔父のアンジュー公シャルルがいわゆるシチリアの晩祷事件、すなわちアンジュー兵がパレルモで地元の女性を暴行したことに憤った住民が、《Morte alla Francia Italia anela》（フランスに死を、これはイタリアの叫びだ）を合言葉に蜂起した事件――この合言葉の頭文字が「マフィア（mafia)」の語源になったとされる――を起こす四年前のことである。

さらに端麗王フィリップ四世（在位一二八五―一三一四）は、一三〇七年には、莫大な財力や資産を有して、王室最大の債権者となっていたテンプル騎士団を解体して財産を没収したり、その二年後には教皇庁をアヴィニョンに移したりする一方で、中央集権化による絶対王政の強化策の一環として、一三〇三年にパリ会計法院を創設している。一説に、ときの教皇ボニファティウス八世を幽閉して憤死に追い込んだ、歴史上きわめて特異なアナーニ事件を引き起こしたこの年、フィリップ四世は、これら高等法院と会計法院の書記たちと、パリ奉行の管轄下にあり、おもに民事や軽罪を扱うシャトレ裁判所の書記たちの結社化を認可してもいる。「バゾシュ書記団」の誕生である。ただし、それはパロディックな結社であり、基本的にメンバーの互選で選ばれた一年任期のその長は「バゾシュの王」と呼ばれ、そこから彼らの結社は、「バゾシュ王国」と通称されるようになる。むろんこの王国は両法院に所属していたが、一説にパリ裁判所のバゾシュたちは、法院からの独立を唱えたともいう[33]。

いつ頃からか、バゾシュにはパリ大学の法学生も加わり、やがて彼らはフィリップ六世（在位一三二八－五〇）が署名した一三四二年の公開状によって、正式にシテ宮（司法宮）内の通廊にブースを構えることが認められ、訴訟人たちにさまざまな助言を与えるようにもなった。いずれ司法の場に立って刑事事件や民事事件を裁く役目を担うことになるための準備として、である。

図 14　バゾシュの王アントワヌ　木版画、1545年、作者不詳

アンリ四世の時代に国務評定官や宮内裁判所長官などを歴任したピエール・ド・ミロールモン（一五五〇頃－一六一一）は、その忘備録の最終章をバゾシュに割いている。おそらくこれはバゾシュにかんする最初期のまとまった言及で、以後のバゾシュ論は多くがこれを典拠としている。それによれば、こ

のパロディックな王国は、大法官や宮内裁判所長、検事長、法院検事、調査裁判官、訴訟報告官、大法官府付き請願審査官、法院付き司祭、財務官、公証人、秘書官、書記官、執達吏などからなり、その全員がバゾシュ王の権力と権威のもとに置かれていたという。彼の臣下にはまた「ソたちの王」と呼ばれる者もおり、その許可を受けずに、大道芸人ないし吟唱詩人や軽業師、あるいは賭博師たちが、定期市や大市で仕事をすることは禁じられていたともいう[34]。

バゾシュ王国に大道芸人たちを取り締まる権限があったのかどうか、あったとすれば、はたしてだれがその権限を与えたのか、残念ながらミロールモンはそれを明確にしていない。また、「ソたちの王」が王国の臣下にいたとの記述に基づいて、アンファン＝サン＝スーシがこの王国に従属していたとする後代の指摘もあるが、両結社の関係を考えれば、疑問なしとしない。ただ、バゾシュたちが司法権力に属しており、それゆえ何らかの特権を有していたことは間違いない。たとえばアヴィニョンでは一六六〇年頃、学生たち（バゾシュ）の修道院長は、剣を帯び、仮面をつけたまま無料で劇場に入ったり、娼婦を買ったり、あるいはユダヤ人たちを迫害する特権をもっていたが、「神を攻撃し、家庭を崩壊させ、若者たちを放蕩に走らせ」、さらにそのあまりの暴虐に耐えかねた聖職者たちが町から相次いで逃げ出したため、一六八一年、町の公証人組合がこの修道院長の廃止を要求している[35]。

では、そんな特権階級の彼らバゾシュたちが、なぜ、そしていつから民衆劇に進出するようになったのか。これについて筆者は寡聞にして多くを知らないが、アンファン＝サン＝スーシの設立が認められた一四〇二年以前でも、彼らはすでにファルスや教訓劇などを、愚者の祭りやカーニヴァルといった民衆祭で上演していた。前述したように、のちにはソティもそのレパートリーに入った。その舞台は、おもにシャトレ裁判所の前や高等法院の大ホールないし中庭で、上演は年三回、すなわち公現祭前後の木曜日、五月初旬の司法宮における五月柱《メイ・ポール》建立の日、そして裁判所ないし法院の廷吏たちが厳粛なパレードをおこなう七月一日だった[36]。上演当日には、アンファン＝サン＝スーシや受難同信団のそれと同様、人びとを呼び込むため、パリ市内の通りは騒音に包まれたという。一六三三年に最終版が刊行された『フランシヨンの滑稽物語』[37]の作者でもあるシャルル・ソレル（一五九九／一六〇二―七四）は、一六四二年に上梓した『賭博場』で、こう指摘している。「四辻のファルス役者たち、受難同信団やバゾシュ書記団、さらにアンファン＝サン＝スーシの呼び声やパレード。そのすべては傍若無人に太鼓とトランペットを叩き、吹き鳴らした[38]」。

劇作家で演劇評論の先駆者でもあったフランソワ・エドゥラン、通称アベ・ドビニャック（一六〇四―七六）は、その著『芝居の実践』（一六八四年）で、「バゾシュたちはフランス王国で最初の役者だった[39]」としている。むろんこの指摘は、「最初の役者集団ないし演劇結社」とすべきだろうが、フランス中部サン＝テティエンヌの民事裁判所所長だったアドルフ・ファーブル（一八一九―八六）は、一八五六年に上梓したバゾシュ研究の基本書である『バゾシュ書記団にかんする史的研究』の序文冒頭で、以下のように記している。

> 中世に組織された世俗のすべての結社ないし共同体のうち、もっとも興味深く研究できるのは、高等法院検察官の書記と会計法院検察官の書記たちからなる、「バゾシュ王国」（前者）と「ガリラヤ王国」（後者）と呼ばれたものだろう。
>
> これらの結社はその起源や目的、一風変わった裁判権、特権、儀式、慣行、そしてとくにメンバーが過去何世紀にもわたって文芸や風刺文学、さらに演劇にもおよぼした影響で目立っている。その規約や規則からすれば、彼らの結社は職業組合とも呼べるものであるが、もともとは検察官の設置と結びついていた。さらに、結社の権限はパリ高等法院の再編と結びついていた。裁判所書紀たちによる詩や風刺は

十五・十六世紀まで遡る。それはフランス語が新たな解釈者たちによって変容する時期だった。(…)当時、詩は、トルバドゥール(南仏オック語による宮廷風叙情詩人)やトルヴェール(北仏オイル語の宮廷風叙情詩人)の単調な歌や、愛の法廷(文学の世界で、実際の法廷を模して恋愛の作法や談義に花を咲かせた架空の集まり)の雅な繊細さ、さらに騎士道物語にみられる冗漫さに閉じ込められていた言語からようやく解き放たれるようになっていた。一方、受難同信団と楽しいライバル関係にあったバゾシュの演劇は、(…)喜劇がその最初の産声をあげ始める粗末な揺り籠だった。[40]

この指摘でとくに興味深いのは、バゾシュ王国の運動体が、騎士道文学に代表されるそれまでのエリート＝宮廷文化からの言語の解放を模索した、同じエリートたちによる一種の「文化変革」だったということである。彼らが民衆劇の一翼を担うようになった所以のひとつはおそらくここにあると思われるが、それはまさにフランソワ一世の側近で、「王国」の一員でもあった前出の詩人クレマン・マロや、『遺言詩集』(一四六一年)などで知られる、放浪の詩人フランソワ・ヴィヨン(一四三一—六三以後)らによる、フランス語自体の変革期にあたってもいた。[41]そうした時代精神がもたらした民衆言語が、風刺であり揶揄・諧謔の文化をもつくりあげた。たとえば教会大分裂時代の一三九五年九月、パリ市内の通りに国王とパリ奉行による布告が張り出される。そこには「口の楽師、不満の詩人たち」(バゾシュのこと)が、カトリック教会の一体性を支える教皇(おそらくアヴィニョンの教皇)や国王、領主貴族たちを、語りや詩や歌で話題にすることを禁じ、違反者には罰金に加えて、「パンと水だけ」の投獄処分にするとの一文があった。[42]

本来なら社会秩序を守る側に立つべき者たちが、それを乱すものとして断罪される。そこには「愚行結社」としてのバゾシュ書記団の特性がみてとれるが、シャルル七世(在位一四二二—六一)の時代になると、そうした傾向はさらに過激なものとなる。事実、この国王が推進した中央集権化によって既得権益が失われるとして反旗を翻した、貴族たちのいわゆるプラグリーの乱が終息して二年後の一四四二年、高等法院はバゾシュたちが放縦極まりない芝居を上演することを禁じ、これに違反した役者には「パンと水だけ」の獄中生活を強い、以後、法院の許可なしにいかなる風刺劇も上演してはならないと命じる。(43) あるいは自分たちがいずれ特権階級に加わるというエリート意識がなせる業なのか、それとも単に笑いをとるためだけなのか、当局の度重なる監視や規制にもかかわらず、バゾシュ演劇はかなり早い時期から逸脱が常態化していたようである。

こうした逸脱に対し、高等法院は徐々に罰則を強化し、一四七四年には、同法院とパリ裁判所のバゾシュたちが、法院の許可を得ずに公にファルスや教訓劇を上演することを禁じ、違反者にはそれまでの投獄に加えて、国外追放という罰則が適用されるまでになる。さらに一四七六年には、シャトレ裁判所前でのファルスや教訓劇のほかに、ソティの上演までが禁止の対象となり、違反者には財産没収の処罰も科されることになった。それだけではない。翌一四七七年ともなれば、高等法院やその他の場所でこれらの芝居を演じた場合は、バゾシュ王国の「国王」や主たるメンバーを、パリ市内の四辻で鞭打ちの刑に処したのち国外追放処分にするという、厳しい措置がとられるようになる。(44)

はたしてこれらの罰則がどこまで実際に適用されたかは不明とするほかないが、このような状況はルイ十二世（在位一四九八—一五一五）の時代に入ると一変する。前述したように、アンファン＝サン＝スーシを庇護した国王は、バゾシュたちにも自由な上演を認め、自分自身に対する風刺にも寛容な態度を示した。ただ、一四九八年に夫王シャルル八世と死別し、翌年ルイ十二世と再婚したブルターニュ女公アンヌ（一四七七—一五一四）が、その数年後にパリに入城した際、市民たちはこれを冷ややかに迎えた。バゾシュたちもまた、司法宮の大ホールで、ブルターニュ公国の勢力争いに関与したため、彼女の不興を買って失脚した、同公国の軍事総督ピエール・デュ・ロアン、通称ジエ元帥（一四五一―一五一三）の裁判をあてこすった芝居を上演して、彼女を嘲弄した。ルイ十二世はこれにはさすがにひどく傷つき、彼らの上演を禁止している。ただ、それも長くは続かず、一五〇八年と一〇年には、それまで民衆劇に厳しい態度で臨んできた高等法院に対し、バゾシュたちの活動費用を支援するため、上演ごとに三〇パリ・リーヴル（リーヴル・パリシ）を支払うよう命じたのである。こうして彼らは、一五一二年のカーニヴァル（マルディ・グラ）で、グランゴワール作のソティ『ソたちの王』をいくつかのホールで上演する（一五四八年のカーニヴァルでは、世間とさまざまなスキャンダルを揶揄した二本のソティを伴うファルス劇『バゾシュの布告』も演じた）。

一五一五年一月五日、例年のように彼らバゾシュたちは愚者の祭りで芝居を上演しようとした。だが、これは高等法院から禁止された。一月一日にルイ十二世が没し、その服喪がまだ明けていない。それが理由だった。[45]フランス近世史において、たとえばフロンドの乱（一六四八―五二年）のように、のちに王権と法院はしばしば対立することになるが、この頃までは両者はまだ相補的な関係にあったようだ。

新国王となったフランソワ一世（在位一五一五―四七）は、アンファン＝サン＝スーシに対する姿勢とは反対に、バゾシュに好意的だった。ベネディクト修道会士だった歴史家ミシェル・フェリビャン（一六六五―一七一八）の死後刊行になる『パリ市の歴史』によれば、一五一五年二月、即位式のために廷吏たちを従えてパリに入城したこの国王は、市庁舎で、パリ奉行や市参事会員たちによる盛大な歓迎式典に臨み、バゾシュたちのファルスやダンスに大いに満足したという。[46]これに勢いづいたバゾシュたちは新しい演目を準備したが、高等法院はこれもまた先王の喪が続いているとして反対した。そこで、彼らは直接フランソワ一世に訴え、新作の上演を認めてもらう。むろんそれらは、王権に対する風刺や揶揄とは無縁のものだった。おそらくこれ以後、パリのバゾシュ王国はその庇護と引き換えに、民衆の構造的な不平不満をからめとった諧謔精神を放棄し、こういってよければ、王権の御用劇団化していく。そして、高等法院の検閲や監視を受けながら、一五八二年の新作『悲喜劇・田園詩』を最後におそらく演劇活動から撤退した。撤退して「本業」に戻ったのである。それはまた、演劇集団としてのバゾシュ王国の衰亡を意味する。たしかに十七世紀から十八世紀にかけて、彼らは文学の分野にも足跡を残したが、それはバーレスクな詩のみだった(47)。

はたしていつまでおこなわれたかは定かでないが、前述したように、毎年五月初旬、彼らは「バゾシュの王」を先頭にたてて市中を仮装行列でねり歩いたり、あるいは、後述するように、パリ郊外のボンディやリヴリの国王所有林で、盛大な儀式仕立てで伐採した大木を、五月柱《メイ・ポール》として賑々しく司法宮の階段近くに立てたりもした(48)。

これもまたバゾシュの特権であり、いかにも誇らしい晴舞台だったが、一説にそれは一五四八年に南西部のギュイエンヌ地方で勃発した反塩税蜂起を、パリのバゾシュたち（実際は学生を含む）六〇〇〇人（！）が国王側にたって鎮圧にあたったことによるという（翌年十月、塩税廃止）。ときの国王アンリ二世（在位一五四七―五九）はこの功績に報いるため、毎年、王室の所有林で木を三本伐採することを認め、そのうちの一本が、司法宮内のサント＝シャペル礼拝堂の前に五月柱として立てられた。残りの二本は売却して、パリのセーヌ左岸、

図15　民間の5月柱行事。F=E・ジエ原画からの版画。1888年。ATP

サン＝ジェルマン＝デ＝プレ大修道院の敷地に接して広がっていた、プレ＝オー＝クレールで毎年開催される彼らの「閲兵式」の費用に充てられた。[49]

同様のパフォーマンスは他の都市でもみられ、たとえば一四九九年、それまでのノルマンディ最高法院が、ときの国王ルイ十二世によって高等法院に改組された北仏の中心都市ルーアンでは、一五五〇年七月の国王訪問時、バゾシュの王が他のメンバーや市吏たちを従えて、盛大に出迎えたという。[50] さらに二〇年後の一五七〇年二月には、彼らバゾシュたちは高等法院に自分たちの活動に対する認可を求めて、韻文による請願書を提出しているが、その末尾には五月柱にかんして、こう明記されていたという。「貴職たちの権威が繁栄とともに末永く続くよう、至高の神に祈りつつ、来る五月一日にモミの木を植えます[51]」。

こうしたバゾシュたちのパフォーマンス自体、けっして当局から指弾されるものではない。とすれば、彼らを愚行結社のリストに加えるのはまさにお門違いとなるだろう。だが、フランス全土のバゾシュがそうであったわけでは決してない。たとえばトゥールーズでは、彼らはしばしばその愚行ゆえに抑圧の対象となっているのだ。フランス近世史家のミシェル・カサンによれば、この大学都市の書記組合は、高等法院の創設（一四四三年）より一世紀以上も早く、パリのバゾシュ王国と同じ一三〇三年に、やはりフィリップ四世の後援によって結社化し、後述するディジョンの愚行結社「歩兵隊」と同様の特権も与えられていたという。そして、高等法院創設後の十五世紀後葉に、法院のすべての書記が参加するバゾシュとして再編されたともいう。[52] さらに一五一七年には、同地のセネシャル裁判所長だったアントワヌ・ド・ロシュシュアール（一五四五没）によって、同裁判所の書記たちの結社化が承認されたが、この結社の規約には、ファルスやダンスを演じて市民を楽しませるのは年に一度だけとあり、彼ら書記たちが選ぶパロディックな「セネシャル裁判所長」は、もっとも節度を弁えていて思慮深く、雄弁だが、独身でなければならないと明記されている。[53] 彼らと高等法院のバゾシュの関係がどうだったかは不明だが、やはりバゾシュと呼ばれたところからすれば、おそらく両者は十六世紀前葉には合体したものと思われる。このセネシャル裁判所のバゾシュは、五トゥール・スーの登録料と位階に応じて週三～五ドゥニエ（一ドゥニエは一スーの十二分の一）の割り当て金を徴収された。

トゥールーズのバゾシュは、毎年公現祭（一月六日）――伝統的な愚者の祭り期間の最終日――の前々日、新たな王以下、大法官、大元帥、元帥、儀典長、大提督などを選び、前日には武器を手に、太鼓を打ち鳴らしながら市中を行進した。そして公現祭当日の九時ごろ、彼らはサン゠セルナン教会のミサに臨み、それからときに愚性を象徴するロバを連れて市中に繰り出し、集まった市民に菓子をばらまきながら、各所でファルスやソティ、ダンス、さらに高歌放吟に興じるのだった。そして、締めくくりは「ルーヴル」と名づけられた彼らの「王宮」での夜宴。これだけなら、さほど規約から逸脱しているとはいえず、町当局の許容範囲だったろう。事実、当局は彼らがさまざまな祭りを営んだり、その感興を活性化させたりする権利を認めていた。そこには「さかさまの世界（モンド・ア・ランヴェール）」を現出させるカーニヴァルや、あろうことかシャリヴァリすらも含まれていた。だが、そうした当局の態度はやがて一変する。バゾシュたちが規約もものかわ、「愚行」に走ったからである。たとえば、一四七八年のシャリヴァリ（おそらくカルナヴァル期間中）である。その犠牲者は、前年夫と死別した寡婦のリゴンヌ、八四歳。風評では九六歳（！）ともされていたが、一四七八年――この年はまだセネシャル裁判所のバゾシュは組織されていない――、その老嬢が四〇歳に満たない職人と再婚したのだ。

この話題は町中を駆け巡り、当然バゾシュたちの耳にも入った。「再婚シャリヴァリ」の格好のネタが舞い込んだのだ。彼らはリゴンヌの家の前で、シャリヴァリにつきものの鍋・釜のラフ・ミュージックを数夜にわたって奏でた。それでも彼女は「シャリヴァリ税」（飲み代）を払わなかった。そこで彼らはリゴンヌの家の壁を汚物や排泄物で汚し、家の前に馬や牛の死骸を積み上げたりすらした。だが、老齢ながら気丈な寡婦は、それでもいっかな妥協しようとしなかった。はたしてその結末はどうだったか。

共同体の結婚経済を攪拌するこうした著しく歳の差のある再婚者に対するシャリヴァリは、性的な不品行者（性的規範逸脱者）や「かかあ天下」（家父長制規範逸脱者）などに対するシャリヴァリと同様、単なる制裁だけではなかった。原則的には、改めて当事者を共同体に迎え入れるためのいわば恥辱の通過儀礼としてあったからだ。筆者はこれを「恥辱の修辞法」と呼ぶが、たしかにときに制裁がこじれて刃傷沙汰となり、裁判にまで発展することもあった（残念ながらナタリー・Z・デーヴィスはそうした事例にのみ着目している）。ただ、シャリヴァリ数全体からすれば、その事例は少数だったはずである。何よりもシャリヴァリを仕掛ける方も仕掛けられる方も、ともに同じ共同体に属しており、被害者の多くはかつて加害者だったからでもある。

この排除と再吸収のメカニズムは、拙著『シャリヴァリ――民衆文化の修辞学』（同文館、一九八八年）の考察と分析に譲ることにして、本題に戻ろう。

さて、郷土史家のエドモン・ラムゼールは、トゥールーズのエスキル学寮の復習教師だったピエール・バルテス（一七〇四―八一）が、一七三七年から死の直前まで記していた日記『失われた時間』を採録して、『十八世紀のトゥールーズ』を著している。それによれば、同地におけるバゾシュの活動はフランス革命近くまで存続したという。事実、愚者の祭り期間中の一七六三年一月五日夜、王冠をかぶり、王笏を手に盛装したバゾシュの王が、大元帥や大法官などの重臣たちに囲まれながら、馬上姿も堂々と行進を始める。先導するのは、聖霊騎士団の青綬をかけ、指揮棒を手にした一二人の元帥たち。後ろにはセネシャル裁判所長や旗手、鼓笛手、角笛やトランペットの音を夜空に鳴り響かせる楽師たちからなる一団が続く。そして、市中の通りと広場の大部分を巡って、住民はもとより、トゥールーズを訪れていた多くの余所者たちに、それまで見たこともないような「スペクタクル」を演じて楽しませたという。[54]

ここに登場した貴顕たちは、むろんいずれもパロディだが、ここまでくればもはや単なる仮装行列と変わりがなさそうだ。はたして観衆が見たこともないような「スペクタクル」がいかなるものだったか明記はないものの、おそらくそれはかつて受難同信団や「アンファン＝サン＝スーシ」と共同ないし競合するかのように上演していたソティ――たとえばその代表的な作品である『ソたちの王』――だったと思われる。ただ、バルテスの日記に治安当局の介入といった記述がみられないことからして、すでにして彼らの「愚行」が至極おとなしいものになっていたことは間違いないだろう。パリの「バゾシュ王国」と同様に、である。これをしも伝統の衰退と呼ぶべきか、あるいは新しい伝統の創造と呼ぶべきか、判断は難しいが、おそらくそれはフランス最古を誇っていたこの結社が、かつて深く結びついていた愚者の祭りが衰退ないし消滅し、ごく一部の地で愚者の祭りとは名ばかりの仮装行列に化していたことと無関係ではないはずだ。

そしてフランス革命進行中の一七九〇年、国民議会のあとを受けて成立した憲法制定国民議会により、世襲の司法官が選挙により選出された新たな司法官に替えられ、全国の高等法院は解体される。当然のことながら、それに伴って、翌一七九一年、職業結社としてのバゾシュも解体を余儀なくされた。だが、それはバゾシュの消滅を意味するものではなかった。彼らはヴィクトル・ユゴーやバリザックの作品に生き続けただけでなく、興味深いことに、一八六三年には、ヴェルサイユで往時と同様に書記や法学生たちからなるバゾシュが組織されてもいるのだ。彼らの二〇頁あまりの規約小冊子には、この結社の目的が「フランス法にかんする問題を討議し、弁論することにある」と明記されているという。[55] より近年では、ミッテラン大統領の側近で法曹家、そして何よりも死刑廃止論者として知られるロベール・バランテルの『処刑』（一九七三年）にも、バゾシュにかんする一文がある。これは、自らが弁護を担当した、一九七二年にギロチン刑（一九八一年廃止）に処された猟奇的な人質殺人犯たちを扱ったドキュメンタリー風小説だが、第一部前半で、彼は司法修習生時代、他の法律事務所の書記たちと架空の事件を仕立て上げ、その偽りの報告書を「悪名高い二人の弁護士に」送った。はたして弁護士たちがこの報告書をどう扱ったのか。いささか気になるところではある。ともあれ、パランテによれば、当時はまだ「バゾシュのファルスの伝統はなおも生きていた(56)」という。

たしかにそれから数年後の一九七七年十二月、ポワティエ大学法学部の学生だった二三歳のディディエ・ピガノーは、中央アフリカ大統領から皇帝となったボカサ一世の即位式に招待された。なぜか。それはガリア時代にポワトゥー地方に住んでいた部族ピクトネスの名を冠した、学生結社のバゾシュ王国の国王だったからである。この王国のモットーは知的で下品なギャグを乱発して、「ワインを飲んで陽気になれ」。警察署に爆竹を運んだり、公共の噴水に外来種の鳥を放したり、あるいは市議選の結果が発表された際、ポワチエ市庁舎前に「所有者変更」の横断幕を掲げたりするといった愚行を楽しんでもいた。じつはこの年、彼はバッキンガム宮殿で営まれた、エリザベス女王の在位二十五周年記念式典にも招待されていたが、「試験のため、お茶をご一緒することができません。おめでとうございます。バゾシュ国王ディディエ一世」という電報を送って非礼を詫びていた。だが、ボカサ皇帝の即位式は試験期間を外れていた(57)。二〇〇八年に彼が他界したあと、新たに同大学の学生がバゾシュ王に選ばれているが、この名誉ある招待劇はあるいは何かの手違いか、ともあれバゾシュ王はこうして現代に登場していることになる。

さて、フランスの中世から近世にかけて、世俗劇の歴史に足跡を残した結社はほかにもある。たとえば、これまで幾度か言及しておいた受難同信団《コンフレリ・ド・ラ・パシオン》(Confrérie de la Passion)――正式な名称は「われらの救い主で贖い主でもあるイエス・キリストの受難と復活の同信団(Confrérie de la Passion et Ressurection de notre Sauveur et Redempteur Jesus-Christ)」――である。彼らもやはり当局からしばしば規制を受けながら、アンファン=サン＝スーシャやバゾシュ書記団とともある時期から近しい関係を結び、十五世紀初頭から十七世紀後葉まで活動した。では、この結社はいかなるものであり、どのような変遷を辿ったのか。次にそれをみておこう。

受難同信団

まず、兄弟団や信心会、同胞団などとも訳される同信団（Confrérie）とはなにか。文法家で辞典編纂者だったセザール＝ピエール・リシュレ（一六二六―九八）は、一六八〇年から一七五九年にかけて五版を数えたその『古代・現代フランス語辞典』で、同信団を次のように定義している。

特定の聖人や特定の奇蹟、あるいは宗教（キリスト教）が重視する特定のもの（聖遺物）を尊崇し、わずかな費用で同信者たちの名が記載された名簿に登録する人びと（の集団）。この帳名簿は小教区あるいは人びとが特定の聖人ないし聖遺物を崇める場所（教会ないし礼拝堂）に安置される。そして、一年の何日か、同信者たちはこの場所ないし小教区を訪れて、祈りを捧げる。[58]

この定義を少し敷衍していえば、同信団とは基本的に親方たちの同業組合や職人たちの同職組合とは異なって、同一の守護聖人を信仰する業種を超えた人びとの結社であり、その目的は相互扶助と貧民や病人、孤児などに対する慈善行為、そして守護聖人への信仰促進にあった。[59] その限りでいえば、演劇の上演を目的とすることの受難同信団は例外的な結社だった。受難（passion）とはいうまでもなくイエス・キリストの磔刑上の死を意味する。だが、受難劇はイエスが降誕し、受難を経てキリストとして復活・再臨するまでの物語を芝居にしたもので、原型は十世紀頃に、教会の典礼で上演された聖職者たちの寸劇にあるとされる。

やがてこの寸劇は典礼劇へと発展し、十二世紀に入ると、教会の外、たとえば広場や四辻などで演じられるようになり、それまでのラテン語が世俗語に、役者もまた聖職者から一般市民、とくに各地の同信団にとって代わられていった。こうして教会を離れた典礼劇は受難劇として独立する。その先駆けとなったのは、王室の公証人で書記でもあった、ジョフロワ・ド・パリス（一三二〇没）の『ジョングルールたちの受難』だった。新旧の聖書、地獄、煉獄、人間界、アンチキリスト、そして最後の晩餐という「七世界」のエピソードをとり上げたこれは、一種の詩劇形式からなり、題名にもあるように、ジョングルールたちが人びとの前で吟唱し、ときには演じたものだったという[60]。

ごく大雑把にいえば、そこからさらに、主題を聖書の物語や聖人の奇蹟ないし生涯など、主題をより広げた聖史劇ないし神秘劇（mystère）と呼ばれる演劇形式が登場する。こうして誕生した新しい受難劇としての聖史劇が、パリでいつからみられるようになったかは定かでない。ただ、一三九〇年の復活祭期間中には、聖王ルイ九世が集めた聖遺物を安置するため、一二四七年に献堂されたサント＝シャペルの司祭や神学生たちが、国王シャルル六世の前でイエス・キリスト復活の聖史劇を演じて、四〇エキュ金貨を報酬として得ている[61]。とすれば、パリの聖史劇はいうまでもなくそれ以前からどこかで、一時的に組織された集団によって上演されていたことになる。やがて、パリ南東郊のサン＝モール＝デ＝フォセに彼らのための常設の舞台が設けられるようになる。当時、この村はサン・モール（聖マウルス、五八四没。ベネディクト会で創始者であるヌルシアのベネディクトゥスの弟子）の聖遺物が大修道院に安置され、以後、幾度か奇蹟が起きて一大巡礼地となっていた。おそらく彼らの聖史劇は、村びとのみならず、巡礼者たちにも供されたことだろう。こうして上演された聖史劇には、ときに数日間もかかるものがあった。加えて、観客の歓心を惹くために、「聖」とはとても呼べそうにないスキャンダラスな芝居もあったという。作品の題名や上演年など詳細は不明だが、アドルフ・ファーブル（前出）によれば、ある聖史劇には天使が永遠の父（神）にこう毒づく場面があったという。

天使：永遠の父よ、あなたは間違っている。恥を知らなければならない。愛されたあなたの子は死にました。なのにあなたは酔っ払いのように眠っている。
神：息子が死んだ？
天使：はい、誓ってもいいです。
神：何も知らないことをいいことに、悪魔が連れ去ってしまったのだ。[62]

観客の嗜好に合わせようとして猥雑な要素を盛り込み、脱聖化した「聖史劇」であってみれば、当局が黙認するはずもなかった。事実、これを公序良俗に反するとしたパリ奉行は、一三九八年六月、彼ら役者たちが拠点としていたサン＝モール＝デ＝フォセのみならず、パリや郊外での活動も禁じてしまう。[63]だが、彼らは諦めなかった。アンファン＝サン＝スーシの設立が認められたのと同じ一四〇二年、国王シャルル六世に上演の認可を訴え出たのだ。幸いなことに、彼らもまた、公開状を得て正式に劇団「受難同信団」として認許され、独占的な興行権も認められる。そして同年、セーヌ右岸、サン＝ドニ市門近くのトリニテ施療院に間借りする。幅四〇メートル、奥行き二〇メートルの大広間をもっていたこの施療院は、市門の閉鎖後にパリに着いた巡礼者や旅人に介護や宿舎を提供してもいた。おそらく同信団は、こうした人びとにもこの大広間で受難劇を披露していただろう。また、アンファン＝サン＝スーシの一座とともに、同じ舞台でソティやファルス、あるいは教訓劇などを上演してもいた。そこには「技術要員」として、しばしば下級聖職者の姿も見られた。彼らは聖務

の疲れを癒し、一種のリクリエーションを求めたのだという。(64)

しかし、一五三八年、同信団は一世紀以上もの長きにわたって活動の拠点としていたこの施療院を立ち退かざるをえなくなる。施設が孤児院に転用されることになったためである。こうして彼らはサン゠トゥスタシュ小教区、マレ地区の中央市場と指呼の間にあるフランドル館に移る。ただ、この邸館に設けた舞台はあまりにも狭すぎた。そこで一五四八年、同信団はアンファン゠サン゠スーシと図って、現在のレ・アル地区のモーコンセイユ通りにあった、オテル・ド・ブルゴーニュ（ブルゴーニュ館）の一角を手に入れ、そこに小規模な舞台を設けて再出発を図ろうとした。ところが、その意気込みもつかの間、同年十一月には、かねてより同信団の活動を監視していたパリ高等法院から、聖史劇に卑俗さを混ぜ合わせた彼らの芝居が、低俗かつ風俗紊乱の恐れありとして、その上演を禁止されてしまう。ただ、幸いなことに、パリおよび周域での世俗劇については、同信団に独占的な上演権が与えられ、以後、他の劇団は原則的にその上演に際しては同信団の許可が必要となった。

こうして受難同信団は他の劇団から一種の上演料を徴収するようになるが、その一方で、さらなる収入の道を確保するため、劇場を旅回りの一座をはじめとするさまざまな劇団に貸しだすようになる。いつの時期かの明示はないが、ポール・L・ジャコブもしくはビブリオフィル（字義は「愛書家」）・ジャコブの筆名で知られた、碩学の著述家ポール・ラクロワ（一八〇六―八四）は、同信団の経済的な問題について、以下のように指摘している。

アンファン゠サン゠スーシやバゾシュ書記団と呼ばれる陽気連（société joyeuse）は、パリで組織され、ファルスやソティを演じたが、聖史劇の賑々しい舞台とは無縁で、少数の巧みな役者がいれば十分だった。この新しい滑稽劇は当初は野外や大市で、あるいはホールや町の四辻の中央で演じられた。そこでは二、三人の道化役が仮設の舞台に上がり、悪趣味な金ぴかの服をまとい、(煤か炭で)黒く、あるいは小麦粉で顔を白く塗り、猥雑な言葉をやり取りしながら、民衆の習俗に沿った場面を演じたが、その主題はつねに色恋沙汰や結婚だった。これらの筋書きはそれ自体品性に欠けており、即興によってさらに猥雑なものとなった。のちに、こうした即興は詩節で書かれた、いや、むしろ科白が韻を踏んだ作品にとって代わられたが、これは芝居が再び即興化することを妨げず、役者たちは多少とも放縦な所作で演じ続けた。そのため、受難同信団は観客の大半を奪われ、公演の実入りも減った。(65)

陽気連の源流については、たとえば八世紀のシャルルマーニュ時代に彼らの守護聖人祭や聖女カトリーヌの祝日(十一月二十五日)および聖ニコラ(十二月六日)の祝日に、当初はラテン語による半典礼的な、のちに世俗語による芝居を演じていた学生たちの劇団であり、前述したように彼らを「フランス最初の役者たち」だったとする説もあるが、(66)長いあいだ聖史劇にこだわってきた同信団は、すでに方向転換をしていたものの、より民衆の嗜好に沿ったアンファン=サン=スーシやバゾシュたちの芝居によって苦境に追い込まれたというのだ。必ずしも敵対関係にあったわけではなかったが、この競合劇団の自由な演出に後れをとったことは間違いないだろう。だが、当然のことながら、ライバルはほかにもいた。たとえば、サン=ジェルマン=デ=プレ(二月)やサン=ローラン(八—九月)の大市に小さな仮設舞台を設け、買い物客向けにファルスやソティを演じて評判をとった旅芸人たちである。(67)むろん彼らにとって、受難同信団の独占的な上演権などはどこ吹く風だった。よしんば咎められても、「てら銭」に比して僅かばかりの上演料を払えばことがすんだ。その限りにおいて、それなりにまとまった収入が確保できる劇場の貸し出しは、同信団にとっていわば苦渋の選択だったといえるのかもしれない。一五八六年にバゾシュたちがオテル・ド・ブルゴーニュ座を拠点とするようになったのも、この選択によるものだった。それより九年前の一五七七年、アンリ三世が母后カトリーヌ・ド・メディシス（一五一九―八九）を喜ばすため、当時、その評判がフランスにも聞こえていた、新しい仮面喜劇集団であるコンメディア・デッラルテのジェロージ一座を招き、パリでの初演を命じたのもこの劇場だった。[68]

むろんこうした外部勢力の進出に対し、受難同信団はただ手を拱いていたわけではなかった。世俗劇上演の独占権を盾に、彼らはたとえばソルボンヌに近接するクリュニー館（現中世美術館）で、ルネサンス風の喜劇を演じて評判をとっていた地方出身のライバル劇団を、一五八四年の高等法院裁決によって追放し、さらに四年後の一五八八年には、やはり高等法院に訴えて、イタリア人劇団の追放に成功してもいる。以後、オテル・ド・ブルゴーニュ座は、一六三四年にマレ座が開場するまで、フランス世俗劇のメッカとなり、一六一一年には、同信団は「王立劇団（Troupe royale des comédiens）」と自称することを許される。むろんこれは、イタリア人劇団を含む他の劇団に対して、自分たちの正統性なり優位性なりを顕在化するための戦略だった。さらに、一五六二年からのユグノー戦争が、アンリ三世によるナントの王令をもって終息した一五九八年には、旅回りの芸人だったヴァルラン・ル・コント（一六三四没）が、一座を従えてオテル・ド・ブルゴーニュ座に進出する。その座付き作者だったのが、のちに性と暴力を前面に押し出した「残酷劇」で知られるようになる、若いアレクサンドル・アルディ（一五七〇頃―一六三二頃）である。しかし、コント一座の公演はさほどの評判を得るに至らず、多額の借財を抱えてパリを退去する。[69]

一六二〇年代になると、オテル・ド・ブルゴーニュ座は活況を呈するようになる。大市芝居あがりの有名な「道化師三羽烏」、すなわちかつてアンファン＝サン＝スーシに属し、やがて「国王の役者たち」のリーダー格と目されるまでになったグロ＝ギヨーム（一五五四頃―一六三四）と、ポン＝ヌフ橋のたもとで霊薬を売り、巨万の富を得た稀代のシャルラタンであるタバランの娘婿ゴーティエ＝ガルギユ（一五七二頃―一六三三）、そしてテュルリュパン（一五八七頃―一六三七）が、その舞台で鳴り物入りのファルスを演じたのである。彼らのことはすでに拙著『シャルラタン』（前掲）で縷々紹介しておいたが、一六三四年から四二年にかけては、グロ＝ギヨームの後継者とされるギヨ＝ゴルジュ（一六〇〇―四八）が、バーレスクな医師や調剤師役で人気を博した。興味深いことに、彼はパリ大学出身の医師だった。

だが、こうしてオテル・ド・ブルゴーニュ座自体は活性化したが、肝心の受難同信団は凋落傾向に歯止めがかからなかった。それには新興の劇団、たとえばルイ十四世の寵愛を受けて、パレ・ロワイヤルを拠点としていたモリエールの盛名座などの活動が要因となっていた。そして、この稀代の演劇家が没して三年後の一六七六年、芝居愛好者を自認していたルイ十四世によって同信団は解散を余儀なくされ、その財産はノートル＝ダム司教座聖堂に近接する総救貧院（現在のパリ市立総合病院）に与えられ、役者たちは同信団に支払っていた賃料を「救貧税」として徴収されるようになった。それは宗教劇が世俗劇に駆逐されたことを如実に示す出来事だった。そして、一六八〇年、モリエール劇団は彼の未亡人であった女優アルマンド・ベジャール（一六四〇―一七〇〇）と、ドン・ジュアン劇で主役をつとめたラグランジュ（一六三五―九二）の働きかけで、ブルゴーニュ座と合併し、ここにコメディ＝フランセーズ座が誕生することになる。

これはまた、愚者の祭りやカーニヴァルといった民衆祭を、文字通り恰好の舞台として活動した劇団トリアード、すなわちアンファン＝サン＝スーシ、バゾシュ王国、そして聖史劇・宗教劇から世俗劇へと転向した受難同信団の伝統が終息し、ラシーヌやコルネイユに代表される新たな古典劇にとって代わられたことを意味する。だが、「愚者の文化」はその後も生き続ける。繰り返しをおそれずに言えば、当該社会において、無数の要素が有機的に連関する文化の生態系において、愚者とは規範的・体制的なイマジネール（社会的想像力）を風刺ないし嘲弄し、規制の秩序を撥無することによって人びとの笑いをとる仕掛け人であり、それゆえに負性の存在として有徴化される者の謂いでもある。そうした愚者たちがつくりあげたのが、ソティやファルスなどの愚者劇であり、その恰好の舞台となったのが、大市やカーニヴァル、そして愚者の祭りであった。民衆にとって、まさにそこはさまざまな笑いが渦巻く場であった。こういってよければ、演者＝愚者たちの卑俗な所作や語りを通して顕在化させられた社会への不平不満が、諧謔的な笑いに昇華する場でもあった。

もとより、彼らが寓話的・象徴的に演じる愚性は、はたしてどこまで意識されていたかどうかはわからないが、じつは観客としての民衆のうちにも過不足なく潜んでいるものであった。その限りにおいて、民衆は一連の愚者劇を観ながら、権力を笑い、社会を笑い、そして自分自身を笑った。いや、より正鵠を期していえば、演者＝愚者たちから笑われてもいたのだ。かつてある能楽者は能の真髄を、能面を観るのではなく、能面が見るところにあると看破したが、その顰に倣えば、観る者が見られる者となり、観られる者が見る者となる。この仕掛けの往還こそが、おそらく愚者劇のドラマトゥルギーであり、社会と人間の愚性を諧謔的な笑いによって表現しようとした、戯作者たちのシニカルな、だが、多分に戦略的な意図でもあっただろう。

だが、「愚者の文化」はこれら演劇集団やそこに属する役者や戯作者たちだけがつくりあげたわけではなかった。そこにはまたゴリヤールと総称された、中世ヨーロッパ独特の周縁者もいた。では、彼らはいかにして社会を生き、「愚者の文化」にいかなる貢献をしたのか。本章の最後に、少しくそれをみていこう。

ゴリヤール

ゴリヤール（仏・英語 goliard、スペイン語 goliardo、ドイツ語 Vagant、イタリア語 goliardico）とは、フランスのみならず、イングランドやイタリア、スペイン、ドイツの大学の籍や聖職を離れ、ときに道化や楽師、あるいは吟遊詩人などの格好をして各地を放浪する、貧しい剃髪姿の神学生たちである（図16）。十六世紀初頭にドイツで刊行された『放浪者の書』にもしばしば登場する、「この地上でパンすらない聖職者ほど貧しい生き物はいない」と蔑まれていた彼らゴリヤールたちは、しかし淫猥さにおいて他に類をみない伝説上の司教ゴリアス――十二世紀にラテン語で編まれた『ゴリアスの黙示録』に登場する――の弟子を自称して憚らず、ときに旧約聖書の巨人ゴリアテに由来するゴリアルドゥスと呼ばれたりもした[70]。音楽史家の畏友上尾信也によれば、ゴリヤールという呼称は、十三世紀初頭にジラルドゥス・カンブレンシスが、一定の特徴をもつラテン語による世俗の詩作品を指してこの語を用いたことに由来するという[71]。一〇五〇年代には、彼らはすでにイタリアを除く西ヨーロッパ各地に数多く出没し、一二〇〇年頃からは大道芸人とほとんど区別がつかなくなり[72]、愛とワインと遊びを謳ったり、吟遊詩人よろしく、滑稽ないし卑猥な詩歌を創作して唄ったり、あるいは怪しげな説教を垂れたりして、民衆の笑いと引き換えになにがしかの口銭を得ていた。ときにはまた土地の領主や高位聖職者に招かれて、多少の喜捨や一宿一飯の提供も受けてもいた。その一方で、各地に新しい知を求めてもいた彼らは、こうして社会の周縁を生きながら、愚性なり狂気なりが、民衆の内なる思いの表出にほかならないということを訴え続けた。

図 16　詩歌集『カルミナ・ブラーナ』所収挿画のゴリヤールたち（https://yahoo.jp/nkCaiK より）

そんな彼らの先駆ともいうべきヴァガンテス（vagantes）やギロヴァグ（gyrovague）などの遍歴聖職者は、すでに単性論を排斥したカルケドン公会議（四五一年）や、聖像破壊論者を排斥した第2ニケヤ公会議（七八七年）で、その放浪行為を禁じられている。むろんゴリヤール自体も、放浪・無宿者、あるいは娼婦たちや物乞い同様、つねに治安当局の取り締まりの対象（建前として）となってもいた。たとえばアナル派第三世代を代表するジャン＝クロード・シュミットは、一九九〇年に上梓した『中世の身ぶり』で、大道芸人が十二世紀に高利貸しのために創出された煉獄に赴く運命になっているとして、ゴリヤールに対する教会当局の規制を以下のように紹介している。

教会体制の伝統的な敵意は、とくに放浪聖職者、ゴリアルドゥス（ゴリヤール）らが聖堂内でさえ行う見世物に向けられている。教皇インノケンティウス三世は、「聖堂内に怪物の仮面を入れ」、「民衆の目に司祭の威厳を汚す、卑猥な身振りを数多く」する「彼らが聖堂内で行う芝居」を断罪している。(73)

まさにこれは愚者の祭りを彷彿させる所業であるが、インノケンティウス三世といえば、「教皇は太陽、皇帝は月」と言い放った教皇権全盛の立役者である。聖地の奪回どころか、あろうことかコンスタンティノポリスを略奪した第4回十字軍（一二〇二―〇四年）や、フランス南西部の異端カタリ派弾圧のためのアルビジョワ十字軍（一二〇九年）の唱道者として、さらに一二〇九年、自分に歯向かったイングランドの欠地王ジョン（在位一一九九―一二一六）を破門し、一時はこの情けない王からイングランド全土を献上させた剛腕でも知られる。そんな峻厳な教皇にとってみれば、教会の権威を著しく損なうゴリヤールの存在はとても看過できるものではなかったのだろう。だが、この教皇の断罪をもってしても、ゴリヤールを一掃することはできなかった。そのことは、彼が没して七年目の一二二三年にサンスで開かれた教会会議が、ゴリヤールと確認した者たちの剃髪を消すために丸坊主にさせ、聖職者としての一切の権利を剥奪したこと[74]、さらに二七年のトリーア教会会議でも、主任司祭たちに浮浪者や放浪学生あるいはゴリヤールたち（alios vagos scolares aut goliardos）が、三聖唱やアニュス・デイ（平和の讃歌）のあと、あるいはミサの最中に瀆聖的な詩句を歌うのを禁じるよう厳命していることからもわかる[75]。ゴリヤールたちは逞しく生き延びた。事実、一二三一年にフランス北西部マイエンヌ地方のシャトー゠ゴンティエで開かれた教会会議では、「ゴリヤールと称する自堕落な聖職者たち」に対して、同様の措置が決められ、九一年のザルツブルク教会会議でも、彼らが「裸で公衆の面前をうろついたり、居酒屋や賭博場、娼館に通ったり、修道院や教会で暴れたり、律修聖職者を襲ったりする」と告発しているからだ。しかし、十三世紀には、彼らはそのアイデンティティを失って――いや、むしろそれを回復してというべきか――教会に戻り、徐々に人びとの話題からも去っていったという[76]。

しかし、ゴリヤールたちは単なる瀆聖的な無法者ではなかった。ときには反権力的・反体制的な活動にも加わったりもした。たとえば、「卒業生」でもあるインノケンティウス三世によって、一二一五年に法的に「大学」として認められたパリ大学で、学生が大学の自治を唱えてストライキを張った際、ゴリヤールもまた学生側に立っているのだ。この出来事のあらましは以下の通りである――。

一二二九年二月二十六日のカーニヴァル最終日、パリ郊外、セーヌ左岸のサン゠マルセル村にあった居酒屋で気勢を上げた神学生たち何人かが、店主や使用人、さらには隣人たちによって通りに叩き出された。翌日、つまり四旬節の灰の水曜日、彼らは復讐とばかりに剣や棍棒を手に店に押しかけて乱暴狼藉。挙句の果てに、近くの店まで破壊した。サン゠マルセルの小修道院長が、その蛮行を司教や教皇特使に訴え出た。これを受けて、一二二六年に即位した幼い息子ルイ九世の摂政をつとめていたブランシュ・ド・カスティーユ（一一八八―

一二五二）は、ただちに代官や警吏たちを派遣する。彼らは通りで遊んでいた学生たちを誰彼構わず捕まえて打擲し、そのうちの数人を殺害さえした。だが、こうして殺された学生は騒動とは無縁だった。パリ大学の教員や学生たちは大挙して摂政と教皇特使のもとに押しかけ、賠償を要求した。大学の教授兼事務局長で、当代一流の説教家でもあったオドン・ド・シャトールー（一一九〇頃―一二七三。のちに枢機卿）は、パリの人びとに、世俗的な権力が教員と学生たちが本来享受すべき特権を踏みにじったと訴えた。だが、当局からの返答はなかった。そこで教員や学生たちは、シャトールーの説教を聴いたあとの三月十八日から二十六日にかけて、代表を選んで訴状を作成する。そして、大学の名で、神学生たちに対する加害への賠償がなされなければ、大学はパリから立ち去るとした。かつてボローニャ大学の学生たちが大学の自治を唱えてヴィチェンツァ（一二〇四―〇九年）やパドヴァ（一二二二年）などに移った前例に倣ってのことだった。だが、それでも返答はなかった。こうして翌四月から二年間、教員や学生たちはパリを退去する。「移住先」にはランスやオルレアン、アンジェなどの国内だけでなく、ボローニャやオックスフォードなども選ばれた。揺籃期にあったこれらの大学の多くは、その基盤を確かなものとするため、総じてパリからの教員や学生を好意的に受け入れた。そして一二三一年四月、時の教皇グレゴリウス九世はパリ大学の危機を終息させるべく、教書「パレンス・スキエンティアルム（諸学の親）」を出す。そこにはパリの大学人の過去の特権を維持し、ストライキ権を認め、七年間は破門ができず、さらに教義上の問題で有罪判決を受けたすべての者を赦免することなどが明記されていた。これにより、パリ大学の特権と自由が強化され、教員や学生たちも戻って、大学が再開されるようになった(77)。

居酒屋での埒もない騒動から始まったこの出来事の結果が、やがて他の大学の自治権獲得への機運を盛り上げる契機となった。皮肉といえば皮肉な話だが、ゴリヤールたちはまた、フランスやイングランドなどの中世文学にも寄与している。十五世紀を嚆矢とする「愚者文学」のいわば先駆をなす作品を生みだしたのである。

たとえば、中世ラテン文学の『千夜一夜』ともいうべき『宮廷人の閑暇』の著者で、一一九六年にオックスフォードの助祭長となったウォルター・マップ（一一三〇／四〇頃―一二一〇頃）――一説にゴリアスを自称していたという――が書いたとされる（今では否定されている）、長編詩「司教ゴリアスの黙示録」である。はたして彼が本当にゴリヤール出身であったかどうかは定かでないが、題名から明らかなように、これは「ヨハネの黙示録」のパロディである。そこではプリスキアヌス（六世紀前葉のラテン語文法家）やアリストテレス、トゥリウス（キケロ）、プトレマイウス、ボエティウス、ユークリデス、ピュタゴラスなどの事績を長々と紹介したあと、天界に昇った「わたし」が、天使から七つの封印で閉じられた一冊の書物を差し出される。その封印を解くと、書物の全体にわたって教皇から助祭にいたるまでの聖職者に対する悪評・悪口が、小気味よいほどに羅列されていた。

獅子は　貪り食らう教皇である。
　彼は金貨に飢えて　書籍を質草に入れ、
マルクに心を奪われ　聖マルコの名を汚す（…）。

あの子牛は司教である。彼は誰よりも先に
放牧地を　急いで先回りをしては、
（…）
他人の財産で　私腹を肥やす

このように　他人に寄り掛かるあの鷲は
略奪者と呼ばれる　助祭長である。
（…）
飛び廻りながら、略奪を重ねて生きている。
人間の顔をまとっているのは、
ひそかに策略をめぐらす　司祭である。
彼は　正義を装いながら　欺瞞をはたらき、
正直と見せかけては　真実を偽る。(78)

キリスト教図像学におけるテトラモルフ（四形象）で、『ヨハネの黙示録』に登場する四つの生き物は、それぞれ福音書記者と結びつけられ、獅子はマルコ、雄牛はルカ、鷲はヨハネ、人間はマタイを象徴するが、ここではこれらの生き物がそれぞれ教皇、司教、助祭長、司祭に見立てられ、風刺・嘲弄されている。こうした情け容赦ない舌鋒は助祭や修道院長にまで向けられ、修道士にいたっては「欺瞞をはたらき、偽誓をし、嫉妬にかられ、略奪し、理性を失い、財産を詐取し、満腹になるまで大食いし、道理を曲げる」と謗られ、「修道士より高慢な悪魔はいなく、修道士より貪欲で移り気な者もいない」とまで弾じられる。高位聖職者への悪罵ならまだしも、この長編詩の作者（ひとりないし複数）は、わが身の不運をかこちながら、こうして下級聖職者の助祭や修道士までも血祭りにあげる。はたしてその底意はどこにあったのか。ルサンチマンゆえか、それとも聖職者のあざとさをひたすら誇張して大向こう受けを狙っただけなのか。とはいえ、そもそもなぜ聖職者だけを対象として、堕落や悪徳なら引けを取らない世俗の権力を等閑視したのか。面妖といえば面妖なことだが、少なくともこうした風刺や悪口は、あくまでも聖職のヒエラルキー自体に向けられたものであり、けっして神やイエス・キリストを非難するものではなかった。とすれば、それは後代のプロテスタンティズムを先取りしたものといってもよいだろう。当時は教皇権の絶頂期。教会当局が知れば間違いなく異端として断罪されるであろうこのラテン語による作品――検閲を免れた地下文学――が、当時、どこまで人口に膾炙したものであるかは不明とするほかはない。むろん当時の識字率を考えれば、目に一丁字なき一般民衆がこれを直接手にしたとは考えられない。おそらくはゴリヤールたちが俗語に訳して読み聞かせたのだろう。その批判の矛先を神やイエス・キリストに向けなかった所以は、おそらくここにある。

こうしたゴリヤール文学のなかでとりわけ有名なのは、羊皮紙を用いたネウマ譜つきの写本詩歌集『カルミナ・ブラーナ』である。十一世紀の『カルミナ・カンタブリジェンシア』、通称『ケンブリッジ・ソングス』[79]のあとを受けて、おそらく一二二五―五〇年頃に編まれ、十九世紀初頭に、ドイツ南部バイエルン選帝侯領のベネディクト会系ボイエルン大修道院で発見された写本である。それにちなんで「修道院の巣箱に産み落とされた郭公の卵」（瀬谷幸男）と呼ばれ、およそ三〇〇篇からなるこの詩歌集には、彼らが各地の城館や広場、市場、そしておそらくカーニヴァルや愚者の祭りなどで歌ったり、語ったりしたであろう、ラテン語や古フランス語、中高ドイツ語の詩が収録されている。邦訳によるそれは、次のような戯れ唄から始まる。

袖の下を使う手は
聖人を悪人にする。
銭は友をつくり、
銭は相談相手をつくる。

銭は悩みをいやし、
銭は仲なおりをさせる。
　お偉方の裁判も
銭しだい。
裁判の手かげんも
　銭しだい。

（…）

銭が説教すると、
正義は倒れ、
法廷は犯された正義を
助け起こすべきなのに、
銭が使われると、
貧者は断罪される。
銭を出さないと、
罪人にされてしまう。
銭を使わないと、
正義はうばわれる。[80]

フランス中世史家のブリュノ・ロワをして「風刺文学の頂点」といわしめたこの書の主題は、社会の悪弊や教訓、恋愛、酒、遊び・賭け事、さらに人生やキリスト教会など、きわめては多岐にわたるが、そのほとんどが諧謔精神の発露という点で共通しており、記述もまた改めて解釈するまでもないほど平易である。だが、何よりも興味深いのは披歴されている知見の広がりで――むろん、少なくともその一部は遍歴ないし放浪の賜物だろう――、そこには前世紀の一連のゴリアス詩同様、聖書や神話はもとより、教父や哲学者、はては地誌や動植物まで登場している。その限りにおいて、『カルミナ・ブラーナ』は一種の裏返された「百科全書的戯れ唄」とでもいえるかもしれない。と同時に、それは諧謔精神という点において『痴愚神礼讃』や『愚者の船』の先駆をなすものといえるだろう。そしてその名声は、前記のウォルター・マップに加えて、ゴリヤール詩人の代表格ともいえるケルンのアルキポエタ（一一三〇頃―六五頃）や、フランス国内を遍歴して賭け事と酒に身を預けながら辛辣な風刺詩をものしたユーグ・ドルレアン（一〇九三頃―一一六〇頃）、さらにゴリヤールからアミアン司教座聖堂参事会員となり、この地でペストのために没したゴーティエ・ド・シャティヨン（一一三五頃―九〇）らの活躍のみならず、ミュンヘン出身の「世界劇」の作曲家カール・オルフ（一八九五―一九八二）が、二四篇を選んでこれに曲をつけ、一九三七年、フランクフルト歌劇場でカンタータ『カルミナ・ブラーナ』として初演したことで確かなものとなった。それを知ったなら、社会の周縁者として有徴化されていたゴリヤールたちは、さぞや快哉を叫んだことだろう。

必ずしも愚者の祭りと直接かかわっていたわけではないが、中世および近世ヨーロッパの愚者の世界で、主役の座を占めていたのはだれか。むろんフランス語や英語で「愚者（fou／fool）」と同じ語で呼ばれた道化たちである。その限りにおいて、「愚者の文化」は「道化の文化」と置き換えることもできるかもしれないが、それは道化自体が担った社会的・政治的・文化的な役割からして難しい。何よりも愚者が包括的な概念であるのに対し、道化は愚者のより特化した存在だからでもある。では、彼ら道化たちは「愚者の文化」において、いかなる役割を担ったのか、担いえたのか、以下ではそのことを検討しておこう。

第3章

道化の世界

道化――語源から

まず、言葉からみていこう。フランス語で「道化」を意味する語は、少なく見積もっても五〇以上ある。英語から借用したクラウン（clown）や、イタリア喜劇のコンメディア・デッラルテの役柄に由来するアルルカン（arlequin「アルレッキーノ」）やパスカン（pasquin「パスキーノ」）、大根役者を原義とするカボタン（cabotin）やマ・テュ・ヴュ（m'as-tu-vu）、旅回りの道化師であるバラダン（baladin）、縁日やカーニヴァルなどの民衆祭に登場する大道芸人のパイヤス（paillasse）、見世物の客寄せ道化であるファゴタン（fagotin）、マリオネット劇の道化役パンタン（pantin）、悪ふざけから転じた道化役者のテュルリュパン（turlupin）、もともとは古代ローマの道化役者の謂いだったが、フランス語に入って軽業師や物まね師、さらに大根役者を意味するようになったイストリオン（historion）、軍隊慰問に雇われた道化役者のルスティク（loustic）、百面相を得意とするグリマシエ（grimacier）、おどけ者一般を指すリゴロ（rigolo）、ファルス劇（ファルス）専門の役者ファルスール（farceur）などである。なかには「道化師」を意味するラテン語のヨクラトゥール（jocurator）から派生しながら、中世の武勲詩や叙情詩を歌った吟唱詩人のジョングルール（jongleur）へと転義したフランス語もある。さらに巧みな口上で集まった人びとを笑わせ、口上とは裏腹な怪しげな万能薬を売りつけるシャルラタン（charlatan）もまた、このリストに加えてもよいだろう[1]。

フランス語としての初出時期はさておき、演劇や見世物芸を含む民衆文化のなかにこれほど多くの「道化」語彙がある。もとよりこのことは、それだけ人びとが笑いを求めていたという事実を反映していたといえるが、本書の枠内ではこれらの語彙のうち、とくにフー（fou）とラブレーの造語（?）とされるブフォン（bouffon）の二語に着目しなければならない。これから検討していく資料のなかで、この二語が「道化」を意味する語と

図 17　道化の原像。「ベリー公の詩篇入り典礼書」より。14 世紀。フランス国立図書館

してもっとも頻出しているだけでなく、何よりも歴史的な物語性に富んでいるからである。とすれば、当然の手続きとして、両語の歴史的な背景と示標性をみておく必要があるだろう。

改めて指摘するまでもなく、トリックスターとしての道化の起源は神話時代にまで遡る。現代アメリカの代表的な神話学者であるデーヴィッド・リーミングは、神話に登場する原型的なトリックスターとして、たとえばシュメールのエンキやギリシア神話のヘルメース、さらに北欧神話のロキなどを挙げている[2]。また、ハーヴェイ・コックスは『愚者の饗宴』で、キリストが「敵によって、王の衣装をつけた嘲りのおどけた姿に装われた。彼のおかしな要求を風刺する彼の頭上の徴をくすくす笑い、嘲弄する者の中で、彼は十字架につけられた」とし、これを「道化キリスト」と名づけている。むろんここではキリストではなく人間としての「イエス」とすべきだが、こうした初歩的な誤謬はさておき、この道化は周りから仕立て上げられた存在であり、本書で取り上げるような自らが意図的に演じた道化ではない。コックスはさらにこう記している。「道化は人間が本当は不合理な土くれであることを示し、時々われわれにそのことを認めさせるのである。(…)道化は絶えず負かされ、欺かれ、馬鹿にされ、踏みにじられるのである。彼は限りなく痛めつけられるが、最後には決して敗北しない」[3]。まさにこれは教訓的道化――コックスの本文にこの言葉はないが——とでも呼ぶべきかもしれない。だが、コックスは明らかに看過している。たとえこうして虐げられる道化がいたとしても、それはあくまでも表面的な演出でしかない。なぜなら、周囲にそう仕向けることが、道化としての役割であり、こういってよければ、それがなにがしかの報酬を得るための生業だからである。つまり、道化とは、道化にされるのではなく、面白おかしい言葉や所作を駆使して戦略的に道化になる。周囲の嘲笑や哄笑を獲得して場を盛り上げ、ときには相手を怒らせて打擲すら甘受する。甘受しながら、あえてそう仕向けたこちらの心底を読めない相手をあざ笑ったりもする。これこそが道化の作法にほかならない。道化とはことほどさようにしたたかな存在なのである。

道化はしばしば狂気と正気を象徴するハーフカラーないしまだら模様の衣装に身を包み、ロバの耳と鈴の付いた頭巾をかぶり、笏杖を手にしたいで立ちを「正装」とする。道化服の色や多様な用途については、拙著『異貌の中世』を参照されたいが[4]、ブリューゲルは本章冒頭（第1章図6）の版画『愚者の祭り』で少なくとも二〇人以上の道化を登場させている。『四旬節とカーニヴァルの闘い』にも、松明を逆さにもって広場を立ち去る道化（子ども？）に加えて、さらにもうひとり、正面白壁の家の窓枠に腰を掛けている道化もいる。反対側から広場を俯瞰しているその目の高さは、画家のそれと同じである。つまり、この道化はブリューゲル本人に違いない。周知のように、彼にはしばしば作品にさりげなく自分を登場させるという趣味があった。『農民の婚宴』（一五六八年）のように、である。

幸いなことに、こと道化にかんする限り、わが国では内外の研究書が刊行されている。イーニッド・ウェルズフォードの『道化』（内藤健二訳）やウィリアヌ・ウィルフォードの『道化と笏杖』（高山宏訳）、山口昌男の『道化の民俗学』や『道化的世界』、『道化の宇宙』などだが、筆者もまた『異貌の中世』（前出）で一章を道化論に捧げている。したがって、詳細はこれらの著作に譲り、以下では道化像の概略を少し検討し、そのあとで実在の道化たちに迫ることにしたい[5]。

さて、フランス語でブフォン（bouffon）――bouffonはイタリア語で「頰の膨らみ」を意味する擬音語語根buff-を語源とするbuffoneからの派生語――と呼ばれる道化は、通説によれば、夜の女神ニュクスから生まれ、オリュンポスの愚弄や揶揄の神で、タナトス（死）やヒュプノス（眠り）、ピロテース（愛欲）などの兄弟神でもあるモーモスを祖型とするという。しかし、それは神話上のことであり、いうまでもなく佯狂を演じてその場を盛り上げる「ゲロートポイオス（笑わせる者）」は、古今東西、いつでも、そしてどこにでもいたはずだ。

十七世紀の文法家・歴史家で、モリエールの『女学者』（一六七二年初演）に登場する、学者ヴァディウスのモデルにもなったジル・メナジュ（一六一三―九二）の壮大な『フランス語語源辞典』は、bouffonの由来について興味深いエピソードを記している。それによれば、アテナイのビュフォン（ビュポン、Buphon）という名の供儀祭司が、ユピテル神殿ないしアテナイの守護神の祭壇にはじめて雄牛を供儀としてささげた後、理由は不明だが、突然斧と供儀具を放り出して逃亡し、行方をくらませてしまった。そのため、人びとは彼を罰することができず、やむなく供儀祭司が残していった道具一式を裁判官に託し、裁きを求めた。その結果、斧だけが有罪の判決を受けた。以後、これを故事として、毎年、供儀祭司が供儀を捧げた後に逃げ出し、その斧が裁かれるというきわめてバーレスクなファルスが（ユピテル神殿で）上演されるようになり、このファルスがブフォンないしブフォヌリ（bouffonnerie）――なぜかフランス語――と呼ばれるようになったという[6]。

これはエラスムスとも交流のあった、イタリアの人文主義者ロドヴィコ・リッキエーリ（一四六九―一五二五）が、一五一六年にヴェネツィアで上梓した『古の教訓』（第7巻第6章）を典拠とするエピソードだが、やがてフランスの聖職者で詩人・寓話作家でもあったアントワヌ・ヒュルティエール（一六一九―八八）が、その『全フランス語網羅辞典』（一六九〇年）でとりあげ[7]、さらにヴォルテールもまた『哲学辞典』の「道化」

の項でこのエピソードを紹介し、ブーフォノス（bouphonos）が雄牛の供儀者、ブーフォニア（bouphonia）がその供儀祭を指すとして、後者がどれほど埒のないものにみえようとも、「真のアテナイ人に相応しい賢明かつ人間的な起源を有していたはずだ[8]」としている。とすれば、bouffon の語源はギリシア語で「雄牛」を意味するブース（bous）に求めるべきとなるだろう。たしかに愚者の祭りでは、カーニヴァルの飾り牛と同様、ときに道化と雄牛がともに登場してもいる。

一方、メナジュやヒュルティエールと同時代の文法家で辞典編纂者だったセザール＝ピエール・リシュレ（一六二六―九八）は、一六八〇年から一七五九年にかけて五版を数えたその『古代・現代フランス語辞典』で、「道化（boufon, bouffon）」という語がイタリア語に由来するという定説を紹介したあと、こう記している。「イタリア人の道化たちはパリで知られるところとなってきたが、これから長いあいだ、良識人はそんな彼らに顔を赤らめることになるだろう。彼らはみな頭が弱く、数を増した彼らが範を示すなどということはまずもってありえない話である。理性がこれほど危険を冒したことはかつて一度もなかった[9]」。語彙の説明としてはいささか風変りだが、ここでのイタリア人道化とは、おそらく当時フランス、とくにパリに進出して人気を博していた、イタリアのファルス劇団コンメディア・デッラルテ（前出）を指すのだろう。このイタリア演劇については、すでに拙著『シャルラタン』で詳述しておいたので繰り返さないが、明らかにリシュレは、ハーレクインの原型であるアルレッキーノを中心とするそのファルスがフランス演劇史の発展に果たした役割を過小評価している。そして、道化の系譜につらなり、アントワヌ・ワトーの油彩画（一七一八―一九年）のモデルともなったピエロは、じつはコンメディア・デッラルテにおいて、アルレッキーノのライバルとして登場する下僕ザンニの一員だった。

ところで、前述のラブレーによる bouffon の造語についてだが、面妖なことにこれを指摘しているのはドーザらの『フランス語語源・歴史辞典』（前出）のみである。そこには一五四九年とあるのみだが、たしかにこの年、ラブレーは『オルレアン家のわが主の生誕を祝って、わが主デュ・ベレ枢機卿猊下がローマの宮殿で催した模擬戦および祝宴』を著わし、この祝宴で演じられた戦いのダンス「マタサン」の踊り手を「道化（bouffon）」と記している(10)。長々しくかつ至極真面目な題名だが、それもそのはずで、当時彼は外交特使としてローマにいた、四歳年上の枢機卿ジャン・デュ・ベレ（一四九八―一五六〇）に秘書兼侍医として仕えていた。だが、この文芸や人文主義の高名な庇護者の歓心をひくためとはいえ、これは希代の諧謔家ラブレーのイメージとは随分とかけ離れている。あわよくば、オルレアン家の寵も得ようとする底意すら抱いていたのかもしれない。しかし、アンリ二世とカトリーヌ・ド・メディシスの次男として、一五四九年二月に生まれたルイ・ド・フランス（オルレアン公三世）は、皮肉なことに翌一五五〇年十月に早世してしまった。ただ、この年、彼は『第三之書』に対する出版允許を改めてアンリ二世から得ている。同書は、一五四五年にフランソワ一世から出版允許を得た翌年、パリ大学神学部から禁書目録に加えられていた。

中世道化の誕生

さて、語源とは別に、社会的状況から道化の出現を指摘する説もある。たとえば、中世史家のミュリエル・ラアリーは、ジャック・ル・ゴフが序文を寄せた『中世の狂気』で、カトリックの聖職者で神学者でもあるジョン・サワードを引用しながら、狂気を社会的・政治的に取り込むことで道化が誕生したとして、次のように記している。

封建時代の多くの宮廷人、また国王、領主、高位聖職者、そして多くの都市は、ひとりないし複数のお雇い道化をもっていた。市民や信徒団体（本書の表記では同信団）はときおり道化たちのサービスを賃貸していた。これは決して新しいことではなく、逆にこうした慣習ははるか昔の伝統に結びついており、旧約聖書、ギリシア神話やローマ帝国において、またゲルマン民族においても見いだされる。これに反して中世初期には道化役者が遍歴した道はあまり知られていない。しかし、「中世の宮廷の道化役者は、ローマ古代の狂気ないし道化とケルト人の〈狂気 geilt〉あるいは〈暴狂 gwyllt〉とが融合した結果発展してきた」（サワール）ということは言えそうである。これによって宮廷の道化性と、先に触れた聖なる狂気との間の共通点が理解できる。[11]

fool (fou) が狂人と道化をも意味するところから、サワードのように両者を結びつける説はしばしばみられる。おそらくサワードは、一九三五年にウェルズフォードの前掲書『道化』（原題は *The Fools*）にある指摘、すなわち中世の宮廷道化が「ケルトとローマの愚者の融合の結果であり、それはちょうど中世の吟遊楽人が威厳ある北方の吟遊詩人とローマの役者または物まね師の堕落した後裔とのすくなくとも部分的融合の結果であるのに似ている」[12]という一文を下敷きにしている。だが、こうした系譜論はそれを歴史的・社会的に立証する史料ないし資料が見当たらない以上、さほど説得力をもちえない。ラアリーもまたその書に載せた中世の図版に基づいて狂気の道化がいたことを指摘しながら、しかしお雇い道化が重篤な精神疾患者であれば、長期にわたって彼らに求められる目的、すなわち王侯を笑わせるという目的を担うことはできなかったはずだとして、こう指摘する。「宮廷を楽しませる道化は、幾度もくりかえし自発的に、妄狂となってみせることもあった。道化の奇異な言葉、見せかけの非常識さは、詩才とあまたの幻想を表現する溢れんばかりの想像力に助けられて、聴く者たちを驚かせ、魅惑する」[13]。

たしかにときに「国王愚者」とも呼ばれた宮廷道化（fou du court, court fool, jester）は、祝宴や王侯の気分を盛り上げるだけでなく、言語技術にも異能を発揮した持ち主だった。いったいに廷臣はもとより、ときに国王にすらいくら悪態をついても、打擲されこそすれ、彼らは他の者のようにただちに処罰されたりはしない。王笏のパロディとしてのマロット（道化笏）を手にし、王冠かわりの道化帽をかぶっていたことからもわかるように、彼はいわば国王の分身だったからである。それゆえ、国王はその道化たちを庇護した。エラスムスは痴愚神にこう言わせている。「こういう輩（道化）は偉大な王侯方に寵愛を蒙っておりますので、この者たちが侍っていないと食事もなさらず、外出もされず、彼らなしには一時たりとも過ごせぬというような方々も少なからずおいでです。普通ちょっとばかり虚栄心を満たすために養っている陰気くさい賢者の先生たちよりも、こういう阿呆（道化）たちをずっと大事になさっています」[14]。賢者たちはしばしば自分の学識を恃んで辛辣な言葉をぶつけてくるが、同じ言葉でも道化のそれは気晴らしになる。そういうのである。

こうした道化たちが文学に果たした役割は大きい。たとえばアーサー王伝承群に登場する円卓の騎士のひとりダグネは、武術の方はさておき、笑いを誘う技には卓越しており、アーサーがメランコリーに陥っているあいだ、王宮の存続を守った。アーサー物語をはじめとする中世文学やキリスト教神話に一家言を有するフィリップ・ヴァルテールはこう指摘する。「つまりダグネとアーサーは互いの役割を反転させており、道化（狂人）は王よりも賢明な存在となっている」[15]。とりわけ諧謔的な wise fool「愚者賢者」としての宮廷道化を好んで舞台にあげたのが、シェイクスピアである。『真夏の夜の夢』（一五九五年）のパック、『お気に召すまま』（一五九九―一六〇〇年）、『十二夜』（一六〇〇―〇二年）のフェステ、さらに『リア王』（一六〇五―〇六年）のフール／リア王などで、そこにはシェイクスピア一流の権威の脱聖化ないしグロテスク・リアリズム（ミハイル・バフチン）

が克明にみてとれる[16]。ありていにいえば、世界の文学からしばしば狂言回し的な役割を担った道化を除いてしまえばどうなるか。それは絵画についてもなにほどかあてはまるだろうが、後述するように、ときに実在の道化をモデルとして作品に登場させたこれらの媒体を通して、道化はそのイメージを増幅させ、道化のイマジネールを築いていったのである。

フランス北部、イギリス海峡に面したディエップは、一九四二年八月、連合軍の奇襲上陸作戦がドイツに漏れて大敗を喫した戦場として知られる。それより五〇〇年前の一四四三年、この港町は、いわゆる百年戦争の戦場となり、猛将ジョン・トールボット麾下のイングランド軍によって、九か月ものあいだ包囲された。だが、フランス国王シャルル七世の王太子、のちのルイ十一世（在位一四六一―八三）が手勢三千人を率いて救援にかけつけ、激戦のあと、ついに同年八月十五日、すなわち聖母被昇天の大祝日に敵軍を撤退させた。これを聖母の加護による勝利だとして、ルイは町に純銀製の聖母像を贈り、住民たちもまたこの勝利を記念して聖母に捧げる宗教行列を、毎年八月十四日に営むようになった。そのために結成された同信団の名をとってミトゥリ祭（Mitouries）と呼ばれたそこでは、聖ペテロに扮した主任司祭が、聖母に見立てた幼子を入れた揺りかごを抱いて行列を先導し、後には町役や同信団のメンバー、さらに一般住民たちが続いた。やがて一行が教会堂に着くと、主任司祭は祭壇奥に設けられた聖台まで進み、傍らに控えたふたりの天使役に幼子を託して、雲と黄金の光輝に包まれた永遠の神に捧げる。

一連の宗教行事が終わると、舞台は祝宴の場に移り、そこではピュイ・ド・ディエップと呼ばれる詩作コンクールやマスカラード（仮装行列）、花火の打ち上げなどがおこなわれた。そして、その場の感興を盛り上げたのが、トリックスターをもって任じる道化だった。グランシュレ、のちにグランガレ（Gringalet「痩せた小男」）と呼ばれるようになるこの道化が、はたしてどのようないで立ちをしていたかは不明である。前述したように、道化はしばしば狂気と正気を象徴するハーフカラーないしまだら模様の衣装に身を包み、ロバの耳と、愚性の音を出す鈴の付いた頭巾をかぶり、笏杖を手にする。こうした道化の「正装」がいつから一般的になったかも不明だが、少なくとも常人とは多少とも異なる、つまり一見してそうとわかる恰好をしていたことだけは確かだろう。彼がいかなる奇矯や風狂・佯狂ぶりで周囲を笑いの渦に巻き込んだかも定かでないが、歴史家・考古学者で、ルイ＝ナポレオン体制を批判したことでも知られるアルフレッド・カネル（一八〇三―七九）は、その道化列伝の大著『フランス歴代王の道化たち研究』において、グランガレの振舞いをこう記している。

ディエップの祭りに重要なこの役柄は、面白おかしく風刺したり、死者を真似たり、はてはこの記念祭のドラマに無言のまま登場する神や聖母に、バーレスクな言葉を投げつけたりして悦に入っていた。こうした彼の振舞いは、群衆のあいだに信じがたいほどの熱狂を引き起こした。(17)

だが、おそらく逸脱が過ぎたのだろう。たまたま一六四七年のミトゥリ祭時にディエップを通りかかったルイ十四世は、グランカレの過度なまでのトリックスターぶりに宗教性がみられないとして、これを禁じてしまった。祭り自体を禁じたわけではなかったが、この禁令によって祭りは衰退し、今では八月に開かれる大市の賑わいに、かろうじて往時の興奮を偲ぶだけとなっている。

この一例だけで多くを語るわけにはいかないが、ここでの道化の役柄は、単に日常を異化する滑稽さを演じて周囲の人びとの笑いをとるだけでなかった。たしかにそれは道化に仮託された基本的かつ重要な役割ではあったものの、ときには祝祭の興亡すらも左右していた。ことミトゥリ祭についていえば、それはこの祭りが本来帯びていた聖性を脱聖化し、それによって生み出された笑いを祭りのダイナミズムに転換していた。つまり、宗教的なイマジネールを世俗的なそれに転位したのである。おそらく太陽王はそうした道化の仕掛けに気づいていた。後述するように、自らの宮廷にアンジェリ(後出)という有名な道化を抱えていたにもかかわらず、である。

宮廷道化

では、現実の宮廷道化はどうか。おそらく「宮廷」なるものが出現した当初から道化ないしそれに近い存在がいたと思われるが、トラキア出身の歴史家で外交官でもあったプリスクス(四一〇頃—四七一)は、四四九年、東ローマ皇帝テオドシウス二世(在位四〇八—四五〇)の外交使節として、侵略してきたフン族のアッティラとの交渉に派遣され、その報告書をものしている。それによれば、テオドシウスの執政官だったフラウィウス・アスパルのお抱え道化だった矮人のゼルコンが、アッティラの兄で先王のブレダ(四四五没)に捕らえられ、その宮廷で道化として寵愛を受けていたという。だが、アッティラはこの道化を好まず、プリスクス一行につけてアスパルに送り返したともいう[18]。

中世および近世フランスの有力者たちもまた、しばしばひとりないし複数の道化を抱えていた。氏素性はさておき、少なくともその名前はかなり分かっている。市中の道化とは異なり、彼ら宮廷道化たちの名前が、彼らを雇っていた王侯や高位聖職者の記録や伝記のみならず、その出納簿に報酬ないし給金のことが明記されているからである。

フランス最初期の道化として知られているのは、長躯王フィリップ五世(フランス・ナバラ国王在位一三一六—二二)に仕えていたジョフロワ(Geoffroy ないし Geffroy)[19]である。前述したように、一世紀前の一二一一年、大司教や司教たちに愚者の祭りを営むことを禁じたパリ教会会議では、高位聖職者たちが派手な法衣をまとったり、声高に破廉恥な悪態をついたり、朝課をベッドのなかで聴いたり、賭け事や狩りに興じたり、あるいは結婚や同棲をしたり、なにがしかの金銭を受け取って破門者を教会の墓地に埋葬したりすることとともに、道化を従者にすることをも禁じている。[20]だが、むろん国王や貴族にはこうした規制は適用されなかった。はたしてジョフロワがどのような出自だったかは不明だが、国王に提出された一三一六年七月から翌年一月までの王室の会計簿には、その名前がみられるという。「道化ジョフロワ氏用の飾り三点つきのコート一着」といったように、である。[21]この年、宮廷道化は正式に「公務道化（fous en titre d'office）」という、行政上の肩書を与えられている。つまり、一種の「公吏」となったのである。フィリップ五世といえば、凶作のために逼迫した財政を立て直し、行政の改革にも意を注いだことで知られる。しかし、聖王ルイ九世を祖父にもちながら、一三二一年、ハンセン病者たちが井戸に毒を投げ入れたという根拠もない風聞によって彼らを迫害してもいる――これは一三四七・四八年のペスト猖獗時におけるユダヤ人虐殺を想起させる。[22]あるいはその報いなのか、翌年、赤痢と四日熱に罹って没している。享年三〇。在位は六年たらずだった。

主人の死後、ジョフロワがいかなる人生をたどったかは不明である。宮廷を去ったのか、あるいは継嗣を残さずに他界した兄フィリップ五世のあとを受けた端麗王シャルル四世（在位一三二二―二八）に再雇用されたのか。ただ、シャルル四世には専属の道化がいた。ラブレーの前記『第三の書』に「パリの有名なる道化師で、カイエットの曽祖父にあたる、ジョアンのばか殿様」として登場するセーニ・ジョアンである。興味深いことに、セーニ（seigni）という語は、アカデミー・フランセーズ会員となった弁護士で詩人、そして「ブルゴーニュ地方のクリスマス・キャロル」の編者でもある、ベルナール・ド・ラ・モノワイエ（一六四一―一七二八）によれば、南仏ルエルグ地方の方言では「領主」を意味するという。[23]はたしてこの称号が自称なのか他称なのかは分からないが、おそらく彼は同地方の出身者で、オック語の話者。オイル語の宮廷で彼の言葉がどこまで笑いをとることができたのか、道化となった経緯ともども、いささか気になるところではある（ちなみに、オイル語を公用語として定めたフランソワ一世のヴィレル＝コトレの勅令は、一五三九年に出ている）。

ふたりのトリブレ

フランスの宮廷道化は、百年戦争時代にフランスの国力再建を図った、賢明王シャルル五世（在位一三六四―八〇）以降の国王たちからも好んで用いられていた。たとえば、ヴェネツィア出身の父親がシャルル五世の占星術師だった、フランス初の女性専業作家で、フェミニズムの歴史的な先駆者とされるクリスティヌ・ド・ピザン（一三六四―一四三〇）は、一四〇四年、『賢明王シャルル五世のさまざまな出来事や習俗』を著わしている。これは彼女と交流のあったこの国王にかんする最古の証言で、それによれば、芸術家や建築家の庇護者として知られる同王のもとには、いずれも詳細は不明だが、ミクトンやジャン＆テヴナン・ド・サン＝レジェ、さらにアルトー＆ジャン・デュ・ピュイ（親子）といった道化がいたという[24]。

宮廷道化の存在は、なぜか長いあいだ歴史のなかに埋もれていた。それをはじめて歴史書で本格的に紹介したのは、十八世紀の啓蒙主義者で文学者だったドルー・デュ・ラディエ（一七一四―八〇）の書、『歴史的・批評的・倫理的・博学的再創造と公的道化の歴史』だという。それゆえ、後代の道化にかんする記述の一部は、明記こそないまでも、多少ともこの書に負っているはずだが、その冒頭で、ラディエはシャルル五世がシャンパーニュ地方の中心都市トロワの市長や参事会員たちに、自分の道化が他界したので、「慣行に従って」新たな道化を送るよう求めた書簡を紹介している。はたしてこの道化が前述したうちの誰かは不明だが、ラディエはさらにこう続ける。

こうした慣行はすでに確立されたものとなっており、明らかにシャンパーニュ地方は、シャルル五世時代の王たち（?）に道化を提供するという排他的な名誉に浴していた。注目すべきは、賢明という相応しい名が冠せられたこの王が、その道化ふたりのために墓碑をつくり、一方はパリのサン＝ジェルマン・ローセロワ教会、もう一方はサンリス（パリ北東）のサン＝モーリス教会に埋葬した。この墓碑（おそらく後者）は側面中央に道化服をまとった人物像が刻まれており、（…）頭巾（道化帽）をかぶり、胃部の上に二つの財布を乗せ、道化杖を手にしている。（…）その墓碑銘は以下のように読み取れる。「われらが王の道化で、M.CCC.LXXIV（一三七四年）に他界したテヴナン・ド・サン＝レジェ（前出）、ここに眠る。彼の魂のために神に祈れ(25)」。

引用文中のサン＝モーリス教会（修道院?）とは、一二六四年、聖王ルイ九世が第7回十字軍から持ち帰った聖モーリス（テーバイのローマ軍団長だったが、キリスト教に改宗し、ディオクレティアヌス帝の迫害で、三〇三年頃殉教した）の聖遺物を納めるために建立した名刹である。一方、サン＝ジェルマン・ローセロワ教会もまた名刹で、六世紀にメロヴィング朝のヒルペリヒによって建立され、今もルーヴル宮の真向かいにある。これら由緒ある教会ないし修道院の墓地に宮廷道化を埋葬する。むろんこうしたことは庶民とは無縁であり、廷臣でもかなりの高位者しか望めない。おそらく他界したすべての宮廷道化が同様の栄誉を得たわけではないだろうが、少なくともシャルル五世の道化はその恩恵にあずかった。これは生前、彼らが宮廷でいかに厚遇されていたかを端的に物語る。ただ、シャンパーニュ地方がなぜ宮廷に道化を送り込んだかはわからない。

さて、とりわけ歴史に名をはせた道化として、ふたりのトリブレ（Triboulet）がいる。そのひとりはアンジュー公・プロヴァンス伯のルネ・ダンジュー（一四〇九—八〇）——なぜかロディエの書には彼のことがほとんど触れられていない——、別のひとりはルイ十二世およびその後継者のフランソワ一世に仕えた道化である。同名のトリブレはほかにもいた。おそらくラテン語で「苦しみ」を意味する tribulatio から派生した「トリブレ」という呼称を、十五・十六世紀の道化たちが好んで用いていたからである。

ローヌ川沿いに聳えるタラスコン城を居城としていた善良公ルネ・ダンジューは、文芸の庇護者として知られ、今もなおタラスコンで毎年六月の最終土曜日、怪物タラスクが市内を疾駆するタラスク祭の創始者とされている[26]。彼の庇護を受けていたトリブレ一世（ここでは次のトリブレと区別するため、便宜的にこう呼ぶことにする）は、一四二〇年代に生まれ、八〇年頃に没している（図18）。生没地は不明である。彼が善良王の宮廷でどのような道化役を演じていたかも不明だが、はっきりしているのは、このトリブレ一世が役者であり、かなりの数にのぼるソティ劇の原作者でもあったということである。『ソたちの王』（一四五六年頃、図19）や晩年の作『トリブレと死の対論』（一四八〇年）などである。これらのソティ作品は一月六日の公現祭に善良王の前で上演された。その限りにおいていえば、彼は宮廷お抱えの劇作家でもあった。あるいはそのためだろうか、彼は宮廷でも一目置かれていたようで、文学史家モーリス・ルヴェの『王笏と道化杖』

図18　イタリア貨幣に刻まれたトリブレ１世像。1461年

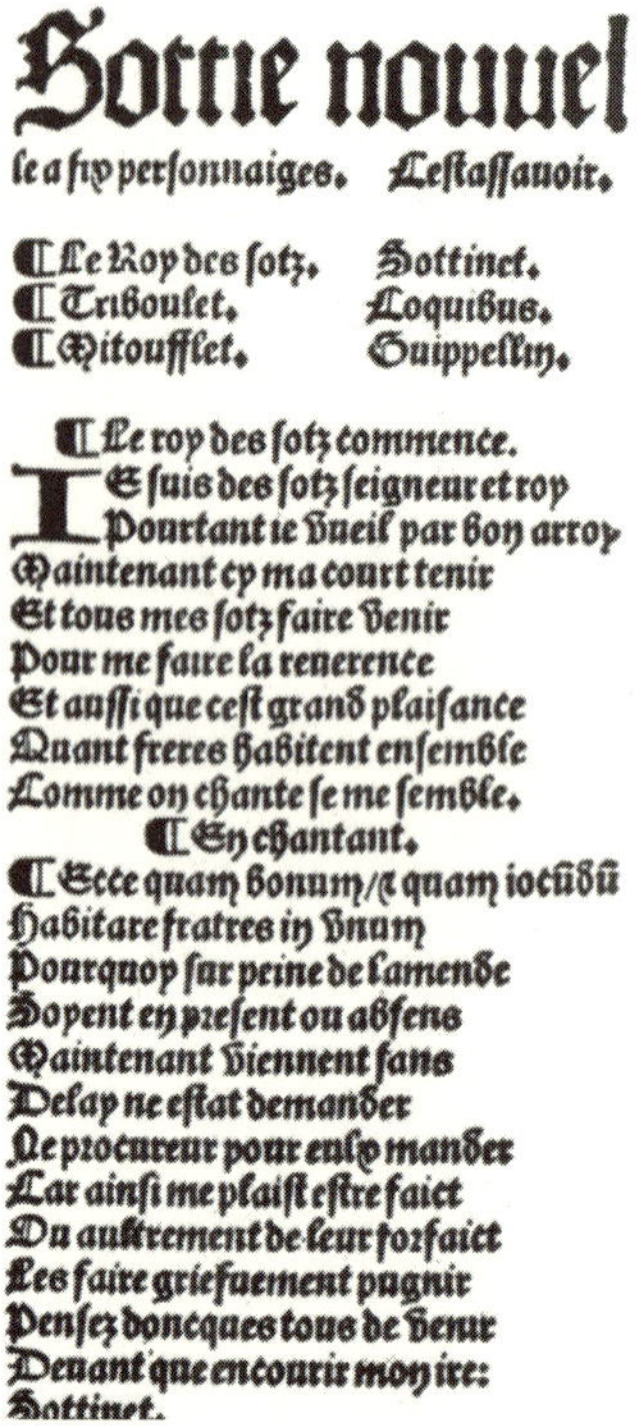
Sottie nouuel
le a six personnaiges. Cestassauoir.
Le Roy des sotz. Sottinet.
Triboulet. Coquibus.
Mitoufflet. Guippelin.
Le roy des sotz commence.
Je suis des sotz seigneur et roy
Pourtant ie vueil par bon arroy
Maintenant cy ma court tenir
Et tous mes sotz faire venir
Pour me faire la reuerence
Et aussi que cest grand plaisance
Quant freres habitent ensemble
Comme on chante se me semble.
En chantant.
Ecce quam bonum/et quam iocūdū
Habitare fratres in vnum
Pourquoy sur peine de lamende
Soyent en present ou absens
Maintenant viennent sans
Delay ne estat demander
Ne procureur pour enuoy mander
Car ainsi me plaist estre faict
Ou aultrement de leur forfaict
Les faire griefuement pugnir
Pensez doncques tous de venir
Deuant que encourir mon ire:
Sottinet.

図19　トリブレ１世作ソティ『ソたちの王』台本、1456年頃

によれば、召使をあてがわれたり、公妃や宮廷人たちからしばしば毛皮や宝石を贈られたりしただけでなく、アンジェ市場の建物内に住まいを与えられ、一四六四年にはオルレアン公から一〇トゥール・ルーブルもする小格馬を提供されてもいる。一四五二年には、年末の褒美として、ルネ・ダンジュー公から重さ四マール（三二オンス）の銀鎖、公妃からは銀糸製の財布を得ていたという。この年にはまた、多くの道化がそうであったように、新しい靴に目がなかった彼のため、八月に五足、十一月に四足、翌年の十二月に五足、さらに二か月後に四足…といった具合にそれが惜しげもなく与えられている。[27] こうしたトリブレへの待遇には、道化のありふれたイメージとは随分とかけ離れたものがある。

さらに驚くべきことに、ルネ・ダンジューはまた、同家の大理石紋章（ルーヴル美術館蔵）を注文した、クロアチア出身の当代一流の彫刻師フランチェスコ・ラウラナ（一四三〇頃―一五〇二）に、一四六一年、トリブレの肖像をあしらったメダイユ（フランス国立図書館蔵）を刻ませてもいる。トリブレに対する善良王のこまでの思い入れが何に起因するかは定かでないが、明らかなのは、少なくとも彼が道化トリブレを賓客として遇していたということである。トリブレの容貌をどこまで正確に描写したものかという疑問はさておき、ここに表現された彼は道化杖を棍棒のように抱え、尖った頭頂部から鼻梁までが一直線になっており、顎髭が突き出ている。独特の、あえていえば威圧的な風貌である。

ルネ・ダンジューの宮廷にはほかにも、トリブレとほぼ同時期に道化が数人にいた。フィリポ・ル・ナン（矮人フィリポ）やフェヨン・ル・フォル（道化フェヨン）、ジレット・ラ・ブリュヌ（茶髪のジレット）などだが、ミションと呼ばれる女性の道化もいた。彼らにかんする考察は他日を期すとして、次にもうひとりのトリブレ、すなわちトリブレ二世をみておこう。

ニコラ・フェリアル、通称ル・フェヴリアル、別名トリブレ（一四七九―一五三六）は、前述のルイ十二世と、フランソワ一世の二代にわたって仕えたお抱え道化だった。おそらく前記カイエットとライバル関係にあった彼の出身地は、ルイ十二世の居城があったロアール川中流のブロワ近郊。農民の子として生まれた彼が、いつからこの城に道化として伺候するようになったか、詳細は不明とするほかない。だが、おそらく同時期にルイ十二世の小姓兼修史官をつとめていた、つまりトリブレ二世（とカイエット）を多少とも間近で見ていたはずの詩人ジャン・マロ（一四五〇頃―一五二六／二七）――クレマン・マロ（前出）の父――が、一五〇八年に発表した『ヴェネツィア紀行』で、彼のことを以下のように描写しているところからすれば、少なくとも二九歳以前には宮廷道化になっていた。マロはこう書いている。

トリブレは頭がいかれた道化だが、
三〇年前に生まれてこの方賢い。
狭い額に大きな目、鼻は大きいが曲がっていて
腹部は平らで長く、高い背は小作人風！
人まねをしたり、歌い踊ったり、説教したりしても、
それがあまりにも楽しいため、だれも怒ったりする者はいない。(28)

図20　トリブレ２世の肖像画、J・クルエ作。コンデ美術館蔵

一方、前出の著述家ポール・ラクロワ（一八〇六―八四）は、出典の明記はないが、トリブレの容姿についてこう記している。「トリブレは小柄で異様な体型をしていた。フランソワ一世はその優れた精神がこれほど醜い身体に宿っていることに驚いていた。彼は大きな頭に並外れた耳、広く切り裂いたような口、大きな鼻、狭く低い額の下に大きく張り出した目の持ち主だったからだ。さらに、彼の胸は扁平で窪んでおり、背中は曲がり、両足は短くそして歪んでいて、両腕は長くぶら下がっていた。そんな彼がさながら猿かオウムでもあるかのように動くのを見て、貴婦人たちは楽しんだ[29]」。

はたして実際の容貌はどうだったのか。フランソワ一世のお抱え絵師だったジャン・クルエ（一五四一没）が描いた図20のトリブレ二世の肖像画（シャンティイ、コンデ美術館蔵）と引き比べてみれば、「小作人風」や「異様な体型」とはまるで裏腹に、むしろ堂々たる風貌である。肖像画ゆえ、多少とも誇張があるのだろう。だが、さほどの意味をもたないこれ以上の詮索はさておき、マロの詩を受けて、ブロワとパリで医業を営んでいたジャン・ベルニエ（一六二七―九八）は、一六八二年に上梓した『ブロワの歴史』で、トリブレ二世についてこう記している。

国王ルイ十二世の時代に書かれた詩を見る限り、主題を多少とも明らかにするにはクレマン（・マロ）

の父親であるジャン・マロの詩から理解するのが明らかに手っ取り早いだろう。フランソワ・ラブレーがモロソフ（後出）として引き合いに出し、その舞台に適応させているトリブレとは何者か。これは豪勢な料理を享受したり、でたらめに何かしら大げさな話をしたりするような、精神的な道化などではない。フォワ・レ・ブロワ出身のトリブレは哀れで愚鈍な人物などでもけっしてない。ただ、その純真さがおそらくわれわれの時代の嗜好と合わなかったにすぎない。小姓や従僕あるいは近習たちが彼の惨めさを弄んでいたとしても、国王は彼に庇護を与え、それにより、彼はさほどの苦境を覚えずにすんだ。ミシェル・ル・ヴェルネがトリブレの助手および世話係として王室に雇われた所以である。この哀れな狂人の記憶はブロワになおも克明に残っており、だれかを侮蔑的に語ろうとする際は、今でもトリブレのことを引き合いに出したりする。(30)

トリブレ二世が生きていた時代より一世紀以上たった人物の言葉である以上、それを額面通りに受け取ることはできないが、少なくとも当時もなおこの道化のイメージが語り継がれていたことは間違いない。興味深いのは、ラブレーもまたトリブレには大いに関心を抱いていたようで、前記『パンタグリュエル物語』では、この道化をいわば狂言回しとして随所に登場させている。たとえば、第46章でラブレーはパンタグリュエルにこう言わせている。

トリブレはな、お前は愚か者（フォル）だといっているんだ。どんな愚か者だって？　老年にさしかかってから、結婚して、わが身を縛り、奴隷になりたがってる、気のふれた阿呆（フォル）だというのだよ。〈坊主に注意！〉とも、いってたな。わが名誉に誓っていわせてもらうがな、これは、おまえがどこかの修道士のせいで、コキュになるということだ。（…）わたしが、われらが〈利口ばか〉のトリブレを、どれほど敬愛しているか、しっかり心に留めておくんだ。（…）この高貴なるトリブレさまは、ずばりいってくださったのだぞ。この寝取られ事件は、おぞましく、破廉恥なものとなるとな。[31]

パンタグリュエルのこの言葉は、もとより妻帯者の従者に対する一種の嫉妬に由来するが、文中の「利口ばか（モロソフ／モロゾフ morosophe）」とは、ギリシアの修辞学者で風刺作家としても知られたサモサタのルキアノス（一二五頃―一九二頃）が、『アレクサンドロスもしくは偽預言者』において、ギリシア語で「愚かな、狂った」を意味するモロス（moros）と、「賢い」を指すソフォス（sophos）を組み合わせてつくった合成語である。おそらくラブレーは十八世紀に誕生したオクシモロンとほぼ同義のこの語を、個人的に交流のあった二五歳あまり年上のエラスムスの『痴愚神礼讃』から借用している。そこでは、痴愚女神が「この上ない阿呆なのですが、賢者でタレスのごとき人物とみられたがっている」手合いを「痴愚賢人」呼んでいる。[32]ただし、ここでのモロソフは一見愚かなようでじつは賢いとい意味で、むしろ「賢人愚者」とすべきだろう。ちなみに、愚者の祭りやシャリヴァリの常連として人びとの前に引き出されたり、引き回されたりする寝取られ亭主（コキュ）についての言及もまた、この書にある。[33]

それにしても、ラブレーはまったく無縁だったはずのブロワ宮廷の道化のことを、はたしてどこで知ったのか。あるいは親友だった詩人クレモン・マロから教えられたのか。もとよりそれは不明とするほかないが、ことほど左様にトリブレ二世の名は王国内に広まっていたのだろう。そうした彼の名声はさまざまなエピソードに起因する。たとえば、トリブレ二世と同時代の詩人・作家のボナヴァンテュール・デ・ペリエ（一五一〇頃―四三／四四）は、彼についてこう書いている。[34]

ある日、国王（フランソワ一世）が晩課にあずかるため、パリのサント＝シャペル礼拝堂に入ると、トリブレも後に続いた。当初のうち、堂内はじつに静謐そのものだった。ややあって、司教がかなりの美声で聖歌「神よ、われに救いをもたらしたまえ」を先唱すると、ただちに聖歌隊員たちが音楽にあわせて応唱する（「主よ、われを急ぎ救いたまえ」）。そのため堂内はさながら雷鳴がとどろくようになった。そこでトリブレは椅子から立ち上がり、ミサを始めていた司教の方に真っすぐ進み、その頭を拳で一発殴った。それを見た国王はトリブレを呼び、なぜ聖職者を殴ったりしたのか問いただした。トリブレは答えた。「たしかに、たしかに、わが友よ、われわれが堂内に入ったとき、雑音はまったくなかったはず。ところが、この男は雑音を出し始めた。だから罰を与えたまでです」。人びとはそこではじめて国王の道化がなんでも言え、なんでもできるという特権をもっていることを知った。聖職者を愚弄する。それはなによりも呪わしく、もっとも厳しい罰に値していた。そこまでの悪行を働いたわけでもないにもかかわらず、どれほど多くのカルヴァン主義者が火刑に処されたことか！

国王を「クザン（友）」と呼んで何憚らず、国王さえ一目置かざるを得なかった高位聖職者を、神と会衆の面前で打擲する。まさに神をも畏れぬ所業といえるが、同時代人の証言であれば、すべてがフィクションとは思えない。しかも書き手のペリエは、フランソワ一世の姉で、ユマニスムを奉じてフランス・ルネサンスの文芸を庇護し、みずから『エプタメロン』（一五五八年公刊、未完）を著わしている、マルグリット・ド・ナヴァール（一四九二―一五四九）に従僕として仕えていた。とすれば、たとえ直接の面識はなかったにせよ、トリブレ二世の言動についてはは主人（に限らず）からいろいろ聞き及んでいたことだろう。ペリエはさらに次のようなエピソードも記している。

別の日、ある大領主が自分のことをあまりにもあしざまに言ったとして、彼（トリブレ）を死ぬまで棒で打ちすえると脅した。そこでトリブレはフランソワ一世に訴えた。「気にすることはない」。国王は言う。「もしだれかがあえてお前にそんな扱いをするなら、その者を四半刻後に絞首刑にしてやるから」。「ああ、友よ」。トリブレが答える。「むしろ四半刻前にその者を絞首刑にすることに同意すると言ってもらえるなら、じつにありがたい話ですな」。

まさに当意即妙を絵に描いたような返答である。これこそモロソフのモロソフたる所以と言えるだろうが、権威を権威と思わない、いや、権威さえも笑いの種にする。これもまた宮廷道化に求められた才覚のひとつだったのだろう。前出のポール・ラクロワは、「（宮廷）道化の成功は面白い言葉の長所より、むしろ国王がそれに耳を傾けようとする気持ちにかかっていた[35]」と指摘しているが、むろん宮廷道化は国王に耳を傾けさせるだけの言葉を操らなければ寵を失う。トリブレ一世のように戯曲こそ遺していない（あるいは伝わっていない）ものの、たしかにトリブレ二世の話術には間違いなく天才的なものがあったはずだ。

だが、フランソワ一世にとって、トリブレ二世は単なる言語道化ではなかった。彼はしばしば政治問題にも口を挟んで憚らなかった。たとえば一五三九年のこと、カルロス一世としてスペインを統治していた神聖ローマ皇帝カール五世（在位一五一九—五六）は、ベルギーのヘントでの叛乱を鎮めるため、フランソワ一世に王国内の自由通行を認めることを求めた。一五二五年のイタリア・ロンバルディア地方のパヴィアの戦いでフランス軍を破り、自分を捕虜としてマドリッドのアルカサルの塔に幽閉した仇敵の要求である。しかし、フランソワ一世はこれを認め、安全な通行を保証した。それを知ったトリブレ二世は、数枚の板に皇帝を含む何人かの名を書いて、国王にこう言ったという。「ここに書き記した名前は、世界中でもっとも愚かな人間の名前と肩書です。(フランスが北イタリアでの利権を放棄した)マドリード条約も失効したので、皇帝はわざわざフランスに捕まりにきたのでは?」。これに対し、そのようなことをすれば、自分の騎士道に対する皇帝の高貴な信頼を愚かさに委ねることになると一蹴した。するとと道化はこう返すのだった。「いいでしょう、(皇帝軍を)通してあげなさい。そのあとで、彼の名前を消して、代わりにあなたの名前を書き入れますから[36]」。

弁護士や《メルキュール・ド・フランス》の主幹などを経て、アカデミー・フランセーズ会員となった歴史家・文法学者のガブリエル＝アンリ・ガヤール(一七二六―一八〇六)によれば、トリブレは愚者たちの名を書き連ねた板を、「愚者日記」と呼んでいたという[37]。はたしてカール五世が無事フランス国内を通過できたかどうか、いや、このエピソードの審議自体、筆者は詳らかにしないが、いずれにせよ他の廷臣ならただちに断罪されるであろうこうした物おじしない言動もまた、ひとり道化にのみ許されることだった。

そんな希代の道化トリブレ二世には、少なくとも二篇の墓碑銘が捧げられている。その一方はラテン語の風刺詩人ジェン・ヴィザジエことジャン・ヴーテ(一五〇五頃―四二)のものである。

私は道化として生き、国王たちの寵愛を得ていた
この名前だけで国王たちの道化は将来
神の道化になれるのだろうか?[38]

この当代一流の風刺詩人が、同時代を生きた希代の道化と個人的な関係があったかどうかは確かめようもな

い。にもかかわらず、「神の道化」とは存分に風刺が効いている。ただ、これはおそらく実際の墓碑に刻まれたものではないだろう。これに対し、ブロワ城には墓碑が残っていて、そこには次のような文言が刻まれているという（碑銘は脚韻を踏んでいるが、それを訳文に反映させるのは難しい）。

トリブレこと私は、面と向かえばわかるように、
あなたが向き合ったなかでもっとも賢い者ではなかった。
人まねをして笑わせる程度だったが、
けっして悪意のある貴婦人にはならなかった。
太鼓やビエール（擦弦楽器）、
ハープ、レベック（擦弦楽器）、ドゥーシヌ（フルートの一種）、シャルメル（不詳）
ピポー（リード管楽器）やフレオル（不詳）、オルガン、ラッパ、
そして角笛などを拍子も和音も関係なく吹奏した。
（…）
わが心は決して休むことがなく、
二〇の言葉で三〇のことを話す。
白衣で武装し、剣や槍を投げ、
狂ったように際限なく楽しんだ。
わが前では小姓たちは熱に浮かされたように震え、
野ウサギのように怯え、軽率にも逃げ出した。

王（ルイ十二世）は私を食卓に座らせ、
そこで私は王を大いに楽しませた。
王に仕える誰ひとりとして
私ほど見事に職務をまっとうしたものはいない。
（…）
一五〇九年（アニャデッロの戦い）、彼（王）はヴェネツィア人たちを打ち負かし、
その土地を征服した。
それからかなり経ったあと、わが主人
ルイ十二世はこの場所に
生前だが、私の名を刻ませた。
自然がこしらえたもっとも真正な愚者（ソ）の
名が生き残るように。
この世で得た富はない。
私が生まれたとき、富が死んだからである。[39]

文法的な誤記が随所にみられるこの墓碑銘がだれの手になるかは、墓碑銘の制作年代――トリブレが同行したルイ十二世のイタリア遠征（一五〇九年）から没年（一五一五年）のあいだか――ともども不明である。ただ、銘文の内容が正しいとすれば、トリブレ二世は他の一部の道化同様、多才な楽師としての役割を担っていたことになる。それにしても、ルイ十二世が道化のためにこうした墓碑銘をつくらせた。これほど長々しい碑銘を

刻むには、かなり大きな墓碑が必要だったはずだが、これもまた一介の宮廷道化におさまらなかった、トリブレの異才がなせる業だったのだろう。

そんなトリブレ二世に、死後三〇〇年あまりたった一八三二年十一月二十二日、途方もない出来事が起きる。彼を主人公とした戯曲がパリのコメディ＝フランセーズ座で上演されたのだ。原作者は三〇歳のヴィクトル・ユゴー、題名は『王は愉しむ』。あらすじは概略以下の通りである――。自分が道化であることを教えぬまま、パリのサン＝ジェルマン＝デ＝プレの家に引き取った最愛の娘ブランシュが、あろうことか自分が仕える好色なフランソワ一世に目をつけられて凌辱されてしまう。トリブレを騙してその悪事を企てたのは、彼のことを快く思っていなかった貴族のクレマン・マロ。娘が汚されたことに憤ったトリブレは、王に復讐しようと、殺し屋にその殺害を依頼する。だが、それを知った娘は殺し屋のもとに走り、いつしか愛してしまっていた王の身代わりとなってしまう。殺し屋から遺体の入っていた袋をセーヌ川に投げ込む前、袋を開けてみると、そこにいたのは、息も絶え絶えの愛娘だった。

実際のトリブレ二世がこれを見たらはたしてどうだったか。想像に難くはないが、王権や特権階級批判もここまでくれば極致である。案の定、上演翌日には当局から禁止処分となった。周知のように、ジョゼッペ・ヴェルディの代表的なオペラ『リゴレット』はこの戯曲を基にしてつくられている。一八五一年三月にヴェネツィアのフェニーチェ座で、ヴェルディ指揮のもとに上演されたこの作品では、トリブレがリゴレット、娘ブランシュがジルダ、フランソワ一世が女たらしのマントヴァ公爵に置き換えられ、原作にあったような先鋭な社会批判が希薄化している。まさにそのことによって、この作品は今日まで上演され続けている。はたして主人公のリゴレットがトリブレの化身であることを知る観客がどれほどいるかは不明だが、地下に眠る道化としては、少なくとも自分の名前が「トリブレとして仕える（servir de Triboulet）」という慣用句に残っていることには

満足しているはずである。それが「皆を笑わせる」の謂いだからである。(40)

道化ブリュスケ

宮廷道化のなかにはいささか風変りな経歴の持ち主もいた。たとえば南仏アンティーブ出身のブリュスケ(Brusquet)、本名ジャン・アントワヌ・ロンバール(一五一〇―六八)である。一五三六年、第4次イタリア戦争でプロヴァンスに進攻したカール五世軍を迎え撃つため、アヴィニョンにはフランス軍の野営地があった。ただ、とくにスイス人やドイツ人の傭兵たちの兵舎は兵糧不足で疫病がはやり、逃亡兵も相次いでいた。その野営地に、ブリュスケは医者という触れ込みで入り込んだ。目的は、治療ではなく金儲け。自分が持参した薬方と万能薬なら驚異的なまでの治癒が約束できる。それにはまず施療代を先払いしてもらいたい。まさにこれはシャルラタンの口上である。だが、偽医者であってみれば、まともな治療などできるはずもなかった(一説に、疝痛に悩んでいたある大使を治したというが、真偽のほどは定かでない)。代わりに皆を楽しませる道化の芸は心得ていた。やがて正体が露見して、危うく絞首刑にされそうになる。だが、たまたま父王フランソワ一世から野営地に派遣されていた王太子、のちのアンリ二世(国王在位一五四七―五九)がそれを知り、これまで出会ったことがないほど面白そうな男だとして慈悲をかけ、パリに連れて行く。こうしてブリュスケは持ち前の道化芸で宮廷の小姓に、次いで一〇〇頭の伝馬を管理する宿駅長に任じられる。(41)

だが、これだけでは宮廷道化としてのブリュスケの面目がみられない。その面目を伝えるエピソードは、同じ時代を生きた軍人・作家で、筆名の由来となるブラントーム大修道院の俗人修道院長でもあったピエール・ド・ブルデイユ(一五三七頃―一六一四)――わが国では『好色女傑伝』(鈴木豊訳、講談社文芸文庫、二〇〇二年ほか）の著者として知られる――の『回顧録』第2巻（一六六六年、死後刊行）にある。おそらくこれはブリュスケにかんする最初のまとまった記述と思われるが、いくつかのエピソード自体は、後代の多くのブリュスケ論に好んで再録され、有名になっている。本書もまたこの『回顧録』所収の「同時代の著名人および外国人名将たちの生涯」に一部依拠しながら、それを少しくみていくことにする。むろん、客観的なデータや体験に典拠していない、つまり多くが伝聞に基づく個人の推測や印象が混ざった記述であってみれば、どこまで資料性を帯びているか定かではないが、同時代人の言葉である。何ほどか「事実」も含まれているとしてよいだろう。

ブルデイユによるこのエピソードは、ブリュスケと、フィレンツェの傭兵隊長からフランス軍に鞍替えし、歴戦で数々の勲功をあげてフランス元帥にまで出世した、ピエトロ（ピエール）・ストロッツィ（一五一〇頃―五八）との丁々発止が中心となっている。一説に、王妃カトリーヌ・ド・メディシスの従弟だったというこの元帥は、武器の収集家で、そのコレクションを知人のブルデイユに披露したこともあった。彼はまた大変な蔵書家でもあり、高価な稀覯本も数多くもっていたともいう。その限りにおいて、彼はそこそこの知識人だったといえる。

「美男だが怒りっぽい、それでいて笑ったり、馬鹿げたことをしたりするのが好きだった」、この軍人＝知識人とブリュスケの出会いがいかなるものだったか、残念ながらそれにかんするブルデイユの言及はないが、ある祭りの日、ストロッツィは袖に金の刺繍がある、美しい黒いビロードのマントをまとって国王の前に伺候したという。（おそらく国王の傍らに控えていた）ブリュスケはそのマントを妬み、唐突に厨房に命じて肉に差し込む脂身を用意させた。そして、この脂身を持ち主に気づかれぬようにマントの裏側に塗りたくり、国王の背後から、こう言うのだった。「王様、元帥のマントには見事な金の飾り紐がついていますね」。言われて国王は笑い出した。元帥も怒るのを忘れて笑った。悪戯をして笑いをとる。まさに道化の面目躍如である。

別の日、元帥は銀糸の刺繍を施したビロードの馬衣で飾った愛馬に乗って、意気揚々と王宮に伺候した。そして、ルーヴル宮の門前で降り、自分が退出するまで下僕に馬の番を命じた。たまたま王宮から出てきてそれを見たブリュスケは、元帥の伝言だと偽って、下僕に忘れ物を捜しに行かせ、そのあいだは自分が馬を預かるという。下僕が姿を消すと、ブリュスケは自分の宿駅にこの馬を連れて行き、そのたてがみの前部と片方の耳を切り取り、馬衣や馬具を取り外して元帥に返す。愛馬のあわれな姿を見て、元帥は言葉もなかった。そんな彼に、ブリュスケはこう言葉をかけるのだった。貴殿の馬は伝馬に向いています。何なら五〇エキュで引き取りましょう…。

ときにはまた、王妃までがふたりの児戯に巻き込まれた。かねてよりブリュスケに意趣返しをしようとしていた王妃カトリーヌ・ド・メディシスは、元帥から道化の妻が不細工で、耳も遠いと聞かされていた。そこで、元帥の入れ知恵にのって、この妻を自分の居室に召し出し、恥辱を与えようとした。それを察知したブリュスケは、王妃の耳が遠いので、伺候した際は大声で話すようにと命じた。やがて対面の場。王妃が大声で妻に問うと、妻もまたより大声で答える。さらに王妃がもっと声を張り上げると、妻はそれ以上に張り上げる…。こうして両者の大声は、居室中に響き渡り、ついには階下にまで届くようになった(42)。

トリックスターもここまでくれば見事なものである。はたしてブルデイユと元帥がどこまで親しかったは不明とするほかないが、明らかにこの著者は道化に好意的である。しかし、ブリュスケの真骨頂は別のエピソードにみてとれる。それは政治の舞台での活躍である――。

いつごろからか、彼は、ラブレーや前述したナヴァール学寮出身の詩人ロンサールの庇護者で、ロレーヌ枢機卿でランス大司教でもあった、シャルル・ド・ロレーヌ（一五二四―七四）の寵を受けるようになった。むろんそれには彼の道化芸が役に立ったはずだが、この道化にはまたスペイン語やイタリア語の才もあった。あるかあらぬか、ロレーヌ枢機卿は一五五九年、イタリア戦争を終結させるための条約、すなわちカトー＝カンブレジ条約の締結の場に彼を同道させた。その際、彼はスペイン＝ハプスブルク家の王フェリペ二世（在位一五五六―九八）を得意の芸で喜ばせ、講和の交渉に一役買ったという。よほどブリュスケが気に入ったとみえ、この「太陽の沈まぬ国」の国王は、死期の迫ったアンリ二世に自分が召し抱えている道化を差し向け、ブリュスケとの交換を申し出てもいる。あるいはその「スペイン道化」を品定めしようとしてか、アンリ二世はブリュスケに彼の世話を命じる。だが、奸智に長けたブリュスケのこと、まともな世話などするはずもなく、連日のようにこの同業者を騙しては悦に入っていた。たとえば、スペイン道化は馬を四頭有していたが、ブリュスケはこの馬たちを毎夜へとへとになるまで走らせ、馬がやせ細ったのはセーヌの水を飲ませたためだと、猜疑心を抱こうともしないスペイン道化を欺いている。

やがて、交換話が立ち消えになって、スペイン道化が帰国することになる。出立に際し、彼は世話になったお礼としてブリュスケに見事な金の鎖を贈る。ブリュスケも同様の鎖をもっていたが、それは銅に金張りを施した代物だった。彼はこれをアンリ二世から下賜された「宝物」だと偽って、交換する。スペイン道化はこれを手に帰国の途につくが、その際、ブリュスケはフェリペ二世宛の書状を持たせた。そこには、彼の道化が銅鎖を金鎖と思い込んで喜ぶほど愚鈍であり、調理場で尻を叩かれるに値するなどとしたためられていたという。(43)

他人を虚仮にして笑いをとるのが道化の所業なのに、フェリペ王の道化は虚仮にされても気づかない、単なる愚か者にすぎないというのだ。むろん、こうした辛辣な言葉は、それによって自分がいかに優れた道化であるかを言外に語るものだが、と同時に、真偽のほどはさておくとして、このエピソードは、愚かな道化を雇うスペイン王より、自分を雇うフランス王の優位さを言外に示唆してもいる。はたしてスペイン道化がその後どうなったか、いささか気になるところではある。ただ、こうして陰険さと当意即妙さを兼ね備えて我が世の春を謳歌していたはずのブリュスケも、時代の波と無縁ではいられなかった。詳細は不明だが、どうやらユグノー（カルヴァン派）とみなされて、パリからの脱出を余儀なくされた。一五六六年のことである。そんな彼を受け入れたのは、アンリ二世の寵姫だったが、この国王の死後、王妃カトリーヌ・ド・メディシスから疎まれて、フランス中部アネの居城に逼塞していたヴァランティノワ公爵夫人（一四九九―一五六六）だった。皮肉といえば皮肉な話だが、イタリア戦争を終結させたカトー＝カンブレジ条約のあと、アンリ二世の娘エリザベートとスペイン王フェリペ二世が結婚することになる。一五五九年六月、それを祝う宴の余興として、自ら馬上槍試合に飛び入りしたアンリ二世は、相手の槍で右目を貫かれ、それがもとで落命している。相手のモンゴムリ伯（一五三〇―七四）は、罪に問わないとする国王の遺命にもかかわらず、王妃の遺恨を買い、しばらくイングランドに逃れてプロテスタントに改宗し、のちに帰国してユグノー戦で活躍するが、そのことについては割愛しよう。

さて、こうしてブリュスケは公爵夫人の寵を得たものの、それはほんの短期間だった。夫人が他界してしまったからである。それからしばらくして、幸いパリに戻ることができた彼は、アンリ二世の後継者となったフランソワ二世（在位一五五九―六〇）、さらにその弟のシャルル九世（同一五六〇―七四）の宮廷に入ることができたが、そこでどのような道化芸を発揮したか、筆者は寡聞にしてそれを知らない。ただ、フランス国立古文書館に保管されている王室会計簿（KK. 130）によれば、一年の始まりを一月一日に定めた翌一五六五年、シャルル九世はブリュスケに給金（年俸）として二四〇トゥール・リーヴルを下賜していたという[44]。この年、パリのオテル＝デュー（慈善院）で働いていた、調理人や精肉職人の最高給金が二〇トゥール・リーヴルだった[45]ことからすれば、母后カトリーヌ・ド・メディシスがまだ健在だったにもにもかかわらず、かなりの厚遇を得ていたといえるだろう。だが、それから三年後、彼は王宮内で没する。死因は不明だが、国王の近くで最期を迎えることができた道化は、おそらく彼のみだったろう。しかも死後、宿駅長のポストは彼の妻に委託されてもいる。条件は亡夫の葬儀を済ませ、喪に服したのち、再婚することが条件だった。

道化ランジェリ

前述したように、中世から近世にかけて、フランスの歴代国王や諸侯は通常複数の宮廷道化を召し抱えていた。はたして給金を下賜されていた彼らの数がどれほどだったか、判断はしかねるが、通説によれば、最後の宮廷道化とされるのが、ルイ十三世（在位一六一〇―四三）と、その息子で「太陽王」と呼ばれたルイ十四世に仕えたランジェリ（L'Angeli）だったという。そんな彼の名を一躍巷間に知らしめたのも、グランゴワールやトリブレの場合と同様、ヴィクトル・ユゴーだった。『パリのノートル＝ダム』を上梓して五か月後の一八三一年八月十一日に、ポルト＝サン＝マルタン劇場で初演された、五幕物の『マリオン・ド・ロルム』に、ランジェリを登場させたことによる。一八二九年に完成したこの作品は、時の国王ルイ十三世を愚かな君主と描いたため、王政批判だとして上演が禁じられたいわくつきのものだが、一八三〇年の七月革命で禁止措置が解かれたという。題名となっている主人公のマリオン（一六一一／一三―五〇）は、法服貴族でシャンパーニュ地方の財務を仕切っていた高官の娘だったが、パリで文芸サロンを主宰する一方、ルイ十三世、次いでリシュリュー枢機卿、さらに再びルイ十三世の愛人となった有名な高級娼婦である(46)。

芝居では、マリオンの恋人である平民のディディエが、恋敵の貴族と決闘して勝つが、捕らえられて処刑されるところを、ランジェリが意志薄弱で愚鈍な国王に取り入って、その命を救うという重要な役どころを演じている。ただ、ランジェリについてはさほど多くは知られていない。生没年も不明である。オーギュスト・ジャルの有名な人名辞典によれば、彼はのちにフロンドの乱の指導者としてマザランと対立することになる、若いコンデ公ルイ二世（一六二一—八六）、通称大コンデの厩舎係から取り立てられたという。そして、一六四三年にその軍隊に入り、ネーデルラントに従軍したのち、公爵の道化となる。

一六五三年にフロンドの乱が最終的に鎮圧され、国王ルイ十四世から反逆の罪を赦されたコンデ公は、ランジェリを太陽王に献上する。国王はこの道化の才知や渙発さ、そしてむろん絶妙な語りに大いに満足したという。ランジェリは国王の晩餐には必ず参加してその椅子の後ろに要塞のように立ち、国王の黙許をよいことに、陪席者たちを大いにからかって座を盛り上げたものだった。(47) それゆえ、陪席したジル・メナジュ——前出の語源辞典のみならず、ギリシア＝ローマ時代の女性哲学者六五人を網羅した『女性哲学者の歴史』（一六九〇年）の著者でもある——は、決してランジェリに話しかけたりはしなかったという。彼から自分のことをあれこれ言われないようにするためだった。(48)

図21　ルイ13世の道化ランジェリ。制作者・制作年不明。パリ BIU Santé 蔵

一方、リシュリューに仕え、一六三五年に創設されたアカデミー・フランセーズの初代会員となった、風刺詩人のセラー伯ギヨーム・ボートリュ（一五八八—一六六五）は、ランジェリと反目し、互いに激しい言葉でやりあっていた。ある日のこと、ランジェリが宴会で長いあいだ道化を演じていた。そこにボートリュが入っていくと、それをランジェリが目ざとく見つけ、伯爵にこう言い放ったという。「ムッ

シュー、私の後釜になるべく、ちょうどよいところに来てくれましたな。では、私はこれにて退散します」[49]。そんなランジェリの露骨な口撃は、ギヨームの弟であるノジャン伯ニコラ・ボードリュ（一六六一没）にも向かった。この伯爵が国王の午餐に陪席しようと、帽子を手にうやうやしく食堂に入ってくると、ランジェリは彼に近づき、自分の帽子をかぶってこう言うのだった。「かぶりましょうよ、ムッシュー。そんなことはわれわれにとって取るに足らないことですよ」。帽子ひとつで国王の機嫌をとろうとするとは笑止千万。言外にそう揶揄したのである。国王の面前でのこうした恥辱を悲しむあまり、伯爵はついに体調を崩して他界したという[50]。

あくまでも後代にしたためられたエピソードであってみれば、これもまた真偽のほどは定かでないが、ともあれこうして国王の庇護をよいことに、ランジェリは周囲の宮廷人たちをやり玉に挙げてすさまじい笑いをとった。つまり、宮廷道化が引き受けるべき役目を忠実かつ果敢にはたしたのである。それだけではない、道化の一般としてかなりの情報通でもあった彼はまた、宮廷人たちに楽しい時を過ごさせた仲介料や、彼らの失態やスキャンダルなどを笑いの話題にしないという、一種の口止め料をせしめて、巨額の蓄財——一説に二万五〇〇〇エキュ（！）——もしたという[51]。

だが、どれほど国王の寵を得ていたとはいえ、あまりにも傍若無人なランジェリの振舞い。当然のことながら宮廷人たちの反発（と嫉妬）は大きかっただろう。事実、具体的な時期は不明だが、ついに彼は宮廷から追放されている。それ以後、彼がどのような人生を送ったか。筆者の手元にある資料には、それにかんする言及はない。ただ、彼の名もまた文学のなかに生き続けることになる。ユゴーの戯曲については前述しておいたが、詩人で文学理論家でもあったニコラ・ボワロー＝デプレオー（一六三六—一七一一）もまた、国王に献呈した代表作『風刺詩』の第一歌「あわれ詩人は都落」（一六六六年）でこう書いているのだ。

図に乗りすぎた詩神には一体何が起こったのか
彼は恥辱と嘲弄を一身に浴び退廷し
帰るさ瘧《おこり》に取憑かれ命運ここに尽果てる
（…）
当今ちやほやされるのはけたくそ悪い幇間《フール》
どんなに立派な心ばえ洗練された作家でも
どう足掻いてもランジェリ様の御権勢には及ばない。(52)

訳者の注解によれば、ここでのボワローは成り上り者の徴税請負人や阿諛追従の御用詩人を揶揄・嘲弄しているという。その返す刀で、ランジェリを持ち上げる。詩人が理屈抜きの共感を抱いていたことは間違いないとして、はたしてこれをランジェリ本人が読んだなら――おそらくまだ存命だった――、さぞ面映ゆい思いを禁じ得なかっただろう。ほかならぬ自分もまた、揶揄・嘲弄されてしかるべき人間だったからである。

思うに、十七世紀は宮廷道化の全盛期だった。それはフランスに限ったことではなく、他のヨーロッパ諸国についてもいえる。そのなかには、道化という枠を超えて、他のいかなる道化よりも政治的な面でも活躍した者もいた。たとえばスコットランド生まれのアーチボルド・アームストロング、通称アーチー（Archy、一六七二没）である。いささか本題から逸れるが、宮廷道化列伝から彼を外すわけにはいかないだろう。

アーチー

スコットランド王ジェームズ六世に仕えていた彼は、主人がエリザベス女王の没後の一六〇三年にイングランド王（ジェームズ一世に改称）となったことに伴って、イングランドの宮廷道化となった。年間（一六〇六年）の手当は九ポンドあまり。一六一一年には一日あたり二シリングの年金も保証された。一六一八年にはパイプ・タバコの専売権も下賜された。だが、国王の篤い庇護をよいことに傍若無人の振舞いで、宮廷人の嫉妬や反発を買った。当時、プロテスタント勢力と結んで宮廷内で権勢を誇っていた、初代バッキンガム公ジョージ・ヴィリアーズ一世（一五九二―一六二八）もそのひとりだった。国王チャールズ一世（在位一六二五―四九）が議会からの「権利の請願」をしぶしぶ受け入れた年に暗殺されることになるこの公爵は、一六二三年、当時皇太子だったチャールズとスペイン王女マリア・アナとの縁組を秘密裏に交渉するため、スペインに赴いた。アーチーもそれに同行し、あろうことか、ただでさえ反イングランド的だったスペイン宮廷でこの政略結婚に反意を唱え、宮廷人から人気を博した。そのせいなのかどうか、交渉は不調に終わった。帰国後、憤った公爵はアーチーを絞首刑にしようとしたが、それに対し、道化はこう言って憚らなかったという。「公爵たちはしばしばその傲慢さゆえに絞首刑に処されたが、道化はその言葉がもとで絞首刑になったりはしない」。

アーチーはチャールズ一世からも先王と同様の愛顧を得て、イングランドに一〇〇〇エーカーの土地を下賜されている。この国王のもとで次にアーチーが攻撃の的にしたのは、カンタベリー大主教のウィリアム・ロード（在位一六三三―四五）だった。ロードは国王の側近として権力をふるい、イングランド国教会の改革と宗教統一を推進し、反対勢力には弾圧をもって臨んだ。そんな大主教の専横に、アーチーは果敢に立ち向かい、鋭いジョークを投げつけた。だが、今回ばかりは国王の庇護を受けられず、最終的に道化服を剥ぎ取られて、一六三八年、ついに宮廷から追放の身となった。むろん、それで気落ちするようなアーチーではなかった。一六四一年、宮廷時代に蓄えた富を元手に、ロンドンで高利貸し――かなり悪辣な――を始めるのだ。興味深いことに、この年にはロードが議会から反逆罪でロンドン塔に投獄されている（処刑は四年後）。一六三九年と四〇年の主教戦争で、いずれもイングランド（国教会）がスコットランド（長老制）に敗れた責任をとらされたのである。その原因をつくったのが、国教会用祈祷書と監督制をスコットランドに強要しようとして、長老派や清教徒たちから反発を買ったロードだった(53)。

当然のことながら、アーチーはこれに快哉を叫んだ。それは同年、彼が諧謔的な一文をものしたことからも分かる。題して『アーチーの夢。国王に仕えていたが、カンタベリーの悪意によって宮廷から追放された宮廷道化』。その冒頭、彼はこう書いている。

自分の美しく魅力的な娘たちをどう扱うかと尋ねられたある貴人は、どう扱うべきかはよく心得ていると答えた。だが、彼には息子たちもいて、彼らをどう扱うべきか分からなかった。そこで彼は、息子たちを進んで学者にしようとしたが、大主教が息子たちの耳を切り落としてしまうのではないかと恐れた。私はなぜ道化服を剥ぎ取られて宮廷から追放されたのか。それを知っている者はほとんどいないが、私の敵が彼らを捕まえるだけの力をもっていない限り、私としても誰がそれを知っているかさほど気にはならない(54)。

大主教（ロード）が「耳を切り落とす」とはいささか物騒な話だが、そうしたことは現実にあった。犠牲者はイングランドのピューリタン弁護士で、ロンドン塔公文書館長などをつとめ、大量の政治パンフレット作者としても知られるウィリアム・プリン（一六〇〇―六九）。一六三四年二月、不敬罪で終身刑を宣せられた彼は、五〇〇〇ポンドの科料に加えて、法学院からの追放やオックスフォードの学位剥奪などの処分を受け、同年五月、晒し台に括りつけられて片耳を切り取られたのである。プリンにはこの処罰の首魁が、かねがね自分がその宗教改革策に異議を唱えていたロードだったとして、判決の不当さを訴える書状を大主教宛てに送った。だが、大主教はこれを新たなプリン告発の材料としたという。おそらくアーチーは自分をプリンと重ね合わせているのだろうが、『アーチーの夢』は大主教を「煉獄から出てきた精霊」と揶揄したあと、次の一文（追記）で締めくくられている。「時代の変化はあきらかに小さなものではない。そこでは道化が立ち上がり、大主教が倒れるのだ」[55]。こうして露骨な意趣返しをしたあと、アーチーはイングランド北東部、カンバーランドに広大な屋敷を構え、晩年まで穏やかな余生を送ったという[56]。

「知恵ある阿呆は阿呆な知恵者にまさる」とは、シェイクスピアの『十二夜』に登場する道化フェステの科白だが[57]、こうした道化アーチーの運命の反転は、まさにこの科白、つまり「モロソフ」をものの見事に体現してみせたようである[58]。

一方、宮廷道化ではないが、高位聖職者もまた道化を雇っていた。すでに七八九年には司教や修道院長および女子修道院長たちが、猟犬や狩猟用のハヤブサないし鷹ともども、道化を抱えることが禁じられ、以後、同様の禁令は繰り返し出されている。にもかかわらず、「中世を通して、高位聖職者たちは聞く耳をもたず、道化を手元に置いていた。おそらくそれは彼らの地位の特権にとって不可欠なものだったと思われる。それは矮人や楽師、大道芸人、踊り子など、彼らが身近に置きたいと思う者たちについてもしかりであった」[59]。モーリス・ルヴェはそう指摘している。彼によれば、一五三八年、プロテスタントの対話を図り、トリエント公会議を招集したことなどで知られる教皇パウルス三世（在位一五三四―四九）と、南仏のエグ゠モルトで会見した国王フランソワ一世は、教皇お気に入りの道化ル・ルーに、金・銀糸の織物と一三リーヴルに相当する金のメダイユを授けたという[60]。つまり、この教皇は会見の場にローマから寵愛する道化を同道していたわけである。

さらにおよそ五世紀後、ジャンセニスムに対する厳しい迫害者で、幼かったルイ十五世の師傅をつとめ、その治世後期に実質的な宰相として政治の実権を握ったフルーリー枢機卿（在任一七二六―四三）もまた、パリ西郊、ブローニュのミュエット城にプロヴァンス出身の六〇歳ほどの道化を住まわせていた。名前は不詳だが、金糸の縁取りがある赤い被り物に赤い靴下、さらに紫の衣といった枢機卿と同じいで立ちのこの道化は、主人に同行してローマの教皇庁にも赴き、飾り馬に乗った彼を、廷臣たちは「モンセニュール（猊下）」と呼んだという。道化にしてみれば、まさにしてやったり。着衣だけで貴賤を判断する。教皇に仕えるしかめっ面した廷吏たちの習性を、こうして道化は嘲笑い、彼らの権威主義的な単純さを揶揄した。そんな情景を眺めて、枢機卿は道化を諫めたりせず、むしろ内心大いに楽しんだことだろう。いささか悪さがすぎる冗談ではあったが。

神学博士で、フランス中北部シャンプロンの主任司祭だったジャン＝バティスト・ティエール（一六三六―一七〇三）は、一六八六年、聖職者（や信者）に向けた書『遊戯・娯楽論』を著し、賭け事などに対する戒めを列挙しているが、たとえばその第４項と５項で、彼は以下のように記している。

揶揄（ないし冗談）には慎みが伴わなければならない。揶揄は時機を選ばなければならず、告解の最中や終わりが近づいているときでも許されない。揶揄は頻繁におこなってはならず、自分の友人やそれを望まない人びと、貴顕、善人、尊敬すべき人びと、揶揄が危険に陥れるすべての人びと、さらに国家全体や秩序、さらに人びとの共同体全体もその対象としてはならない（第４項）。揶揄によってだれも攻撃してはならず、慈悲（ないし慈善）を傷つけてもいけない。嘲笑のなかでもっとも危険なのは、中傷の前置きとして使われるものである。ときに心身の欠陥が揶揄の対象となることがあるが、哀れな人びとを揶揄してはならず、揶揄するときは、淫らな言葉を避けるよう注意しなければならない（第5項）[61]。

この一連の文言からする限り、揶揄を身上とする道化の存在は決して認められるものではない。教勅や回勅といった教皇の発布した拘束力のある文書ではなく、あくまでの一介の神学者で、片田舎の主任司祭がしたためた書であってみれば、はたしてどこまで影響力を及ぼしたか定かではないが、おそらく一部の高位聖職者たちにとって、ティエールの戒めなどはまさに馬耳東風。道化にとってみれば、この上ない僥倖だったともいえる[62]。

民衆道化

さて、こうした宮廷や高位聖職者に仕えた道化のほかに、民衆的ないし公的な道化もいた。改めて指摘するまでもなく、後者の歴史は前者よりはるかに古く、「寄生者」や「寄食者」と同じ語、すなわちギリシア語でパラシトス（parasitos）、ラテン語でパラシートゥス（parasitus）と呼ばれる道化たちがいた。中世史家のM＝A・ガゾーはその『道化たち』のなかで、『イーリアス』第2歌に登場する悪態つきのテルシテスが最初期の道化だとしているが[63]、シャルル・ダランベールとエドモン・サリョの共編になる『文献・モニュメントによるギリシア・ローマ古代事典』には、アレタロギ（aretalogi）という同様の道化的存在がいたとしている。彼らもまた富裕なローマ人を楽しませていたが、その特徴は哲学的な文章を盛り込んだ言葉遣いにあったという[64]。ちなみに、このaretalogiという語は「シャルラタン、ほら吹き屋」を指すラテン語aretalogus（ギリシア語も同形）

の複数形で、後者は「健全な精神は健全な肉体に宿る」（本義は「宿ってほしい」）の箴言で知られる、古代ローマの風刺詩人デキムス・ユニウス・ユウェナリス（六〇頃—一二七頃）の著作『風刺詩集』に初出するという。[65]

ギリシア語にはまた民衆道化を指す語としてゲロートポイイア（gelōtopoiïa）——字義は「笑わせる者」——がある。アッシリア出身だが、ギリシア語で創作していた風刺詩人サモサタのルキアノス（一二〇／二五頃—一八〇以降）の『本当の話』——月世界旅行のことが語られている最古のSF作品とされる——には、以下のような一節がある。舞台は「エリュシオンでの饗宴」である。

だがしかしここで一番にもてていたのは、アリスティッポスやエピクーロスをとりまく一団で、愉快なうえにつきあって気持ちがよく、飲み仲間としても最上なのだから無理もないことである。あのプリュギア人のアイソーポスもいたが、ここではもっぱら道化師の役をつとめさせられていた。[66]

ルキアノスがなぜ寓話作家として知られるアイソーポス（イソップ、前六一九頃—前五六四頃）に道化の役回りをあてがったのか、意図はもとより不明とするほかはない。ただ、ヘロドトスは、アイソーポスが奴隷としてサモス人のイアドモンに仕えていたことはたしかであるとし、その証拠としてさらにこう続けている。アイソーポスが滞在先のデルポイで誤解ないし怨恨によって殺害され、そのためこの地に災厄が続いたため、「デルポイ人が神託に基づきアイソーポス殺害の補償金の受取人を求めて、幾度も触れを廻した時、出頭したのはこのイアドモンの孫で同名のイアドモンただ独りで、他には誰も現れず、このイアドモンが補償金を受け取った」[67]。伝承によれば、アイソーポスは滞在先のデルポイで、人びとが土地を耕す代わりに神に供物を捧げて生活しているとして揶揄し、それに怒った人びとは彼が神聖な供物を盗んだとして殺害した。だが、その蛮行後にこの地に災厄が続いた。ヘロドトスの言う補償金とはこのことを指している。とすれば、彼はすでにして奴隷の身分から解放されていたことになる。あるいはそれには主人やその周囲の座興で自ら笑いを演出した、アイソーポス一流の才、容貌の醜さを補ってあまりある語りの才がものを言ったのかもしれない。[68]

中世に入ると、こうした民衆道化のなかには、地域社会に抱えられる者が登場する。いわゆる「都市道化（フー・ド・ラ・ヴィル）」である。宮廷道化とは異なって、彼らの大部分は歴史に名を残してはいないが、多くが大道芸人だった彼らは、祝祭や大市ないし定期市、ときには領主や貴族の邸館などで得意の芸を披露し、あるいは雇い主の都市のさまざまな行事に駆り出されて、人びとの笑いをとり、糊口をしのいでいた。たとえば一三八〇年六月二日、ジャン・ド・エローという道化は、国王に即位したばかりの一二歳のシャルル六世（在位一三八〇―一四二二）が住んでいた、パリのセーヌ右岸、バスティーユ広場に近いサン＝ポル館で芸を見せ（いかなる芸かは不明）、五スーを得ている。また、同月二十六日には、パリ東郊のモントルイユで、ジャン・ド・ラ・マルシュなる道化がこの少年王におどけた説教をおこない、一六スーを下賜されている（なぜか名前に貴族の出自を示す小辞 de がついているこのふたりのパリお抱えの道化は、幸いにも王室の出納簿に名前が記されていた）。その三か月後、新たなペスト禍でパリを離れざるをえなくなることなど思いもつかなかったであろう少年王が、ふたりの道化芸に喜んだことは想像に難くない。[69]

一四六一年八月、前月に逝去した父王シャルル七世のあとを襲って国王に即位したルイ十一世が、賑々しく行列仕立てでパリに入城した際、市当局に雇われた道化が馬の背に「猿のように」乗ってこれを迎えている。また、その三年後の一四六四年――トリブレ作『パトラン師のファルス』（前出）の初演年――、同じルイ十一世がフランドル地方のトゥルネを訪れた際、これを迎えた町の費用明細には、「現在、当市に居住するコランなる愚者（道化）がまとう、市の紋章が付いた、市当局お仕着せの朱色の羅紗製ローブの布代と仕立て代金として四〇スー支払った」とある。[70] 本来なら市壁の門や市庁舎の壁の上、あるいは市の代表者のガウンに見られる紋章が、お雇い道化のローブに託されている。むろん、これは一種のパロディだが、はたして国王がこうした趣向を喜んだかどうかは不明とするほかない。

また、北仏リールの聖体祭（聖体の祝日）における聖体行列は、あろうことか町から給金を得ていた都市道化が先導していた。作家で、ヴィエンヌの首座司教座聖堂の参事会員だった、アントワヌ・ダルティニ、通称ダルティニ神父（一七〇六—六八）によれば、彼が実見した行列では、この道化は市吏と同じ着衣をしていたが、手に道化杖を持ち、行列の見物人たちに水をかけるなど、際限なく無茶を仕掛けたという。むろん見物人たちはその悪戯に悲鳴や嬌声をあげたことだろう。それでも見物人たちは、道化抜きでは聖体行列に物足りなさを感じたともいう。[71] 本来なら厳かに挙行されるべき宗教行事が脱聖化される。しかし、教会はそれを咎めなかった。このことは、すでに教会がこれら都市道化たちを排斥できないほど弱体化していた事実を物語っているのだろうか。

ともあれ、これら一連の道化たちは、その言動で構造化された日常を攪拌し、それによって笑いを演出した。その限りにおいて、彼らもまた愚者劇やゴリヤールたちと同様、「愚者の文化」の担い手であったといえるだろう。そしてこの文化のいわば集大成が、すでに幾度となく言及しておいた「愚者の祭り」だった。では、それはいかなるものであったか、ありえたのか、改めて詳しくみていくことにしよう。

第4章

愚者の祭り

愚者の祭り

あらゆる犯罪が「革命的」であると言い放ったのは、たしかアラン・ロブ゠グリエだったと記憶する。だが、もともとよりこれはあまりにもポレミックないしエキセントリックな言説。犯罪といい、革命といい、いずれも多義性と曖昧さを本来的に内包している概念だからであり、何よりも社会と制度と象徴体系のメカニズムのなかで表象されうる、多少とも文化的なイマジネール（集団的想像力）だからでもある。ヌヴォー゠ロマンに一時代を画した作家の真意が奈辺にあったかはさておき、「革命的」という言葉は、むしろ祝祭にこそ相応しい。革命的祝祭と祝祭的革命。たとえばそれは、フランス革命と一連の革命祭をみれば分かるだろう。そうした祝祭ないし祝祭的条件下において、いったいに「犯罪的」な身体のパフォーマンスと仕掛けとが、一場の感興をことさらに醸し出す恰好の演出となるということは、改めて指摘するまでもない。その限りにおいて、祝祭とはまさに社会的な規範を撥無して「犯罪」を馴化すると同時に、これを（再）生産・増幅し、時に革命にまで繋げる、すぐれてしたたかな転位装置ともいえる。

嘲笑・哄笑を含む笑い、嬌声、悪罵、揶揄、風刺、瀆聖、暴力、悪戯、スカトロジー、蕩尽、仮装・異装、そして何よりもパロディックな言動…。およそ人間のもつあらゆる「愚性」をこれら多様なパフォーマンスで顕在化させる愚者の祭りもまた、いっときながら日常的な規範を撥無してマス・オージアスティックな状態を現出させる。すでに六世紀後葉から教会による断罪を受けながらも、(1) パリをはじめ、リヨンやシャンパーニュ地方のランスおよびサンス、パリ盆地のボーヴェなど、フランス各地の都市で伝統的かつ広域的に営まれていた愚者の祭りとは、まさにこうしたドラマトゥルギーが奔出する恰好の場としてある。カーニヴァル同様、「愚者の祭り（fête des fous）」についても膨大な文献が残されている所以である。

ただ、一概に愚者の祭りといっても、そのありようは地域や時代によってさまざまである（フランス以外でも、たとえばスイスのバーゼルやイングランドのヨークでもおこなわれていた）。つまり、愚者の祭りとはあくまでも総称的な民俗語彙であり、ときに混同されたカーニヴァルが、単なる「バカ騒ぎ」まで包括する画一的な呼称であるのに対し、都市によっては、おそらく聖母マリアと幼子イエスのエジプト脱出伝承を祖型とする「ロバの祭り（Fête de l'ân）」、祭りの主体となった下位聖職者たちにちなんで「助祭／副助祭たちの祭り（Fête des diacres／sous-diacres）」、祭りが営まれる暦日から「聖嬰児たちの祭り（Fête des Saints Innocents）」、あるいは参加者に大量のワインが提供されたところから「瓶祭り」（パリ西方エヴルー）などと呼ばれていた。つまり、シャリヴァリ同様、各地で独自の呼称が用いられていたのである。

カーニヴァル同様、この祝祭が国家的ないし宗教的――たとえときに教会が舞台として選ばれることがあったにせよ――なものではなく、すぐれて民衆的なものだったことに違いはない。通常、愚者の祭りは、とくにイエスの誕生時、「新たな王」が生まれたと聞いて、ユダヤの幼い男児たちが支配者だったヘロデ大王に虐殺された聖嬰児の祝日（同二十八日）から、キリスト割礼の祝日（一月一日）を経て、一二日間の待降節の最終日にあたる一月六日の公現祭（エピファニー）、つまり新約聖書で東方の三博士がイエスの生誕を祝うために来訪したことを記念する祝日までのあいだのいずれかの暦日に営まれていた――その期間をキリスト教徒のなかで最初の殉教者となった聖エテティエンヌ（ステファノ）の祝日（十二月二十六日）と、洗礼者である聖ヨハネの祝日（同二十七日）からとする説もある――。この祝祭は、潔斎期の四旬節直前の三日間、すなわちディモンシュ・グラ（「肉食の日曜日」と訳されることもある）、ランディ・グラ（「肉食の月曜日」）、そしてもっとも盛り上がるマルディ・グラ（「肉食の火曜日」）からなるカーニヴァル期間と同様、いや、ときにはそれ以上に無秩序かつスキャンダラスなものだった。その雰囲気の一端は、たとえばピーテル・ファン・デル・ヘイデンが一五五九年に制作した版画（図6）にもみられるが、治安・教会当局の度重なる禁令や抑圧ものかわ、しばしば逸脱的な空間を現出する。そうした仕掛けが激しければ激しいほど、祝祭の感興を際限なく増幅させた。

　このすぐれて諧謔的な愚者の祭りがいつ始まったかは不明とするほかない。一般に時代が隔たった民俗慣行を結びつける際は、その呼称や形態、時期などの一致ないし類似がメルクマールとなる。たとえば古代ローマでローマ暦の毎年二月十七日に、ローマ七丘のひとつであるクイルナレで営まれていたクイリナリア（Quirinalia）は、「Stultorum Feriae（愚者の祭り）」とも呼ばれていた。ただ、呼称は同じだが、暦日は異なっており、何よりもこの宗教祭が、サビヌ人の神で、のちにローマの建国者であるロムルスが神格化されたクイリヌス神に捧げられたということはわかっているが、その詳細はなおも不明なままである。

　一方、十二月十七日から二十三日（ローマ暦）にかけて盛大に営まれた、オージアスティックな豊作予祝のサトゥルナリア（Saturnalia）との関連はしばしば指摘されるところである。たとえばフレイザーは、『金枝篇』で、「イタリアの義にして仁慈の王」だったサトゥルヌスは、人びとに農耕を教え、律法を与えて平和裏に統治した、つまり文化英雄だったが、突然姿を消してしまったとする。そして、彼はこう記している。「この古代のカーニヴァルを特徴づけるように見えるものは、宴楽とバカ騒ぎ、狂った快楽の追求の一切にほかな

図22　とある司教座聖堂内の愚者の祭り。作者不詳。17世紀

らなかったのである」[2]。

だが、カーニヴァルの場合と同様、そこに時代ごとの変遷に基づく系譜的な繋がりをみることは不可能に近い。同じことは、やはり古代ローマで二月に営まれたルペルカリア祭を愚者の祭りの源流とする説についてもいえる。この牧神ルペルクスに捧げられた祭りでは、若者たちが、わが国の民俗行事である「孕めん棒」よろしく、多産・安産のまじないとして、男たちが逃げ惑う女性たちを追いかけ、その臀部を手にした山羊革の紐で叩くというパフォーマンスがおこなわれていた。画家で版画家、そして作家でもあったE＝H・ラングロワ（一七三七―一八三七）が紹介するところによれば、四九六年、司教と皇帝が世界を統治するという両剣論を唱えた、初のアフリカ出身の黒人教皇ゲラシウス一世（在位四九二―九六）は、この祭りが性的な乱行だとして禁じたという。

また、ルペルカリア祭とは別に一月一日にも大騒ぎが営まれていたようで、トリノの司教だった聖マクシムス（四〇八／四二三没）は、この行事が「断罪されるべき愚行」であり、「神の手を理解できない者たちが、家畜や猛獣、あるいは怪物に扮している」。「この上もなく嫌悪感を抱かせる特徴、この上もなく猥雑な形を借りて、創造の最高傑作であり、ご自身が優美さと美しさで飾られた神の荘厳な顔をこのように汚すこと以上に、恥ずべき愚行があろうか」と断罪しているともいう[3]。この「乱行」は暦日や聖職者による非難ともども愚者の祭りに符合するが、管見する限り、より後代の史料にそれにかんする言及は見当たらない。

ただ、教会内での卑俗な高歌放吟やダンスはフランスでも、たとえばオルレアン（五三三年）やアミアン（五八五年）、シャロン＝シュル＝ソーヌ（六五〇年）などの司教会議で禁じられていたという[4]。ただ、はたしてこれが愚者の祭りとなったのかは即断を控えるべきだろう。なによりもこの祭りが帯びていた主たる特徴として、脱日常性や反社会性のみならず、後述するような諧謔的なパロディ性があるからだ。

ミハイル・バフチンは前出の『フランソワ・ラブレーの作品と中世・ルネサンスの民衆文化』のなかで、そうした愚者の祭りについてこう記している。

当初、愚者の祭りは教会で祝され、完全に公認されていたが、のちに反合法的になり、中世末期には完全に非合法になった。ところが、愚者の祭りは街路や居酒屋で生き延びて、謝肉の火曜日（マルディ・グラ）のどんちゃん騒ぎに合流した。愚者の祭りがとくに根強く残っていたのは、ほかならぬフランスにおいてである。愚者の祭りは基本的に公式なパロディのもじりであり、人びとはさまざまな扮装をし、仮面をつけて、いかがわしい踊りをしながら練り歩いた。下級学僧（ゴリアール）のどんちゃん騒ぎは、新年と公現祭にはとくに羽目をはずしたものになった。

愚者の祭りのほとんどの儀礼は、さまざまな教会の儀礼や象徴を物質的・身体的な領域に転移することで、それらをグロテスクに格下げする。祭壇でおおっぴらに大食、酩酊し、みだらに身をくねらせ、素っ裸になるなどの数々の狼藉がおこなわれた(5)。

愚者の祭りが当初は教会公認のものだったが、のちに禁止されたということは、祭り自体が反教会的なものになったということを物語るが、後述するように、少なくともそれが最盛期を迎えた十二世紀末には、たしかに教会やパリ大学からの度重なる禁圧の対象となっている。たとえば、ベリー公の侍従でもあった中世史家のジャン＝バティスト・デュ・ティリオ（一六六八―一七五〇）は、一七四一年に初版が上梓された愚者の祭り研究の聖典ともいうべき『愚者の祭りの歴史に資するための覚書』において、一七三七年七月二十五日にサンスの大司教が、パリのサン＝シュルピス教会の主任司祭だった弟に宛てた私信について触れている。それは十五世紀のある年――何年かは不明――の一月二十五日に、トロワ司教のジャン・レギゼ（在任一四二六―五〇。原文はジャン・デギゼ）が当時のサンス大司教にしたためた書状の写しがあり、そこにはトロワのサン゠ピエール教会とサン゠テティエンヌ教会で毎年特定の日におこなわれていた愚者の祭りという悪弊を止めさせたことが記されていたという。[6]司教レギゼは一四四四年、下級聖職者たちが教会内で「愚者の司教」を選んだり、歌い踊ったり、祭壇で祝宴を開いたり、さらに賭け事やきわめて淫らなファルスに耽ったりする愚者の祭りを止めさせるため、ときの国王シャルル七世に助力を求めている。これを受けて、同年四月十七日、国王はトロワの代官に同司教や異端審問官に悪弊廃止のための援助をするよう命じている。[7]

さらに、一四六〇年と八五年に開かれたサンスの司教区会議も、この祭りを有害な悪習ゆえに止めさせなければならないとの決議をおこなっている。後出の『百科全書』にも記されているように、一五五〇年のシャルトル司教区会議は、ファルス（?）の登場人物である愚者の衣装を教会から一掃するよう命じ、一五六六年と六七年のリヨン司教区会議は、教会内での愚者の祭りとファルスをすべて禁じた。また、一五八五年のエクス教会管区会議や一六二〇年のボルドー教会管区会議は、聖嬰児の祝日や愚者の祭りの日に司教区においてみられたあらゆる娯楽を厳禁した。だが、無駄だった。むろん参加者は、逮捕・投獄を、ときには所払いといった断罪を予期してしたはずだ。そこまでしてなぜ禁断の慣行をおこなおうとするのか。もとよりそこには地域ごと、時代ごとの状況が反映しているはずだが、その背景には、何よりも民衆の支持があったことは言を俟たないだろう。彼らの支持がなければ存続しえない。つまり愚者の祭りのみならず、いったいに民衆文化の負性゠愚性とは、おもに教会側の論理によって断罪されたものであり、その断罪は民衆側の論理まで規制するものではけっしてなかった。これこそがまさに歴史の諧謔と呼ぶものであり、いつにかわらぬ歴史の慣性にほかならないのだ。いささか結論めくが、愚者の祭りとは、カーニヴァル同様、たとえ一時的だったにせよ、ある意味で愚性が聖性を凌駕したことの表徴ともいえるだろう。

ほとんどの場合、この祭りは「陽気連」ないし「愚行結社」(後述)と総称される下級聖職者や若者を主体とする集団によって営まれた。とりわけ若者たちにとって、それはしばしばカーニヴァルにも随伴したシャリヴァリ同様、その存在を社会に訴える絶好の活躍の場でもあった。ひとつの事象がそれだけで完結せず、つねに他の事象と結びついていたからだ。そのいわば有機的な連関が文化や歴史の生態系であり、いわばこの生態系がイマジネーション(個人的な想像力)を超えて、イマジネール(集団的・社会的な想像力)を構築しているのである。(8)

ただ、愚者の祭りをめぐるイマジネールは、必ずしも「民衆」にのみかかわるものではなかった。これまで幾度かその著作を引用してきた、P・L・ジャコブこと本名ポール・ラクロワによれば、教会がこの祭りを断罪するどころか、むしろ認可ないし黙許する事例もあったという。たとえば一五五四年、パリ北東のランスで、公現祭前夜、教会参事会が教会の外で催された、愚者の総大司教や聖嬰児の司教を選出する大宴会の費用を負担している。(9)さらに、一六七〇年に廃止されるまで、リヨン南方のヴィエンヌでは、十二月一日に司教座聖堂の聖具室で、若い聖職者たちから選ばれた聖嬰児の司教が聖務を司式して会衆に祝福を与え、公に宗教行列を命じただけでなく、同地の正式な司教から、賛助金として三フローリン金貨とワイン二升、木材二荷を受け取った。そして、このパロディックな儀式のあいだ、少年聖歌隊のメンバーは参事会員の役割を演じた。ブルゴーニュ地方のシャロン＝シュル＝ソーヌでも、愚者たちの王がロバにまたがり、バーレスクな聖職者たちに囲まれて市中を行列し、大聖堂の前に設けられた台の上で、陽気な一団の叫び声や歌声、あるいは苦笑いのなか、食事をとったともいう。(10)

だが、なかにはより積極的に愚行にかかわった司祭も少なからずいた。そのことはティリオが引用した以下の資料からはっきりと読み取れる。たとえば、一五六五年の北仏カンブレの教会管区会議は、概略次のような指示を出している。「司祭たちは一部の祝日に真面目な気晴らしとしてさまざまなことをおこなっているが、一部の場所や教会などを舞台とするそれらは放縦極まりないもので、悪ふざけや冗談によって信者たちの眉をひそめさせている。キリスト教の慎みより、むしろ異教を感じさせるからである。それゆえ、本管区会議は司教たちに対し、以後、かかる所業を認めたりしないよう厳命するものである」。この一文を裏返して読めば、それまで司教たちが管区内の司祭による放縦を放任していたことになる。ここには明記こそないものの、当然のことながらこうした愚行は愚者の祭りでもみられただろう。さらに、一五六六年と七七年にリヨンで開かれた教会管区会議も、無法な愚者の祭りとそれにかかわる聖職者には、厳罰をもって臨むとする決定をおこなっている。「聖嬰児の祝日などで、教会内で賭け事に興じたり、悲劇やファルスを演じてはならない。仮面や武器、タンブラン（長い太鼓）などを持ち出しての馬鹿げた見世物も禁じ、違反者は破門に処すものとする」とし、教会や墓地でかかる乱痴気騒ぎや放縦をおこなう主任司祭もまた破門の対象になるとしているのだ。(11)

司教たちから構成されるキリスト教会の重要な会議体が、こうして管区内の司祭たちに放縦な愚者の祭りとの絶縁を命じる。後述するように、この祭りはしばしば司祭に従う下級聖職者を主体として営まれていたが、民衆にとって司祭はミサや告解、あるいは幼児洗礼や冠婚葬祭などを通じて司教よりはるかに近い存在だった。とすれば、一部の司祭が、民衆の娯楽――たとえ非キリスト教的なものであっても――に好意的であり、教会堂を解放したとしても不思議はない。上級会議体との非日常的な距離と小教区内の民衆との日常的な距離。いわばこのふたつの距離感の狭間で、司祭は後者の距離を重視した。重視して、民衆と自分の教会とのもうひとつの距離を縮めようとしたのだろう。上長者たちから改めて愚者の祭りへの介在を禁止された彼らが、はたして唯々諾々としてそれに従ったかどうか、即断はできないが、たとえそうであっても、司祭たちの一部は自分に仕える助祭や副助祭たちがこの祭りにかかわることまで禁じたりはしなかった。愚者の祭りが「助祭／副助祭の祭り」と呼ばれた所以である。

　こうしたことは「蕃風」の消滅を図ろうとした教会（や稀に国王）の威光ないし意向が、繰り返しの禁令にもかかわらず、決定的な効力をもちえなかったという事実を如実に物語る。まさにこれこそが「キリスト教社会」の実態であり、なによりもそこには民衆文化の根強さやしたたかさと、それを抑圧しようとする教会論理との角逐をみなければならないだろう。それはまた、この祝祭が一種のマス・カタルシスとしておそらく社会的に必要視されていたということを示しているが、やがてこの角逐は、教会／下級聖職者という対合から、世俗権力／市民という対合に転位し、原則的に暦日の違いこそあるものの、秩序紊乱として治安当局からたえず断罪されたカーニヴァルのドラマトゥルギーへと接近していく。

　カーニヴァルが「さかさまな世界の現出」だとする構図は、すでにして表層的ないしステレオタイプな解釈となっているが、笑いと愚行、そして諧謔やパロディといった、すぐれて民衆的な「愚性」のイマジネールを文法とするこのふたつの祝祭は、支配文化とそれに対する異議申し立てとしての対抗文化という、二項対立的な構図には回収されない特性を帯びている。たしかにこの構図は文化の差

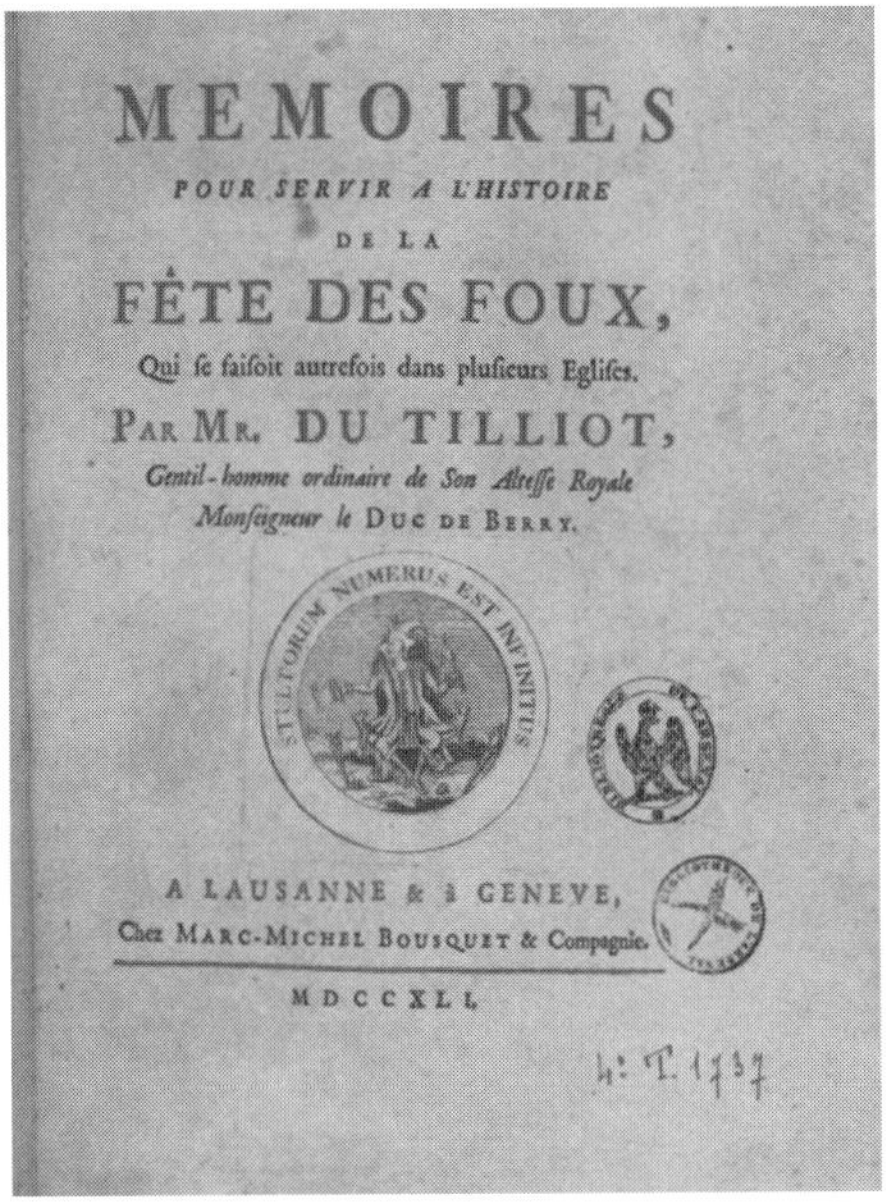

図23　デュ・ティリオ『愚者の祭りの歴史に資するための覚書』表紙、筆者撮影

異性と多元性を示唆するものだが、いずれの祝祭も一時的なパフォーマンスであり、いずれ体制的な日常に回帰するからだけではなく、抑圧というメカニズムによって、ときには支配文化のプレザンスを強化する役割すら担っているからである。

ただ、聖職者たちによる愚者の祭りについていえば、その主体的かつ冒瀆的なトリックスターとしての行為者が、祭りが終われば、若干の例外を除いて、多くが間違いなく敬虔な聖務に戻った、ということである。むろんそれは、社会的立場こそ違え、カーニヴァルに参加した民衆についてもいえるだろうが、信仰心を保ちつつ、信仰の脱聖化をしばしば過激なまでに演じてみせる。演じて、教会の日常を攪拌する。このパラドックスをどう解釈すればよいのか。当事者の言説史料が見当たらない以上、それに的確に答えるのは難しいが、その手がかりのひとつを「愚性」に求めることは、あながち的外れではないだろう。つまり、彼らは民衆に寄り添いながら、教会の聖性のうちに潜む愚性を法外な作法で顕在化しようとしたのではないか。自らを由々しき愚者に仕立て上げ、民衆文化と教会文化の結節点に、いわば「愚性文化」を構築しようとしたのではないか。そこには社会と愚者の祭りが交わしたすぐれて民俗的な黙契がみてとれるのではないか。その限りにおいていえば、愚者の祭りとは、反社会的要素を可視化する文化の反極化としての契機であり、文化はまさにそれによって歪像化される。歪像化されて、あやまたず「愚者の文化」が屹立する。

興味深いことに、こうして出立した愚者の祭りは、やがて教会の枠を超え、聖職者の代わりに、市民たちが多様な呼称の愚者を演じるさまざまな愚行結社によるパロディックな祝祭や、ソティと呼ばれる民衆的なファルスなどを生んでいく。むろん、時系列的にはそのすべてが愚者の祭りの直接的な後継といえないまでも、すくなくともそこにはこの祭りが具現化した笑いと諧謔精神が克明にみてとれる。かつてミハイル・バフチンは、『フランソワ・ラブレーの作品と中世・ルネサンスの民衆文化』（前出）のなかで、リュシアン・フェーブルの

『ラブレーの宗教　十六世紀における不信仰の問題』（一九四二年）をとりあげ、このマルク・ブロックと並ぶ「アナル派」歴史学（民衆史）の開祖が、「民衆のカーニヴァル的な世界感覚、世界を滑稽視する普遍的な見地」を看過しており、「それを理解するには、中世の《parodia sacra》（聖なるパロディ）、《risus paschalis》（復活祭の笑い）、膨大な滑稽文学、そしてもちろん、何よりもカーニヴァル風の儀礼的な見世物形式のような、何世紀にもわたって繰り広げられてきた諸現象の歴史的意味を解明しなければならないであろう[12]」と指摘している。むろんここでは、「カーニヴァル」を「愚者の祭り」に置き換えても許されるだろうが、ありていえば、こうした中世文化の伝統はまさに時代を越えて間違いなく受け継がれた。「愚者」というラベリングこそなされてはいないものの、そう呼ばれるに相応しい者たちが跳梁跋扈していたからだ。

そのことは、多少の誇張こそみられるものの、愚者の祭りの全体像をもっともよくまとめた、『百科全書、あるいは科学・芸術・技術の論理的事典』、通称『百科全書』（一七五一―七二年）の以下の記述からも確認できる。寄稿者は、生理学、化学、植物学、病理学、政治史の分野を中心に、じつに全体の二五パーセントに相当する約一万八〇〇〇（！）もの項目を、一説に無償で担当したというルイ・ド・ジョクール（一七〇四―七九）。ジュネーヴでプロテスタント神学、ケンブリッジで数学と物理学、ライデンで医学と薬学を修め、一七三〇年から二〇年かけて独力で六巻からなる『世界医学辞典』を編んだ――ただし、この辞典は検閲を避けてオランダで印刷することになっていたが、あろうことかその原稿を積んだ船が難破して刊行ができなかった――、当代一流の碩学である[13]。

『百科全書』における愚者の祭り

ディドロとダランベールを主幹として編纂された『百科全書』は、その「愚者の祭り」の項目で大略以下のように説明している。いささか長い引用となるが、あえて割愛せずに全訳しておこう。

愚者の祭りは混乱と卑俗さと反宗教的な言動に満ちた浮かれ騒ぎで、おもにクリスマスから公現祭までの期間、大部分の教会で聖務のあいだに副助祭や助祭、さらに司祭までがおこなっていた。往時の信心家たちは、ほとんどが異教に由来する下劣で馬鹿げた儀式によって神を辱めようとは思っていなかった。これらの儀式はいつ頃かわが国に招来され、それに対して教会はしばしば激しい非難を投げつけたが、徒労に終わった。

「愚者の祭り」はサトゥルナリア祭を真似たもので、聖嬰児の祝日に一部の教会をなおも支配している幼稚さは、この祭りの名残でしかない。召使が主人の役割を演じていたサトゥルナリア祭のように、愚者の祭りでも若い神学生や下級の聖職者たちがキリスト教の祭儀を公に司式していた。

この祭りがいつ始まったかを特定するのは難しいが、やがてそれは法外なまでの悪弊となる。しかし、六三三年にトレドで開かれた教会会議（典礼の均一化を図った）は、それを廃止することができなかった。すでに聖アウグスティヌスはこうした不信心者たちを罰するように求めていた。にもかかわらず、ケドレノス（十一世紀。ビザンツの年代記作者）によれば、コンスタンティノポリス総主教のテオフュラクトス（後出）は、その司教区にこの祭りを導入したという。こうして以後、それは東方教会のみならず、ラテン教会にまで広まっていった。

各地の教会では愚者たちの司教ないし大司教が選ばれたが、こうして戯画的に選ばれた人物は司教杖、さらに十字架まで手にして、人びとに厳粛に祝別を与えた。教皇庁の直轄教会では、選ばれた愚者たちの教皇が真の教皇のいで立ちで、聖務を取り仕切ってもいた。これら偽りの高位聖職者たちは、同様に放埓な聖職者たちを伴っていた。

祭りの期間中、人びとはみな仮面や芝居の衣装をつけてミサに参列した。彼らのうち、ある者は恐怖を与えたり、笑いをとったりするために、顔を（墨や小麦粉で）べたべた塗りたくったりもした。ミサが終わると、彼らはあろうことか教会内で走ったり、飛び跳ねたり、踊ったりもした。裸になることすら厭わないものもいた。それから彼らは汚物を満たした手押し車を通りにひき出し、集まってきた人びとにその汚物を投げつけた。在俗司祭のなかでもっとも放縦な者は聖職者たちに混ざって、祭服をまとった愚者の役割を演じたりもした。こうした狼藉は男女の修道院でも繰り広げられた。

トロワ司教のジャン・レギゼが国王シャルル七世に愚者の祭りを禁止するよう訴えた同じ年の一四四四年三月十二日、パリ大学神学部は王国の聖職者たちに回状を発している。それによれば、聖務のあいだ、司祭や神学生たちが道化や女性の服を着たり仮面をかぶったりして、内陣でまともな歌を歌うだけでは満足せず、ミサを挙げている司祭の傍ら、祭壇で食べたり賭け事に興じていたという。さらに、つり香炉に汚物を入れ、教会堂の周りを走ったり、跳ねたり、笑ったり、歌ったり、汚らわしい言葉を吐いたり、さまざまな淫らな姿態をとったりしていたともいう。それから彼らは馬車で町のいたるところに出向いた。ときには愚者たちの教皇や司教がミサを司式し、人びとに祝福を与えたりもした。人びとはこうした愚行を喜び、それを禁じようとする者は破門された者とみなしていた。

ディジョンのサン゠テティエンヌ教会にある一四九九年の記録によれば、愚者の祭りでは教会前の芝居小屋でファルスが演じられ、そこでは愚者たちの先導者の髭が剃られ、卑猥な言葉も発せられたという。同教会の一五二一年の記録は、副助祭がランタンを掲げながら、ファイフ（小型のフルート）や太鼓といった楽器の演奏者とともに町中を走り回り、先導者が後に続いた、ともしている。さらに、オータンの（サン＝ラザール）司教座聖堂の一四一一年から一六年にかけての記録によれば、同地のフォロルム（愚者の祭り）では、人びとがロバを一頭連れ出して、口々に「へ、ロバ殿、エ、へ」と歌い、何人かがグロテスクな異装で教会に赴いたという。このロバは背中にコープ（聖職者の祭式用袖なしマント）がかけられて、みなの称賛に浴していたともいう。

こうしてフランス国内の大部分の教会では、公現祭では何世紀ものあいだとぎれることなく愚者の祭りが営まれてきた。だが、それはフランスだけでなく、海を渡って広まり、一五三〇年頃にはイングランドでもみられた。ヨーク教会の当時の装飾品目録には、愚者の司教のための小さな冠や指輪についての記載がある。さらに、ドイツやスペイン、イタリアなどでもなおも各地でこの祭りがおこなわれている。

一四四四年、この愚者の祭りはソルボンヌから異教や偶像崇拝だとして非難されたが、無垢なものだとしてこれを擁護し参加する高名な先人たちもいた。われわれの本性でもある愚性は少なくとも毎年一度はこの他愛もない息抜きで霧散する。たとえばワイン樽は空気を入れるために栓が抜かれるが、それと同談なのだともいう。十五世紀末のオーセールで、ある神学博士は愚者の祭りが聖母の無原罪の御宿りの祝いと同様に神から認められていると公然と擁護論を主張したという。

とすれば、十三・十四世紀の司教たちによるさまざまな批判は、愚者の祭りを廃止させる上でほとんど効果がなかったといえる。一四六〇年と八五年に開かれ、この祭りを有害な悪習ゆえに止めさせなければならないとした、サンスの司教区会議の決議もまたしかりである。そこで教皇や司教たち、さらに司教区会議が手を結んでこの祭りの行き過ぎを廃そうとした。そして一五五〇年にシャルトルで開かれた司教区会議は、芝居の登場人物である愚者の衣装を教会から一掃するよう命じ、一五六六年と六七年のリヨン教会管区会議は、教会内での愚者の祭りとファルスをすべて禁じた。さらに一五八五年のエクス教会管区会議は、聖嬰児の祝日に教会内でおこなわれていたあらゆる娯楽や児戯、芝居を、そして一六二〇年のボルドー教会管区会議は、愚者の祭りの日に同司教区においてみられたダンスや他の愚かしい実践をそれぞれ厳禁した。だが、こうしたすべての努力はついに実を結ばなかった。[14]

たしかにこのジョクールの説明を読むだけで、愚者の祭り（極端な）の何たるかが容易に理解できる。[15]だが、事例の出典がほとんど明示されておらず、[16]オーセールの「ある神学博士」が誰かの明記もない。いや、それより大きな瑕疵は、この祭りが「いかにしてあるか」は述べられているものの、「なぜあったのか」についての記述がないところにある。つまり、愚者の祭りをつねに教会側の観点からのみ、つまり体制的な倫理観や価値観からのみ見ており、民衆にとってこの祭りがいかなる意味ないし役割を帯びていたのかという、きわめて重要な視点が決定的に欠けているのだ。また、愚者の祭りと密接にかかわっていた、いやしばしばその主役を担っていたはずの若者たちの「愚行結社」（後述）にかんする言及も一切ない。彼ら若者たちにとって、この祭りはしばしば愚者の祭りやカーニヴァルに随伴したシャリヴァリ同様、その存在を社会に訴える絶好の活躍の場でもあった。

さらにジョクールは、愚者の祭りないしそれに類似した行事が必ずしも男たちだけのものではなかったという点も見逃している。おそらく事例は数少ないはずだが、たとえばフランス中西部の古都ポワティエのサント＝クロワ女子修道院でみられた、バルバトワール（barbatoire）がそうである。この修道院の歴史は古く、フランク王国メロヴィング朝の王クロタール一世に嫁いだ、テューリンゲン公国の王女ラドゴンド（ラデグンディス、五八七没）が、修道請願の誓いを立てて宮廷を去り、五五二年、この地に建立したフランス最初のノートル＝ダム女子修道院を前身とする。のちに列聖された彼女が他界して一二年後の五八九年、修道女たちが時の女子修道院長に反抗して一斉に逃亡し、『フランク史』の著者として知られる、トゥールの司教グレゴリウスのもとに身を寄せた。反抗の指導者は、メロヴィング朝の王ヒルペリヒ（キルペリク）一世の王女だった修道女のバジヌ（バシナとも。五六〇頃―六二〇頃）。最終的にこの反抗はグレゴリウスの仲介で和解となり、修道女たちはもとの鞘に収まることになるが、当時彼女たちがミサの最中おこっていたのが、髭がついた醜悪な仮面（バルボワール）をかぶり、会衆の若い信徒の髭を剃ってそれを神に捧げるといった蛮行を含む、放埓かつ無秩序な不品行を旨とするバルバトワールだった。[17]おそらく修道女たちの集団脱走は、修道院長がこの愚行を禁じたことに対する反発によるものだった。グレゴリウスによれば、修道院に戻った修道女たちは、以後より厳しい監視下におかれたという。

ところで、引用文中にあるコンスタンティノポリス総主教のテオフュラクトス（在任九三一―九五六）の話は、おそらくオラトリオ会士の教会史家で、のちに枢機卿となったカエサリス・バロニイ（カエサル・バロニウス、一五三八―一六〇七）が、自ら創刊した《キリスト誕生から一一九八年までの教会年報》第10輯で、ケドレノスに依拠しながら書かれた一文にある。それによれば、農民から東ローマ皇帝にまでかけあがったロマノス一世レカペノスを父とするこの大主教は、東方教会に愚者の祭りを招来したが、何世紀ものあいだ、クリスマスや公現祭期間中、教会内でバカ騒ぎやダンスなどの無軌道がみられたため、アンティオキア大主教テオドロス・バルサモン（在位一一八五―九一）がこれを廃止したという。[18]また、「一四四四年三月十二日の回状」とは、百年戦争中にフランスとイングランドが休戦協定のトゥールの和約を結んだ二か月前、かねてよりこの放縦極まりない愚者の祭りに注視していたパリ大学神学部が、その撲滅を図って、王国の聖職者たちに向けて発した回状のことである。そこには以下のような愚行が明記されている。

聖務挙行のときですら、(下級)聖職者たちがグロテスクな仮面をかぶったり、女装をしたり、狂人やファルス役者のいで立ちで姿を現した。彼らは愚者の司教ないし大司教を選出して、これに聖衣を着せ、朝課の祈りを唱える者たちを祝別させた。彼らはまた内陣のなかで踊ったり、放縦な歌を歌ったりした。さらに、祭壇や司式者の近くで肉を食したり、サイコロ遊びに興じたり、古いサンダルを燃やし、その煙を撒香としたりもした。(…)それから彼らはこれ見よがしに市中に繰り出し、簡易舞台の上や荷車に乗って人びとの笑いを誘い、淫らな姿勢をとりながら、愚かしくも不敬虔な言葉を発したりもしている。[19]

この回状は、誰の言かは不明だが、先に引用したジョクールにも言及のある次のような愚者の祭り擁護論に反駁するものだった。

革袋と樽は、栓が時折はゆるめられないとはりさけてしまうのではないだろうか。まさしくわれわれは古いぼけた革袋であり、使い古しの樽なのだ。われわれのうちで発酵している知恵のブドウ酒を、われわれは一年中神様のためにしっかり押さえつけているのだが、それは、もしわれわれが時折、ゲームと愚行とでみずから発散させないと、むだに流出してしまうかもしれない。娯楽を通じて空にすれば、われわれはその後はもっと強壮になり、知恵を引きとめておけるとしたものだ。[20]

明らかに知識人あるいは下級聖職者が書いたと思われるこの擁護論（原文ラテン語）は、愚者の祭りが一種の「息抜き」だとする。これら擁護論者たちは愚者の祭りを「われわれの第二の本性」である痴愚を思う存分発散する機会だとみなし、その陽気な痴愚を「神への畏敬と畏怖」と対置した。バフチンはそう指摘する。つまり愚者の祭りとは、「宗教的な世界観からの解放、神への畏敬と恐怖からの解放」だったというのだ。(21) それであればなおのこと、当時、フランス、いやヨーロッパの神学の牙城だったパリ大学にとって、もとよりこうした擁護論など問題外だった。事実、一二〇〇年に尊厳王フィリップ二世（在位一一八〇―一二二三）から大学としての認許が下りる以前、つまりノートル＝ダム神学校の補完的な組織として聖職者身分の教授と学生からなる一種の同業組合であった一一六〇年代、神学教授のジャン・ベレト（一一三五頃―八二／八五）は副助祭ないし愚者たちの祭りが、キリスト割礼の祝日（一月一日）や公現祭（一月六日）、あるいはクリスマスから公現祭までのいずれかの日に営まれているとし、聖職者や侍者あるいはミサ答え少年たちが教会や修道院、あるいは司教館内でダンスを踊ったり飛び跳ねたりするだけでなく、一部の教会では、司祭のみならず（前述）、あろうことか司教や大司教までもがサイコロ遊びやポームないしブール（球戯）などに興じていると嘆いている。彼によれば、こうした遊楽は「十二月の放縦（libertas decembrica）」と呼ばれ、古代のサトゥルナリアを真似たものだという。(22)

はたして何年のことかは不明だが、不心得な高位聖職者のなかには、フィリップ三世から五世まで、三代にわたって宮廷司祭や評定官をつとめたアミアン司教のギヨーム・ド・マコン（在任一二七八―一三〇八）のように、「愚者の司教」用に自分の祭服装飾品を遺贈した者すらいた。(23) この司教は、フィリップ三世の命を受けてルイ九世の列聖化に動いたり、教皇マルティヌス（在位一二八一―八五）による托鉢修道会の擁護に反対したりした、当時のキリスト教会における大立者のひとりだった。その彼をして…。さすがに一四三一年にナントで開かれた司教区会議では、愚者の祭りやその他の悪習、たとえばベッドから離れない怠惰な聖職者を捕らえて裸で通りを歩かせ、その格好のまま教会に入らせ、祭壇に上げてから、聖水を盛大に降り注ぐといった蛮行が問題視されている(24)。とすれば、一四四四年の回状は、キリスト教の信仰や倫理の監視役を伝統的に自認していたパリ大学の威信の表出といえるだろう。そして、この回状の一一年後の一四五五年には、北仏のルーアンで開かれた教会管区会議が、次のような教令を出している。

創造主が誠実かつ健全に奉仕されるため、神聖なる本教会管区会議は教会や墓地のなかで、仮面をかぶったり、数多くの下品な振舞いに興じたりする、愚者の祭りと呼ばれる卑俗な遊びをすることを禁じるものである。これらの遊びは聖職の誠実さとは相反するものであるがゆえに、すべての聖職者がこれに参加することを禁じ、違反者は破門に処する。さらにそれに興じる者たちは、教会から受け取る慣例となっている配給を三か月間停止され、その配給はより誠実であろうと思われる聖職者に分配されることとする(25)。

この教令によれば、聖職者が愚者の祭りに参加すれば、教会法の最重要な処罰である破門が言い渡されるという。参加しないまでも、祭りに興じただけで日々の配給が停止される。ソルボンヌの回状をおそらく念頭に置きながら、さらに厳しい処罰を科す。はたしてその精神的・身体的な断罪がどこまで実施されたかは不明だが、ここまでくれば、聖職者はもはや安穏とはしていられない。愚者の祭りが終わるまで、それと距離を置かなければならなくなる。これはまさに教会の危機意識の表出といえるだろう。こうして教会が瀆聖されれば、教会内の秩序のみならず、教区民に対する霊的な権威すら失ってしまう。だが、これを裏返していえば、こうして内部の聖職者たちの引き締めを図らなければならないほど、教会の秩序や権威はそこまで堕していたということになるはずだ。しかも、この民衆祭に対する教会側の対応も、すでに少しみておいたように、必ずしも一律ではなかった。時代は少し下るが、フランス学士院の会員だったA・L・ミランによれば、シャンパーニュ地方サンスの司教座聖堂参事会は、一五一四年と一七年、愚者の祭りの実施を認めてもいるという。[26]あるいはこれは民衆との融和を図ろうとした教会のいわば苦肉の策とみられなくもないが、これもまた一部ながら民衆的なるものの抑圧によって成り立つ教会的——宗教的ではない——な管理システムのほころびを示唆する例にほかならない。

興味深いことに、ときには愚者の祭りが教会内の勢力争いの舞台となることもあった。たとえば一四〇五年のリヨンでは、歴代の大司教としばしば対立していた聖ヨハネ司教座聖堂参事会が、愚者の祭りのために八エキュの助成金を出している。[27]フランスの司教座聖堂参事会は、一般に当初は修道士を含む聖職者のみで構成され、のちには貴族や多くが土地や資産を有する富裕市民たちもメンバーになった。司教から任命された長をいただくこの参事会は、聖堂の維持管理のみならず、司教の補佐役や諮問役として司教区の円滑な運営にあたると同時に、司祭を任命したり、司教が空位だったときには、新たな司教を選出する権限も有していた。むろん、聖堂への献金ないし寄付もおこなった。それはリヨンでも同じだった。いや、ありていにいえば、少なからず他所とは様相を異にしていた。そのことを語る前に、当時のリヨン社会に目を向けなければならない。

フランス中東部、王国と神聖ローマ帝国の国境地帯に位置し、のちに絹織物で繁栄するようになるリヨンは、カロリング期に司教座が置かれ、十四世紀初頭にフランス王国に併合されるまで一種の自治権を有して、独自に貨幣の鋳造もおこなっていた。そこでは大司教とリヨン伯が互いに角逐を繰り返しながらリヨン市の実権を握っていたが、併合後は国王の命で鋳造権が廃止され、さらに新たに王国の行政・司法官が着任した結果、とくに彼ら官吏と大司教、つまり国家権力と教会権力が競合するようになった。こうした状況は、国王シャルル六世の要請で対立教皇のクレメンス七世（在任一三七八―九四）によって枢機卿に叙階されることになった（ただし固辞）ジャン・ド・タラリュのあとを受けて、フィリップ・ド・テュレが一三八九年に新たにリヨン大司教に着任したことで大きく変わる。三代前のリヨン大司教だったギヨーム・ド・テュレ（在任一三五八―六五）の甥であるこの新大司教（―一四一五）は、パリやルーアンの教会に対する首座権を主張し、さらに強権を発動して官吏や、民衆の怨嗟の的となっていたロアンヌ館のセネシャル裁判所長を町から追放してしまう。当然のことながら、王室がこれを黙認するはずもなく、パリの高等法院はテュレ大司教の暴挙に対して賠償と原状回復を命じる。

はたしてその結果がどうなったか、筆者は寡聞にして詳細を知らないが、じつは大司教の敵対勢力は他にもいた。司教座聖堂参事会である。十二世紀以降、経済的にも政治的にも急速に力を蓄えてきたこの貴族・富裕市民からなる参事会は、その力を背景に、新任の大司教に対し、前任者がおこなったすべての誓約を守ること、メンバーの特権を尊重すること、参事会の意思に反する行為を決してしないということを、福音書にかけて誓わせていた。しかし、参事会によって選ばれたわけではないテュレ大司教は、そうした前例を踏襲しなかった。おそらく彼は、たとえば教会堂の建立場所や市壁の建設などをめぐって、過去の大司教たち――なかにはローマ教皇と対立教皇＝国王の駆け引きによって選ばれた者もいた――に参事会が反発していたことを知っていた。そこでこの大司教は、自分が参事会の上位であることを改めて認知させようと腐心した。一四〇五年の愚者の祭りの出来事は、まさにそんな大司教に対する参事会の抵抗ないし意趣返しだったと思われる。

司教ないし大司教と都市の有力者たちからなる司教座聖堂参事会との確執は、教会史のなかでしばしばみられたが、こと愚者の祭りをはじめとする民俗慣行にかんしていえば、いうまでもなく参事会は高位聖職者より民衆に近かった。それはまた、後述する愚者の祭りの関連行事についてもいえるが（ただし、後出のトゥルネのように、ときに参事会がこうした民衆祭に敵対する事例もあった）、ここにもまた、愚者の祭りが存続した、というよりはむしろそれを存続させた要因のひとつをみることができるだろう。

ちなみに、法曹家でイエズス会司祭、そしてスコラ哲学にも精通していた、神学者のテオフィル・レノー（一五八四—一六六三）の通称『善悪論』（一六三一年）によれば、ヴィヴィエ（南仏ローヌ河岸の町）の教会には伝統的な愚者の祭りにかんする記録が保管されており、そこにはこの祭りがまず下級聖職者や若い参事会員、神学生、ミサ答えの少年たちによる修道院長の選出から始まったとの記述があるという。ひとたび修道院長が選ばれ、「テ・デウム」（「われら神にましますを称えん」）が斉唱されると、彼らはこの修道院長を担いで、他の教会参事会員が集まっている家に向かう。一行が着くと、全員が立ち上がり、そこに司教がいれば、彼もまた同様に起立して修道院長を迎える。それから豪勢な共食を摂り、朗誦ののち、行列が始まる。聖ステファノ（ステファヌス）の祝日（十二月二十六日）には、愚者（たち）の司教も姿を現す。彼は前年の聖嬰児の祝日に選ばれてはいるが、この祝日からの三日間はいかなる権利も行使できない。ただ、真の教皇を真似てコープをまとい、杖を手にし、さらに冠の代わりに小さな座布団を頭にのせて、教皇の椅子に座り、真の司教と同様の名誉を享受する。やがてミサが終わると、施物分配司祭が大声で「シレテ、シレテ、シレンティウム、ハベテ（はい、はい、沈黙）」と叫ぶと、聖歌隊が「デオ・グラシアス（神に感謝）」と応じる。それから愚者たちの司教が参列者たちに祝福を与え、司祭が続いて言う。「司教さまを介して、神は大量の赦しと、発疹および顎の下の疥癬という二本の指をもって、汝らの肝臓に大いなる病を授ける」（Théophile Raynaud, *De Virtutibus et vitiis accurata et florulenta tractatio*）。

はたしていつの愚者の祭りか明示はないが、念の入ったミサの擬きといい、諧謔たっぷりの最後の司祭の訓話といい、ここまでくればパロディーもなかなか見事なものである。まさにこうしたパロディー精神が、幾度となく繰り返された聖俗権力からの圧力にもかかわらず、この民俗を存続させたもうひとつの重要な要因であったことは間違いない。

では、愚者の祭りは実際にいかなるものであったのか。残念ながら、筆者はリアルタイムでこの祭りを報告している一次史料をみつけることができなかった。したがって、以下の記述は後代の著作が中心となる。まず、本書冒頭にみておいたパリの事例である。

パリの愚者の祭り

愚者の祭りの最大の特徴は、すでにみておいた通り、舞台が一般には大小の都市であったということとともに、同じ世俗の祭りであるカーニヴァルや夏至前夜の聖ヨハネの火祭りなどと異なり、多くは聖職者が主体的な役割を担った点にある。パリの愚者の祭りについては、国民公会のジロンド派議員で、ルイ十六世の処刑に賛同する一方、ナポレオン・ボナパルトによるブリュメール十八日のクーデタ後、「独裁反対」を叫んで、歴史学者で政治の表舞台を去った、歴史家ジャック・アントワヌ・デュロール（一七五五―一八三五）の『最初期から今日までのパリの物理的・市民的・道徳的歴史』（一八二九年）が参考になる。それによれば、いつからかの明示はないが、ノートル＝ダム司教座聖堂の守護聖人のひとり聖ステファノの祝日に、当初は副助祭ないし助祭の祭りと呼ばれ、のちに愚者の祭りと改称された祝祭（ロバの祭り。後述）が営まれていたという。

この日、聖堂の助祭や副助祭たちは「愚者たちの司教」を互選する。そして一月一日、新司教は仲間の下位聖職者たちと行列を組んで聖堂内に入り、騒々しく打ち鳴らされる鐘に迎えられて内陣に設けられた司教座に向かい、司教の笏杖と冠を授けられた。そして、パロディックだが盛大なミサを挙行し、聖職者の会衆に卑俗な言葉によるスキャンダラスな祝福を与えた。これらの聖職者たちはそれぞれ煤で顔を黒く塗り、道化に扮したり、女装したり、あるいは裸同然の者もいた。彼らはまた醜悪な仮面をかぶり、ミサが終わると、内陣で狂喜乱舞し、叫び声をあげたり、卑猥な歌を唄ったり、あまつさえ祭壇で飲酒したり、腸詰を食したり、サイコロ賭博に興じたり、性的な所作をしたり、あるいは吊り香炉のなかで古いサンダルを燃やして、おぞましいまでの悪臭を振りまいたりする者すらいた。瀆聖的で常軌を逸した振舞いはそれだけではなかった。さらにワインで高揚した彼らは、互いに殴り合い、取っ組み合って、教会にとってもっとも忌まわしい流血沙汰まで引き起こした。

古代ローマの農神祭であるサトゥルナリアを彷彿させる、この過度な無秩序と放縦のオルギアのあと、彼らは愚者の司教を先頭に市中に繰り出し、汚泥を満載した放下車に乗って、後に続く群衆にそれを投げつけて愉しんだ。また、修道士や修道女に仮装した世俗の「ならず者」たちと一緒に、広場に仮設舞台をつくり、性的な行為を想起させる所作を含む、じつにスキャンダラスな即興芝居を演じたりもした。ベネディクト会士で、シャルトル司教だったピエール・ド・セル（一一八三没）は、遊興と淫乱と快楽とワインに支配されたパリは、滞在するには危険すぎるとし、こう嘆いたという。「嗚呼、パリよ、汝は魅惑的だが堕落している！ 汝の悪徳の罠が若者たちの分別を奪い、汝の罪に加担させる！」[28]。

残念ながら、デュロールはこの一文の典拠を明示していない。むろん、これは彼が実見したことの報告でもない。ただ、内容は愚者の祭りのきわめて典型的な筋書きとなっている。もとより民俗慣行であってみれば、この祭りがパリでいつ始まったのかは、不明とするほかないが、おそらく最初の言及は、一一九八年にパリを訪れた、枢機卿ピエトロ・カプアーノ（一二一四没）の教書にある。彼は、教皇権の絶頂期を演出した教皇インノケンティウス三世の特使として、第4回十字軍への呼びかけと、尊厳王フィリップ二世の離婚・再婚問題[29]の調整のために来仏した。そして、その際、前年にパリ司教となったばかりのオドン・ド・シュリー――彼もまたこの離婚・再婚問題を激しく非難し、これにより国王と対立していた――に、愚者の祭りにかんする教書を提出したのである。説教にはじめて俗語を導入したことで知られる、前任者モーリス・ド・シュリー（パリ司教在任一一六〇―九六）の時代に建設が始まった、ノートル＝ダム司教座聖堂の建立に貢献し（献堂は一三六〇年）、のちにジャンセニスムの一方の牙城となるポール＝ロワイヤル・デ・シャン大修道院[30]の共同創建者でもあった新司教にとって、おそらくそれは想定外のことだった。讃美歌にポリフォニーを導入し、聖堂内での祝祭の挙行を規制しようとする矢先だったからである。カプアーノの教書は、シャルトル出身の教会史家で、マドレーヌ教会の副助祭だったピエール・ド・グーサンヴィル（一六二〇―八三）が、一六六七年に発見したシュリー関連書類集に入っており、そこにはこう記されていたという。

主の割礼の祝日に、この教会堂（ノートル＝ダム）内では毎年のように常軌を逸した言動やスキャンダルが繰り返されてきた。栄光の聖母がその快適な住まいに選んだ聖所が醜悪な言葉だけでなく、流血沙汰によってでも穢されていた。こうしたきわめて有害かつ無謀な振舞いは、われわれの贖い主が割礼をお受けになろうとした聖なる日を、まさに「愚か者たちの祭り（festum fatuorum）」へと追いやってしまうものである[31]。

つまり、神聖かつ厳粛に挙行されるべき主キリストの割礼の祝日が、愚者の祭りによって穢されている。パリ司教としてかかる事態を是正されたい。教書はシュリーにそう求めているのである。ドミニコ会士でジェノヴァの大司教でもあったヤコブス・デ・ウォラギネは、その有名な『黄金伝説』（一二六一―六六年）で、この祝日について、以下のように記している。「昔は異教徒たちがこの一年の最初の日に多くの迷信的風習をもっており、聖人たちの努力にもかかわらず、彼らがキリスト教徒になってからでもこの風習はなかなか根絶されなかった」[32]。とすれば、パリの愚者の祭りはすでに十二世紀末までにはかなり盛んに営まれており、それまでのパリ司教が、たしかに前記バフチンの指摘にもあるように、この祭りをある程度黙許していたことをも物語る。一一九八年に尊厳王フィリップ二世がこれを禁じていたにもかかわらず、である。事実、歴代の司教は愚者たちの王がコープ（祭式用の袖なしマント）をまとい、聖歌隊の指揮棒を手に聖堂内に入り、讃美歌の斉唱の指揮をとることを認めていた。ミサのあいだ、使徒書簡の朗読もファルスの語りにとって代わられていたという[33]。

オドン・ド・シュリーにとって、こうして教皇特使が問題視した状況はただちに改善しなければならない責務だった。そこで彼は同年と翌年に教書を発し、主の割礼の祝日の挙行細則を改めて定め、教区民に周知徹底を図った。ところが、面妖なことに、そこに愚者の祭りにかんする記載はない。聖堂の他の聖職者や教区民が細則を厳守すれば、この瀆聖的な祝祭がおのずと姿を消す。おそらくそう踏んだのだろう。事実、一一九八年の彼の教書にはこう記されている。「この忌まわしい祭りを完全に破壊するだけでなく、その代わりに主の割礼の祭りを制定するためである」（原文ラテン語）[34]。フランス民俗学に巨歩を印した民俗学者のポール＝イヴ・セビヨ（一八四三―一九一八）によれば、この年、カペー朝のフィリップ二世は愚者の祭りを廃止したが、「神聖なものであれ、放埓なものであれ、パリの住民たちを大いに楽しませた祭り」であったため、時を置かずして復活したという[35]。

残念ながら、セビヨはその王令を明記していない。フィリップ二世といえば、イングランド＝プランタジネット朝がフランス西部に有していた広大な領土を、歴史的に無能と評価される欠地王ジョン王から奪い取り、王権を強大化したとされる「尊厳」王。その王令が、それほど脆弱なものだったとは考えにくいが、ともあれ一一九九年、シュリーは改めて教書を発し、聖ステファノの祝日での放縦を禁じている。ただ、ここでも愚者の祭りそのものを禁じてはいない。こうしてパリの愚者の祭りは生き延びた。

むろん神学者のなかには、そうした風潮を不快に思う者が数多くいた。その最大の存在が、おそらくジャンヌ・ダルクの擁護者でもあったジャン・ド・ジェルソン（一三六五―一四二九）だった[36]。純粋な信仰への回帰を唱えて新プラトン主義を敵視し続けた彼は、一三九五年から一四一五年までパリ大学のシャンスリエ（学長に相当）をつとめる一方、神聖ローマ皇帝ジギスムントに働きかけて、一四一四年にコンスタンツ公会議を実現させ、三人の対立教皇を排して、教皇位をローマ教皇に一本化し、教会大分裂（シスマ）を収拾するという優れた政治力も持ち合わせていた。一四一八年まで続いたこの公会議では、公会議を教皇の上位に置くことを定めたほか、フスを異端として焚刑に処してもいる。

そんなジェルソンの愚者の祭りに対する攻撃は、ソルボンヌの回状が出されるより四〇年以上前の一四〇二年に書かれた小編にある。彼はそこで王国内の教会や修道院でおぞましく不埒な愚者の祭り（feste des folz）がみられるとし、「このような不埒な行為は、厨房で料理人がおこなう限りは恥をかかず、非難もされない。だが、聖なる教会、すなわち祈りの場で、祭壇の聖体を前にして、ときに何人かのユダヤ教徒が見守るなか、キリスト教徒の会衆が讃美歌を唱えている場合は言語道断である」[37]。そして、教会の高位聖職者は説教や訓戒、裁判や破門、さらには投獄、あるいはまた世俗的な法の力を借りることによって、この悪習を一掃しなければならないとも力説した。

はたしてこの神学者の主張がどこまで功を奏したかは不明とするほかないが、それから三〇年あまりたつと、いよいよ本格的に王権が乗り出してくる。シャルル七世（在位一四二二―六一）である。ジャンヌ・ダルクの

図24　司教の正装（*La vie en France au Moyen-Âge* より）

活躍でイングランド軍に勝利し、フランス王についた彼は、国内教会に対する教皇権の介入を拒むガリカニズム（フランス教会独立強化主義）を唱える一方で、一四三八年に発布した国事詔書のなかで、愚者の祭りの廃絶を図った。そして一四四四年、パリ大学神学部に前記回状を出させたのだった。愚者の祭りを「異教の蕃風」とし、「公会議の決議や教皇令（教勅）を冒瀆して秘跡や教会の品位を侵した[38]」とするこの回状によって、教会の品位と秩序が回復された。いや、そのはずだった。だが、国内の全聖職者に向けられたこうしたソルボンヌの厳しい非難は、首都以外ではさほどの影響を与えなかった。事実、その数年後、シャンパーニュ地方トロワの聖職者たちは、さながら国王の意志や回状をあざ笑うかのように、かつて以上に熱狂的な祭りをおこなった。メンツを潰されたシャルル七世は、同市の司教に対し、「国事詔書と伝統的な教会法に従って、愚者たちが司教や大司教になったり、司教冠や十字架、聖杖などを聖堂内に持ち込んだりしないよう[39]」、改めて確認させるのだった。

　はたしてその結果はどうだったか。いささか気になるところではあるが、じつは回状をだしたソルボンヌ内ですら、一風変わった愚者の祭りがみられたというのだ。碩学をもって知られた歴史家でジャーナリストでもあった、フランソワ＝ヴィクトル・フルネル（一八二九—九四）は、一八八七年に上梓した名著『往昔のパリ。

祝祭・遊戯・スペクタクル』の第2章冒頭で、問題の祭りについて以下のように語っている。

一月六日の公現祭、(パリ大学ないしソルボンヌ学寮の) 学生たちは彼らがラテン語で「レガリア (regalia)」と呼び習わし、愚者の祭りないし副助祭の祭りにうってつけの娯楽に興じたものだった。そこでは当然のように一切の監視が停止し、学寮の門扉は開け放たれ、学生たちは (…) 教師や教授たちともども、滑稽な着衣やぼろ布、裏返した服、ときには豪華な衣装を身にまとって、市内各所で賑々しい仮装行列を繰り広げた。しかるべき場所に集合した彼らは、満場一致で愚者の王を選び、選ばれた王は馬鹿馬鹿しい遊興に弾みをつけることになっていた。こうした慣行は非常に古く、その起源は特定できない[40]。

西欧カトリックの家庭では、起源は不明だが、この日、子どもたちに菓子が配られ、その中にそら豆か陶製の小さな人形の入っていた者が、一日限りの「王」として仲間たちから祝福を受けることになっていた。そうした日が、なぜ愚者の祭りとかかわるのかは釈然としないが、フルネルは一四六八年のパリでおこなわれた公現祭の伝統的な愚者の祭りでは、「仮面をかぶり、棍棒で武装した学生たちが、一日中通りで互いに殴り合った。学長がかかる乱行の再発に対して厳しい措置をとらなければならないと警告したにもかかわらず、である[41]」としている。ただ、国王の意向を体した神学部の回状ですら、学生たちにさほど効力を発揮しえなかったという事実からすれば、学長の警告がどこまで有効だったか。それについてフルネルは何も語っていないが、この愚行が学生たちのいわば特権意識の表出であってみれば、ただちに終息したとは思えない。それが証拠に、翌一四六九年、パリ大学の学長は市内のすべての学校に対し、教師が学生たちに本分をわきまえるよう指導するようにとの書簡を送り、パリ奉行には、市中で仮面をかぶったり、棍棒を手にしたりする者がいたなら、その全員を逮捕し、もし彼らが学生であれば、教師のもとに送って処罰させ、学生以外なら裁判にかけるよう、改めて要請しなければならなかったという(42)。

伝統的な民衆文化においては、ひとつの民俗慣行がしばしば時代や地域によってさまざまな名称で呼ばれる。これは民衆文化の奥行きと広がりを端的に示すものといえるが、とくにそれが著しかったのはシャリヴァリで、フランス全土でおそらくそれは数十通りあった。詳細は前出の拙著『シャリヴァリ』に譲るが、むろん愚者の祭りもまたその例外ではなく、前述のように、たとえば一部の地域でそれは「ロバの祭り」と呼ばれていた。では、このいささか風変りな呼称をもつ慣行は実際にいかなるものだったのか。次にそれについて少しくみておこう。

ロバの祭り

司祭――ロバにあるふたつの耳は何の意味かな？
子ども――ロバのふたつの耳は、私たちの町のふたりの偉い守護聖人です。
司祭――ロバの頭は何の意味かな？
子ども――ロバの頭は大きな鐘、引き綱は町の聖人たちの大聖堂の鐘楼に下がった大鐘を打つ舌です。
司祭――ロバの口は何の意味かな？
子ども――ロバの口は町の守護聖人たちの大聖堂の扉です。
司祭――ロバの体は何の意味かな？
子ども――ロバの体は町の守護聖人たちの大聖堂の建物です。

司祭――ロバの四本の足は何の意味かな?
子ども――ロバの四本の足は、町の守護聖人たちの大聖堂を支える四本の大柱です。
（……）
司祭――ロバの腹は何の意味かな?
子ども――ロバの腹は、キリスト教徒が町の大聖堂の守護聖人たちに捧げる供物を置く主座です。
司祭――ロバの毛皮は何の意味かな?
子ども――ロバの毛皮は、町の守護聖人たちの大聖堂の立派な主任司祭様の着るコープ（祭式用の袖なしマント）です。
司祭――ロバの尾は何の意味かな?
子ども――ロバの尾は、町の守護聖人たちの大聖堂の立派な主任司祭様が使う灌水器（聖水撒布用の金属製の短い棒）です。
司祭――ロバの（尻の穴：伏字）は何の意味かな?
子ども――ロバの（尻の穴：伏字）は、司祭様、町の守護聖人たちの大聖堂の立派な聖水盤です。

これはフランス西部アングレーム出身の医師で、文学者でもあったジェローム・ビュジョー（一八三四―八〇）が収録した、生地の割礼の祝日（ロバの祭り）における司祭と子どもの掛け合い唄である。[43] ビュジョーはこの謎めいた唄の内容をカテキズムと関連づけているが、どうだろうか。もしそうなら、問答の役割が逆、つまり子どもが質問して司教がそれに答える形をとるはずである。また、たとえロバの祭りであったとしても、この駄獣を司教座大聖堂に見立てる意図は不可解というほかない。さらに歌詞をよく吟味すれば、その体躯の前半身から後半身へと視点が移り、最後にビジョーが伏字にしておいた肛門＝聖水盤へと至る問答の流れには、何かしら、おそらく教会に対する揶揄が透けて見える。

それはさておき、愚者の祭りの変型ないし随伴行事としてのロバの祭り（festum asinorum）は、ロバに人間ないしマヌカン（人形《ひとがた》）を、魔女よろしく後ろ向きに乗せての不名誉な引き回しを主体とする。ロバ（âne）という語は、フランス語で「愚か者、間抜け」を意味する。食肉としては用いられず、愚直なまでに頑固で、ひたすら荷駄獣に甘んじている。その限りにおいて、まさにロバは家畜のなかの「愚者」といえる。(44) この引き回し自体は愚者の祭りだけに登場した慣行ではなく、前述したように、しばしばカーニヴァルに随伴するシャリヴァリでもみられた。十九世紀まで一部の地域で営まれていたこの引き回しの民俗語彙としては、一般的にフランス南西部ガスコーニュ地方語のアゾアド（asoade）が用いられるが（本書の以下ではこの語句を採用する）、前出のセビヨによれば、パリのノートル＝ダム司教座聖堂で一月一日におこなわれていたロバの祭りは、大略以下のようだったという――。

聖ステファノの祝日（十二月二十六日）払暁、幟を掲げた聖堂参事会員と同信団員たちからなる長い行列が聖堂を出立する。それを先導するのは豪華に飾りつけられた一頭のロバ。ロバには、「金色のマント」に身を包んで、赤子を抱いた少女が乗っていた。これは、エジプトに逃れる聖母マリアと幼子イエスを意味する。市内を一巡したあと、行列は聖堂に戻り、ロバと少女は福音書の傍らに座を占める。それから、詰めかけた会衆たちは、使徒書簡の一節、「ものを言わないロバが、人間の声でものを言い、この預言者の常軌を逸した行いを阻んだのです」（「ペトロの手紙二」）に続いて、バーレスクな、だが脚韻を踏んだ哀歌（ラテン語）を歌い出す。

エー！　ロバ殿、歌ってください、

美しい口で、不機嫌に！
飼葉はたくさんあります
オート麦も植えてあります。

哀歌のあと、会衆はこう叫ぶ。「十分歌った。ロバ殿よ、アーメン、アーメンと言いながら、古いものをからかってください（…）」。むろん、ロバがその呼びかけに答えるはずはないが、司教冠と笏杖を手にしたパリ司教は、こうしたやり取りを由々しきものとして聴いたはずだ。ミサの讃美歌は「イ・アン！　イ・アン！」という叫び声にかき消された。司式司祭自身もまた、ミサの終わりを告げる「イテ・ミサ・エスト（行け、汝らは去らしめられる）」という定式の言葉を発する代わりに、ロバのいななきを真似し、会衆はこれに応えて「デオ・グラティアス（神に感謝を）」と叫ぶのだった[45]。

では、パリ以外のロバの祭りはどうだったか。歴史家・考古学者のジャック＝クサヴィエ・ド・ビュセロル（一八二三—一九〇四）によれば、中世（年代不明）の北仏ルーアンにおける「ロバの祭り」ないし「ロバの行列」は以下のようだったという——。

クリスマス前夜ないしキリスト割礼の祝日、同市の司教座大聖堂で営まれていた。行列は当日のミサに先立つ十時から十一時頃に、聖堂に隣接する修道院を出発する。先導するのはふたりの聖職者。あとには白い祭服をまとい、角笛と十戒を刻んだ石板を手にしたモーセをはじめとする旧約聖書の預言者たちや、前六世紀にユダヤ人のバビロン捕囚を強行したネブカドネザル王とその兵士たち、さらに聖歌隊などが続く。行列の後ろにはまた『アエネイス』の詩人ウェルギリウスや、貧者・病者のために一生を捧げた十三世紀の聖女エリザベート、エリトリアの巫女などの姿もあった。目的地の聖堂に着くと、身廊の中ほどに（赤い）布で覆った小さな足場が築かれ、炉に見立てたこの足場に、ネブカドネザル王の命で三人の子どもが「投げ込まれる」（この子どもたちは、『ダニエル書』で、ネブカドネザル王が造った像を拝むのを拒み、火の燃え盛る炉に投げ込まれて殉教したが、やがて無傷のままそこから出てきて、そこに神意をみた王から高位を授かったとある）。足場の傍らにはユダヤ人や異邦人役の参加者が民族衣装で配される。

そして、彼らと聖歌隊との掛け合い歌のあと、子どもたちの殉教を扱った聖史劇が演じられる。ここまでがロバの祭りの前半部だった。それから聖歌隊や聖職者を含む行列はミサ典書台の前で聖歌を歌う。続くミサは祝別も聖体拝領もない「白ミサ」と呼ばれる。代わりに唱えられるのが、サンス大司教（一二〇〇—一二二）で、パリ大学神学部の元教授だったピエール・ド・コルベイユ（一一五〇—一二二二）がつくったとされる、「ロバ讃歌（プローズ・ド・ラヌ）」（原文ラテン語）である。「見た目がよく、きわめて強靭で荷物の運送にも重宝なロバが、東方の国からやってきた／棒を使わなければ、臀部を突き棒で刺さなければ、その歩みはすこぶる遅い／（…）教会がアラビア産の黄金やサバの乳香と没薬を得たのは、まさにロバの勇気のおかげ／重く荷車を引き、顎は粗末な餌を砕く／（…）、納屋の脱穀場で麦と籾殻を分ける／アーメン！ ロバよ、汝は言うだろう、すでに草は食べ飽きた、アーメン！ もう一度、アーメン！ 過去のことは気にするな！／Hez（ロバのいななき）行けよ！ hez 行けよ！ hez!（…）」。「hez 行けよ」とはミサの終祭誦である「イテ・ミサ・エスト」のパロディである。これに対し、会衆は「デオ・グラティアス」の代わりに「hi han, hi han, hi han」と、やはりロバのいななきで応誦する。

小さな教会ならいざしらず、大教会で参列者たちが一斉にあげるこの「鳴き声」。その騒々しいありさまは想像に難くないが、それにしても、コルベイユといえば、パリ司教のオドン・ド・シュリー（前出）とともに、愚者の祭りの一掃を図ったことでも知られる。その彼がロバの祭りに「肩入れ」をした。いささか理解に苦しむところである[46]。

こうした祭りであってみれば、特段の乱痴気騒ぎもなく、仮装行列自体もまたさほど問題視はされなかったようだが、さすがにロバの鳴き声での終祭誦は瀆聖以外の何物でもない。そのため、十五世紀にはフランス各地の司教区会議、とくに一四五五年に開かれたルーアンの司教区会議で禁止され（後出）、一五八〇年頃、同地の高等法院の裁決によって最終的に廃止されたという[47]。はたしてこのルーアンのロバの祭りがいつから始まったかは不明とするほかないが、シトー会士で、ル・マン司教区のペルセーニュ修道院長アダム（在位一一八八―一二二一）は、一二一〇年、ルーアン司教にこう書き送っている。

図25　アゾアド。ロバに後ろ向きに乗った恐妻家の隣人が酒杯を手にし、道化がロバの尻に鞴をあてがっている（出典：Claude Noirot, *L'origine des masques*…, Langres, 1609年）

ここでは、毎年多くの教会でみられる、もっともおぞましく忌まわしい破廉恥な行動について一言しなければなりません。神を愚弄し、教会の規律を破壊する、一種の芝居がかった表現と仮面をかぶった悪魔的な所業がおこなわれているのです。これはまさに愚者の祭と呼ばれるものですが、それは彼ら参加者たちが本当に正気を失っているからではなく、むしろ悪魔の友として、また悪魔の一族として、キリストの智慧を必死に妨げているからにほかなりません。[48]

一一四五年に創建され、あのプランタジネット朝の獅子心王リチャードからも寄進を受けた大修道院（現在は廃墟）の院長として、ル・マン一帯の教会改革に邁進し、しばしば教皇インノケンティウス三世の使節をつとめていたアダムであってみれば、愚者の祭りはとても看過することのできない悪弊だった。ただ、ここではこの悪弊の時期やロバの祭りについての指摘がない。とすれば、ルーアンのそれは少なくとも一二一〇年以降に始まったと推測できるが、どうだろうか。

十二世紀から十四世紀にかけては、ロバの祭りがパリ盆地北部のボーヴェやブルゴーニュ地方のオータンでも、毎年一月一日におこなわれるようになった。たとえば、パリ高等法院の弁護士だったピエール・ルーヴェ（一五七〇頃―一六四六）は、一六一三年に上梓した『ボーヴェーシス地方の物語と古代』の第二巻で、ボーヴェのロバの祭りで歌われたという次の五行詩6節の「ロバ賛歌（オード）」を紹介している。

東洋の国から
神々しく送り込まれたロバ
力強くきわめて堂々としていて、
雄々しく荷を背負っている。
　ハイ、ロバ殿、ハイ（第1節）
荷をどっさり詰め込んだ
重い荷車を引きずる際、

彼は飽くことを知らない顎口で
飼葉を懸命に咀嚼する（第4節）。

草に埋もれながら、いずれは語り、言うだろう
アーメン、ロバ、しわがれた鳴き声で
アーメン、アーメン、もう一度言う
侮蔑にまみれた昔の罪。
ハイ・ホー、ハイ・ホー、ハイ・ホー、ハイ
堂々たるロバ殿、一日中だくを踏む
堂々たるあなたの口、そして重いあなたの鳴き声（第6節）[49]。

ルーヴェによれば、ロバ役が食卓に案内されているあいだに歌われるこの賛歌が、はたしていかなる意味をもち、何のために歌われたのか不明だという。たしかにいささか解釈の難しい内容だが、ここでは愚性を属性とするロバが、愚者文化の特徴的な修辞法である象徴的な反転によって、過たず聖なる存在となっていることだけは間違いないだろう。いずれにせよ、この書による限り、ボーヴェのロバの祭りは歌が中心であり、そこに他所のアゾアドにみられるような放縦さや無秩序はない。これもまた民俗慣行の特徴として、同じ呼称でありながら、その内容が多岐にわたっている事例といえる。中世史家のジャック・エールは、ロバの祭りが「つねに、そしてどこでも割礼の祝日に営まれており、愚者の祭り自体を特徴づける、あるいはその延長線上にある儀式や行事のなかで一定の位置を占めていた[50]」としているが、アゾアドに限定していえば、この指摘は当て

はまらない。前述したように、このアゾアドは愚者の祭りだけでなく、カーニヴァルの随伴行事としてもおこなわれていたからだ。むろん、それが人びとに笑いを含む格好の娯楽をもたらしたからであり、そのため、近代になってもそのパフォーマンスは存続した。いささか本題から離れるのを承知で、拙著『シャリヴァリ』（前出）に取り上げていなかった事例をみていこう。

まず、南仏ラングドックの民俗学者ロベール・ジャルビは、マルディ・グラ（カーニヴァル最終日）におこなわれていたアゾアドについて、かつてこう指摘している。

「クール・ラズ」（アゾアドのオック語表現）は南仏各地で昔から営まれてきた。そこでは、やがて焼かれることになるマヌカン（人形）がロバに乗せられて町内を引き回されていた。このマヌカンは過去一年間でもっとも浮名を流した「英雄」の化身であり、最後の焼殺の段ともなれば、問題のアバンチュールを揶揄する歌が、地方語で歌われた。（…）十七世紀を過ぎると、ロバに乗せられるのは違犯者本人となり、やがてこのクール・ラズは変形・歪曲され、制裁の中心的な動因となった。[51]

伝統的なカーニヴァルでは、冬の負性を仮託されたはたもの（スケープゴート）を、マルディ・グラの夜、広場などで焚刑に処してその負性を撥無し、早い春の訪れを迎えることが定番となっているが、この事例ではマヌカンが性的規範に対する逸脱者の身代わりとなっている。アバンチュールの「英雄」にとってみれば、これほどの恥辱はないだろうが、こうした儀礼的な制裁がすめば、英雄はたんなる住民に舞い戻る。だが、ジャルビによれば、性的規範からの逸脱者を制裁する手段としてのアゾアドが、アゾアドを目的とする制裁へと転位した、つまり、アゾアドをおこなうために「犠牲者」を選ぶようになったという。はたしてこれによってアバンチュールがどこまで減少したかはわからないが、少なくともこの転位は、おおらかな民俗的慣行が多少とも陰湿な社会的制度にからめとられたことを意味するものといえるかもしれない。

これに対し、リヨンでは悪政修道院（後出）がアゾアドを組織していた。とりわけ一五七八年のそれは大規模なものだった。「夫たちの行列」を先導するのはふたりの「下士官」。そのあとには市内各地区の結社が続いた。サン＝ヴァンサン地区の一二〇人あまりの男たちは、愚性の色である緑のタフタ（平織の絹織物）の兜をかぶった、地区内の「殴られ亭主」を乗せた山車を牽いている。グリフォン地区からは豪華に着飾った一〇〇人ほどの「騎手」、ボワ地区からは銀糸の浮き模様も鮮やかな紫色の兜をつけた一五〇人前後の「槍騎兵」、プラストル地区からは緑とオレンジ色の綬をかけた二〇〇人の「槍兵」、コスト＝サン＝セバスティアン地区からは白と紫のハーフカラーの服をまとった五〇人あまりの男たちなどが行列に加わっていた。

おそらく総勢一〇〇〇人を超えたであろう仮装者たちの結社は、それぞれ隊旗手とトランペット奏者を先頭に立て、隊の中ほどを進む。「殉教者」の山車には、つめかけた群衆からすさまじいまでのヤジが飛ばされた。すると、突然行列は足を止め、三人の大道芸人がレチタティーヴォ（叙唱）でも歌うかのように、群衆の前で、哀れな男たちの罪――今日風にいえば、妻の罪――を暴露する。ある夫の妻は彼をスリッパで愛撫した。しかも、それは頻繁になされ、ときには夫を屋根裏部屋まで追いかけ、棒で殴り殺そうとまで思ったという。ある夫は打擲されることに慣れており、ときには妻から芥子壺を力任せに投げつけられ、あやうく昏倒しそうになった。また、別の馬具職人にいたっては、妻から鉄製のスコップで「可愛がられた」ほどだった…。これら哀れな「殉教者」は、メルシエ通りの公証人とブルヌフ地区の絹の綛作り職人、そしてコルドリエ広場の皮なめし職人だったという[52]。

一方、南仏モンペリエ郊外のエロー県立古文書館（ADH）には、アゾアドにかんする一括史料がある。たとえば、地中海に近い小都市ペズナスでの事件化したそれである。前述したように巨大な張りぼて「プーラン」が登場するカーニヴァルでも知られるこの町は、ローマ時代から近世にかけて羅紗の取引で栄え、十五世紀中葉にラングドック地方三部会の開催地となり、さらにモンモランシー、コンティ両家が独占した地方総督の執務地ともなった「南仏のヴェルサイユ」として知られる。借金を抱えてパリを出奔したモリエールが、一六五〇年代に地方巡業をおこなった地であり[53]、あの人文地理学の大成者ビダル・ド・ラ・ブラッシュ(一八四五—一九一八)生誕の地でもある。

今も町並みの一部に中世風のたたずまいを残すこの町で、一七五五年のカーニヴァル期間中、ある事件が起こる。ペズナスの六キロメートル西にあるモンタニャックの住民ブデなる富裕商人が、土地の若者たちから暴行を受けたのだ。事件の加害者たちは、ただちに治安の責任者であるラングドック地方司令官のモンカン伯に告発される。以下は、その告発状の要約である。

モンタニャックの仲買人であるブデ氏の懇願により、ここに謹んで報告いたします。過ぐるカーニヴァルの月曜日朝(二月十日)、教会を出た氏は、靴職人チュリの息子で、プロテスタントのカセニャールとその仲間たち、すなわち農夫のブリサンやカスタニエ、通称アレグルおよびバロン(字義は「男爵」)、通称イノサン(「無垢、無実」)から首を掴まれたまま、自宅の中庭まで、この上もないほど恥ずかしい扱いを受けたまま連行されました。通りをロバに乗せられて引きまわされ、人びとの嘲笑を浴びたのです。善良な人びとすべての眉をひそめさせたこうした侮辱は、懇願者とその家族を怒りと苦痛の深みに突き落としましたが、氏は加害者たちとは何ら取引関係がなく、彼らを告発したのであります。氏はまた、モンタニャックとペズナス、とくにサン=ヴィガンの大市に出かける仲買人や商人たちから高い評価を得ております。（中略）貴職におかれましては、なにとぞ前記カセニャール一味の所業を理解され、地域の安全を維持すべく、暴徒たちにしかるべき処置をおとりいただくよう、お願い申し上げる所存であります。[54]

この書簡に答えて、ブドゥルなる人物（おそらくモンカン伯の代理人）は、同月二十日、裁判で彼らに有罪の判決が出され、しかもブデの赦しがない限り、該当者たちを厳しく罰すると言明している。はたしてこの仲買人はなぜアゾアドにかけられたのか。史料は何も語っていない。性的規範に逸脱したのか。はっきりしているのは、窃盗を目的としたものではないということである。とすれば、おそらく羽振りがよかったであろうこの哀れな仲買人を見せしめにして、人びとの笑いをとる。通常ならカーニヴァル期間中である以上、多少の悪戯は祝祭の感興を高めるものとして歓迎されこそすれ、告発の対象とはなりにくい。イマジネール（集団的想像力）として、そうした社会的な了解があったはずだ。だが、この事例は犯罪化した。シャリヴァリの典型的な制裁手段であるアゾアドを用いての乱暴狼藉は、単なる愚行とは明らかに一線を画しており、司直の手を煩わせるほど暴走したからである。それにしても、若者たち（結社を組織していたかどうかは不明）にシャリヴァリ税を払えば制裁は免れることができたはずなのに、仲買人はそれをしなかった。しなかったために事件化した。ただし、シャリヴァリ税が徴収されたとしても、それがかつてのように貧民院への寄付となったかはわからない。[55]

ここで気になるのは、この愚行集団があえて「プロテスタント」と明示されていることである。紙背を読めば、書き手は間違いなくカトリックだろう。より北方にあるセヴェンヌ地方で勃発したプロテスタントによるカミザールの乱（一七〇二―七五）からすでに半世紀たったあとでも、おそらくカトリックとの潜在的な対立は存在していた。事実、一七四九年九月十八日、ラングドック・ワインの伝統的な生産地として知られるモンタニャクの小修道院長オリヴィエは、毎年荒れることで知られていた聖アンドレの聖人祭（十一月三十日）の取締りを求めて、ペズナスのヴィコント（国王行政官）に次のような書状を送っている。

前略　毎年、この町の聖アンドレ祭で起きる無秩序を止めさせるため、小職は貴職の権威にすがるものであります。この日、無軌道な若者集団が組織され、あらゆる愚行や破廉恥なダンスに夜通し打ち興じ、それに伴うタパージュ（鍋釜などを叩いてのラフ・ミュージックや嬌声・罵声などによる大騒ぎ）で、地域の住民に多大な迷惑をかけるばかりでなく、酔いに任せて夥しい喧嘩口論に及び、少なからぬ良民がその犠牲となってすらおります。昨年などは、ブレスの連隊長がこの者たちの一部から顔に投石を受け、それ以前には、土地のもっとも重要な人士が、頭に唾を吐きかけられて、精神的に傷ついたこともあります。

さらに、小職といたしましては、貴職に対し、より大きな混乱が起きるのでは、と案じていることをお知らせしなければなりません。と申しますのも、昨年の祭りにおいて、プロテスタントの若者たちがカトリックの若者たちを相手に、ごく近い時期、一悶着を起す準備をしているからです。前者は後者と間違われないよう、帽子に識別印をつけています。もし、若者たちの近くにいるだれか分別のある者がこの印を引き剥がそうとするものなら、かなりの騒ぎとなることを覚悟しなければなりません。まして今年は、その危険にはさらなるものがあります。例年にも増して大掛かりなプロテスタントたちの年次総会が営まれることになっており、そこから集団で戻ってくる彼らは、たまたま道で出会ったカトリックを愚弄したりするはずです。

かかる事態に鑑みまして、貴職におかれましては、なにとぞモンタニャックの町長や参事会員たちに対し、前記若者たちの集会と以後丸々一週間続いて営まれる一切のことを禁ずるよう、命じていただきたく、お願い申し上げる次第であります。町長や参事会員たちにしましても、彼らがその結末を危惧する行き過ぎを未然に抑えることはできますが、彼らが小職に申しますに、やはり貴職の命に基づくことが不可欠であり、そしてひとたび命を受けたなら、遺漏なく、しかもできるだけ満足のいくように、その命を実行するとのことです。以上のことからして、貴職におかれましては、前記の町長や参事会員をして、酒場の扉を、ほとんど遵守されず、抜け穴だらけになっておりますす条令に従って夜九時に閉めさせるよう、ご指導いただきたく、伏してお願い申し上げます。貴職が、エタレの廷吏で参事会員でもあります小職の兄弟コネルにお与えなさっているご好意とご高察とを、なにとぞ小職にもお示し下さいますよう。草々[56]。

文中にあるプロテスタントの「無軌道な若者集団」が帽子につけていた「識別印」とは、カミザールたちに倣ったものとも思われるが、この騒動の舞台となったモンタニャクは、隣接するペズナス同様、十四世紀から年に六回開かれる定期市で知られ、その市では、一七四六―五一年には綿の売上高が五一八キンタル（一キンタル＝一〇〇キログラム）、羊毛が三五四八梱だったのに対し、七一―七六年にはそれぞれ三七一三キンタル（六倍強！）、三九四五梱（二割増）となっている[57]。十七世紀中葉まで南仏におけるプロテスタントの拠点のひとつだったが、一六八五年のルイ十四世によるナントの王令廃止によって、彼らは多数派のカトリックから迫害を受け、移住を余儀なくされていた。この事件とそのことがつながっているかどうか、カミザールの影響と同様、即断はできないが、おそらく宗教対立が霧消していたわけではなく、歴史の記憶として潜在的に存在していたのかもしれない。

さらにいえば、この文書は個人的な被害の告発でなく、聖職者（P）が地域治安の責任者（V）を介して、町の行政担当者（C）にプロテスタントの若者たち（Pr）の騒ぎを予防するよう求めたものである。P↓Cではなく、P→V→Cという文書の流れは、おそらくCのPrに対する権威なり強制力があまりにも覚束なかったことを暗示している。それは、何よりも聖アンドレ祭が若者たちによって荒れるという文言から明らかである。つまり、CのPrに対する強制力に見切りをつけたPは、より強力な力を有するVに介入を求めなければならなかった。求めることで、プロテスタントの非道さなり無法さなりを顕在化させようとしたとも考えられる。たとえば長谷川輝夫は、地域差を留保しつつも、十八世紀中葉に人々の生活のさまざまな局面――蔵書の世俗化や婚前妊娠・婚外出産、避妊行為など――で教会離れが生じたとしているが[58]、あるいは上記文書は、教会離れが進んでいた現状に対する、カトリック側の危機意識の現れにほかならなかったのか[59]。

ともあれ、騒動が起きるという聖アンドレの祝日は、クリスマスまでの四週間、つまり待降節の初日にあたり、革命前までは一般に公休日となっていた。あるかあらぬか、しばしば各地で「叛乱」――体制側の用語では「暴動」――まがいの事件がみられた。たとえば二年前の一七四七年のこの日、ラングドック地方の中心都市トゥールーズでは、パンの高騰に憤った市民たちが、運河に係留されていた船に小麦を運ぶ数台の荷車を襲い、さらには市場や港一帯にある店から小麦を略奪してもいる。モンテスキューの『法の精神』が公刊された前年にあたる一七四七年という年はまた、こうした小麦価高騰に対する民衆叛乱が、ラングドック地方だけでも少なくとも三〇以上の町村で勃発した翌年に当る[60]。

だが、十八世紀中葉のラングドック地方は、一般的にいって、経済的・社会的に不安定な時期などでは決してなく、むしろ本格的な繁栄へと向かうきわめて大きな転回点を迎えていた。事実、今も重要な地場産業となっている絹織物や綿紡績が活性化したのがこの時期だった。詳細は割愛するほかないが、たとえば、マルセイユに注ぐフランス有数の大河ローヌの河岸にあるボーケールの定期市は、これらラングドック製品が大量に持ち込まれたこともあって、商取引は十七世紀末の六〇〇万フランが、一七五〇年には一四〇〇万フランへと一気に増大したという[61]。こうした状況下にあって、プロテスタントの「無軌道な若者集団」が、カトリックの若者たちを攻撃する。むろん、小修道院長の言であってみれば、経済的な発展と軌を一にして勢力を拡大しつつあったプロテスタントに対する反発ゆえの上訴とも考えられるが、こうした愚行が一種の社会的な通過儀礼としてではなく、潜在的ながら構造化していた宗教対立の表出といえるかもしれない。たとえ、これらの事例があくまでも事件化したものにすぎないとしても、である。

では、しばしば愚者の祭りに収斂される「聖嬰児たちの祭り」はどうであったか。次にそれを一瞥しておこう。

聖嬰児たちの祭り

改めて指摘するまでもなく、聖嬰児（カトリック教会では「幼子殉教者」）とは、新約聖書の『マタイによる福音書』第2章にあるエピソードにかかわる。ユダヤの地で新たな王が生まれたのを星で知った東方の三博士（占星術師）が、エルサレムのヘロデ大王を訪ね、メシアを拝みに来たという。その子が自分にとって代わることを恐れた大王は、星を見て救い主の誕生を知り拝もうとやってきた東方の三博士たちから、「新しい王」の話を聞いた。王は自分の地位を脅かされることを恐れ、博士たちにその幼子を捜して報告するよう命じる。東方で見た星に導かれて、彼らはついにベツレヘムでマリアと共にいる幼子イエスを見つけ、礼拝する。そして、夢のお告げでヘロデのもとに戻らなかった。博士たちに騙されたと知ったヘロデは、ヨセフとマリアともどもエジプトに逃避したイエスを除いて、ベツレヘム一帯の二歳以下の男児をひとり残らず虐殺してしまう。イエスの身代わりに殺されたこの幼子たちが、伝統的に「聖嬰児」と呼ばれる。前述したように、その祝日は十二月二十八日。愚者の祭り期間の初日にあたる。

図 26 聖嬰児虐殺を描いた版画。ジャック・カロ作、1636 年

西方における聖嬰児の祝日にかんする最初期の言及は、一説に生地ラヴェンナの司教だった聖ペトロ・クリソロゴ（字義は「金の言葉」。三八〇頃生）と、アルルの司教だった聖カエサリウス（四六八／四七〇―五四三）の説教にあるとされる。ジェネップが紹介するところによれば、キリスト教最初の殉教者である聖ステファノの祝日でもあるこの日、フランス北東部メス（メッツ）の司教座聖堂内では、錫製のライオンと狼の像の前で、祝火が焚かれたという。また、一七八九年の革命まで、聖堂参事会に納める税を手にした若い農民たちが、町の主要な市門に待機し、そのあと、半分フランス語、半分ラテン語の「聖ステファノ（saint Estève）の聖歌」を歌いながら聖堂に向かったともいう。一方、リヨンでは、聖ステファノの祝日前夜、ファラド像への奇妙な巡礼がおこなわれていたとしている。クロワ礼拝堂の角壁に組み込まれたこの彫像は、果物やさまざまな動物を抱えた女性像（ファラド）を指す[62]。ジェネップはほかにフランス各地の聖嬰児の祭りを列挙しているが、それらはいずれも愚者の祭りの文脈にはない。また、アミアンでは聖嬰児の祝日、少年聖歌隊員のなかから司教が選ばれ、司教座聖堂内の主任司祭の席に座る。他の聖歌隊員たちも聖職者席に座って、この司教を敬い、模

擬的なミサをおこなっていた[63]。この事例もまた、愚行とは無縁である。

歴史家でナポレオン軍の従軍医師もつとめた、M・J・リゴロ（一七八六―一八五四）の『聖嬰児たちや愚者たちの司教の鋳造メダル』（一八三七年）によれば、一四三八年十二月三日、彼の生地のアミアンでは、前年まで愚者の教皇（司教？）に選ばれた数人の礼拝堂付き司祭が聖堂参事会に派遣され、数年前に他界した愚者の教皇が、同市の「教皇祭」のために六〇スーを遺贈し、これを使って祝宴を催し、例年通りに新しい教皇を選んでほしいと明記した遺言書を提示している。さらに、一五二〇年十二月十二日、聖堂参事会は助祭たちに対し、放埒さや揶揄を控え、聖堂の鐘を下ろしたりせず、彼ら自身が共食の費用を負担することを条件として、割礼（聖嬰児？）の祝日の祭りを執りおこなうことを認めていた。

一五三八年一月十六日の同参事会証書によれば、その参事会員たちはより寛大となり、愚者の「教皇」や「枢機卿」たちの共食用に四五リーヴル（一リーヴル＝二〇スー）を提供しているという。選ばれたのは「司教」のはずだが、なぜ教皇や枢機卿なのか、その理由をリゴロは説いていない。同年四月九日、参事会は礼拝堂付き司祭や助祭たちがこの祭りに耽ることを禁止する。ところが、同じ年の八月二日、参事会は規制を緩め、「教皇」の装飾品を返却することを条件に、教皇の選出を許可している。その約束は守られ、三日後の八月五日、「教皇」の金の指輪や銀製の冠、印璽（と称する品々）が返却された。さらに一五四〇年、参事会は愚者の教皇や枢機卿に祭りの実施を認めただけでなく、その費用として五〇トゥール・リーヴルを拠出してもいる。だが、一五四八年、アミアンの聖堂参事会は以後、礼拝堂付き司祭や助祭が愚者たちの教皇選出を最終的に禁止する[64]。わずか十年のあいだに、参事会の目まぐるしいまでに変わった対応。それがはたして何に起因するのか。これについてもリゴロは説明していないが、おそらくそれは参事会から許可された祭りが、そのたびに常軌を逸したためと考えられる。はたしてそれはどのような愚行だったのか。残念ながら、リゴロはそれも明記していない。いずれにせよ、このアミアンでは、前述したソルボンヌの回状が出てからおよそ一世紀後にまで、聖嬰児たち（ないし割礼の日）の祭りが愚者たちによって営まれていたことになる。

一方、フランス北東部ロレーヌ地方のトゥールでもまた、聖嬰児の祝日にバーレスクな行事が営まれていた。神聖ローマ帝国の自由都市として栄え、一四六一年にはルイ十一世（前出）によってフランス王室の庇護を受けるようになった同市には、一四九六年に創建された、フランボワイアン（火炎）様式の傑作とされる聖エティエンヌ（ステファノ）司教座聖堂が、今も周囲を睥睨するかのように聳えている。この壮大な聖堂で一四九七年に編まれた規約集には、聖嬰児の祝日に選ばれたふたりの司教にかんする文書があるという。司教の一方は祭りの費用を支出する役割、他方は司教の務めを果たす役割を担っていた。前者は聖堂参事会員のなかから、通常は参事会員禄の受領順に選ばれた。

祝日当日、夜食のあと、前年からの費用を完済した参事会員は、マンネンロウなどのピロタ（花束）を正式の司教に差し出し、後者はそれをこのバーレスクな役割を担う新たな司教に渡す。もし後者が自分自身あるいは代理人を立てて、このピロタの受け取りを拒んだ場合は、聖堂内陣の中央に黒いコープ（聖職者の祭式用袖なしマント）が吊るされ、恥をかかされることになる。このコープは服喪の徴としてそのまま吊るされ、聖歌隊の少年や副助祭たちの笑いや冷やかしを誘った。そこではまた教訓劇や奇跡劇に加えて、ファルスなども上演された。

待降節（クリスマス前の四週間）初日、終課が終わると、少年聖歌隊や副助祭たちは子どもたちのなかからもうひとりの司教を選ぶ。この司教は聖母像のある祭壇後ろの席に座る。そこは歴代のトゥール司教が叙階された席である。やがて、ミサが始まり、テ・デウム（「われら神にまします御身を称えん」）が歌われ（通常は朝課時）、鐘が打ち鳴らされる。そのあと、この若い司教は祭服をまとい、司教冠をかぶり、笏杖を手に模擬ミサをおこなう。

そして聖嬰児の祝日の朝、彼は名士たちを従えて馬に乗り、トゥールの初代司教（在任三三八―三七八）聖マンシュイ（ないしマンシュエ）が眠るサン＝マンシュイ大修道院と、第七代司教の聖エヴル（五〇七没）の名を冠した二か所の大修道院に赴き、そこで祈りを捧げ、聖歌の先唱をつとめて、それぞれの修道院から一八ドゥニエ（一ドゥニエは一スーの十二分の一）を受け取ることになっていた。祭りの費用を供出する聖堂参事会首席はまた、この司教に馬と手袋、さらに被り物を提供しなければならなかった。

晩歌のあと、若い司教は従者たちのほかに何人かの道化師やトランペット奏者などを加えて、町のおもな通りを巡行する。この道化師や楽師たちが町のお抱えなのか巡歴芸人なのかは不明だが、一行はさらに現在は解体されているサント＝ジュヌヴィエーヴ教会に向かい、聖女ジュヌヴィエーヴ（四二〇―五〇一／一二。アッティラ人からパリを守ったことで、パリの守護聖女となっている）を称えるために聖歌をささげる。そして、小教区内の家で作られ、この教会付属の慈善院修道会が用意した軽食をとる。内容は菓子とワイン、果物、ナッツなどだった。一行のなかにはまた、一年間にミサを欠席したり、そこで何かしら間違いを犯したりした者に対する罰金を徴収する係がおり、こうして集められた罰金は、聖嬰児の祝日の翌日、少年司教や他のメンバーの接待用に使われた。晩餐のあと、彼らは皆仮面をつけ、さまざまないで立ちで町を練り歩き、特定の場所ではファルスを演じることが許されていた。

子どもが司教に選ばれたためか、この聖嬰児の祭りは、仮面仮装を除けば、愚行とはほぼ無縁である。暦日は異なるが、一五九五年にアンジェで開かれた教会会議では、割礼の祝日（一月一日）に少年少女がロウソクを灯すためとして浄財をつのるという伝統的な慣行を禁じているが、それは彼らがその金で飲み物や食べ物を買ってしまい、ときには教会に乱入して、平然とミサをはじめとする祭儀を真似たりしたからだという。(65) では、愚者の祭りに特徴的な愚行が横溢する聖嬰児たちの祭りとして、どのようなものがあったのか。

たとえば、北仏ル・アーヴル出身のフランス史家で、古文書学に精通していたアルフレッド・ド・マルトンヌ（一八二〇―一九八）は、トゥルネのこの祝祭（現在は暦日が異なり、カーニヴァルに改称）について、こう紹介している。「一四九八年のクリスマスの夜、子どもや市民たち、さらに市吏たちまでもがある居酒屋に集まり、驚く礼拝堂付き司祭たちを捕まえて、寒空の下、裸にして集会場に連れて行き、（愚者たちの）司教になるよう強要する。拒めば、囚人とした。さらに彼らは、自分たちにさほど好意的でないとみた七、八人の司祭も居酒屋に閉じこめた。（…）翌日、さらに三人の司祭が捕まり、そのうちのひとりを司教に祭り上げ、夜、松明とともに市中を引き回し、その頭からバケツ三杯分の水をかけて洗礼を施した。司祭たちはトゥルネ奉行や裁判官に訴え出るが、ふたりは古くから認められてきた町の伝統的な慣行だとして、混乱をいっかな収拾しようとはしなかった。こうしてファルスが再開される。それからの三日間、彼らはその司教に白い司教衣をまとわせて行進し、野外でさまざまな喜劇を演じる。そして、大聖堂の鐘突きを捕まえたり、洗礼を受けた司教をカンブレ司教区（北仏）の副助祭と取り替えたりし、さらにマドレーヌ教会の主任司祭を手荒く扱ってから、司教座聖堂参事会に戻すのだった[66]」。司祭たちにしてみれば、まったくの災難というほかないが、市や司法当局が黙認する蛮行である以上、泣き寝入りするほかなかった。むろん、信心深かったはずの民衆にとって、これは信仰とは埒外の娯楽だったはずである。ただ、このパフォーマンスが「聖嬰児」とどこで結びつくのかは不明とするほかない。

これに対し、一九八〇年版の『記憶と慣行の万用暦』は、助祭たちの守護聖人である聖ステファノの祝日（十二月二十六日）の行事について以下のように記している。

聖所を占拠し、普段自分に仕えている者たちに仕える助祭たちは、笑いやダンス、おどけ、酒に没頭し、一四四四年には、「だれもが生まれつき備わっている愚性が、少なくとも年に一度はそのはけ口を見つけることができる」と言われた。彼らは古いスリッパの破片を吊り香炉で燃やし、黒いプディング（腸詰）やソーセージを祭壇の上で食べた。さらに、説教壇を占拠して卑猥な詩を叫んだりもした。この助祭の祭りの二日後は聖嬰児の祝日で、さらに割礼の祝日（一月一日）、公現祭（一月六日）の愚者の祭りと続くが、通常そこでは助祭たちの祭が繰り返されるのであった(67)。

具体的な場所や年代、さらに典拠の明記がない不十分な記述である以上、この一文をそのまま鵜呑みにするわけにはいかないが、一連の愚者の祭りが助祭たちの守護聖人の祝日から始まり、その放縦さが公現祭まで繰り返される——ただし、異なる地で——という指摘はあながち間違いではない(68)。聖嬰児の祭りにかんするより確かな史料として、百年戦争末期の一四九九年十一月十八日にパリ高等法院が出した裁決文がある。まず、これを紹介している歴史家フェリクス・ブルクロ（一八一五—六八）の解題からみていこう。かなりの長文ゆえ、以下ではその概略を紹介するにとどめる(69)。

トゥルネ（Tournay）で営まれている聖嬰児の祭りは、騒々しい集まりや活気のある芝居、長い行列、輝かしい騎乗槍試合、痛飲、煽情的なケルメス（定期市）で知られる。フランドルといえば、有名なガヤン（カーニヴァルなどで巡行する神話・伝承のヒーローたちを象った巨大な人形）の発祥地だが、その祝祭には奇怪さと騎士道、異教の伝統とキリスト教、狂った創造と哲学的な冗談が混じっている。たとえばカンブレでは、中世をとおして、枝の主日（復活祭直前の日曜日）に、ロバが荘厳祭式に加わるのが認められ、それがいない場合は、誰かがその代わりをつとめていた。この町ではまた、聖嬰児の祭りが盛大におこなわれ、他の子どもたちから聖嬰児たちの司教に選ばれた貧しい子どもは、当時空席であった司教座聖堂参事会員職を自分の主人に授けるために束の間の権力を利用し、真の司教もこの任命を承認した。

トゥルネは、ゲルマン人の大移動後（五世紀）、そして住民が福音書（キリスト教）に改宗したのちも、長いあいだ異教に染まっていた。六世紀になっても、まだアポロンの神殿がたっていた。中世、近隣の町から人びとがそこに集まり、かなり遠くからも代表者が送り込まれて、武勲や策略の代償を論議した。九月十四日（聖十字架の祝日）には、職業結社が宗教行列をおこない、これらの結社はそれぞれ道化を雇っていた。これらの道化はアルレッキーノ（イタリア喜劇の役どころ）のいで立ちで、互いに奇抜さと卑猥さを競った。市内の聖職者は聖体とともにこの行列に従った。トゥルネ司教のジルベール・ド・ショワズール（在任一六六九―八九。ジャンセニスム擁護者）は、この慣行を廃止しようとしたが、聖堂参事会員も修道士も、そしてむろん住民たちもそれに賛同しなかった。

トゥルネをとりわけ興奮と歓喜の渦に巻き込んだのは、異教の慣行を真似た聖嬰児の祭りだった。一月、聖堂の少年聖歌隊員や副助祭たちは司教をひとり選んだ。彼らは居酒屋に集まって選挙をおこない、桶に入った水で新司教を洗礼し、夜、松明をかざして市内を走り回った。広場ではファルスも演じたが、そこでは善良な参事会員も役者となった。それからの数日間は、グロテスクな仮面行列や騒々しいお祭り騒ぎ、荒々しい行進、聖職者や名士たちに対する放縦きわまりない嘲笑などが繰り広げられた。民衆にとってみれば、それは自分たちの悲惨さや屈従に対する埋め合わせであり、抑圧に苦しむ者の不平不満が、権力を濫用する者たちの耳に届く機会であり、貪欲な富裕者や堕落した裁判官、破廉恥な聖職者、情けない夫や不貞を働く妻たちを指弾できる機会でもあった。ときにはこうした不平不満が騒動にまで発展したり、その攻撃に晒された者たちの憎悪が、哀れな愚か者に対する誹謗中傷を生んで、際限のない喧嘩や裁判沙汰になったりもした…。

では、パリ高等法院の裁決文とはいかなるものであったか。これもまた概略を紹介するだけにとどめよう。

本件は、トゥルネの愚者たちと、聖嬰児の祭りにおける伝統的な司教選出を止めさせようとしていた聖職者たちの係争をめぐるもので、トゥルネにある司教座聖堂参事会の首席司祭や参事会、マドレーヌ教会の主任司祭を原告、被告は愚者たちの行き過ぎや攻撃、犯罪、スキャンダルなどを抑えようとしなかった、代官（奉行）や同職組合親方たちである。住民は自分たちの行動が合法的であり、司教座聖堂の助祭たちを力ずくで居酒屋に連れて行き、そのうちのひとりを愚者の司教にさせる権利があると主張した。しかし、勅令が幾度か発せられたため、代官は聖堂参事会から告発された乱行を調査し、それが立証された場合には、新しい司教の選出を禁止して違反者に罰金を科し、その旨を市の参事会員にも徹底しなければならなくなった。

だが、一四九七年、子どもたちと他の住民は旧弊を再開しようとし、勅令に明記された禁止ものかわ、翌九八年には、聖嬰児の祭りが盛大におこなわれた。聖嬰児の祝日、子どもたちや住民、さらに市吏までもが居酒屋に集まった。そして、礼拝堂付きの司祭を不意打ちで捕まえ、凍えるような天気の下、裸同然の彼を自分たちの集会場に連れて行き、彼を司教にしようとした。だが、拒否されたため、自分たちの愚行を不快に思った他の七、八人の司祭ともども、居酒屋に監禁した。聖堂参事会は代官や組合親方たちに介入を求めたが、徒労に終わった。翌日もなお三人の司祭が監禁されたままだった。やがて、そのうちのひとりが司教に仕立て上げられ、夜、彼らは松明を手にこの司教を伴って市内を行進し、頭から桶の水を三杯かけて洗礼を施した。聖堂参事会員たちは改めて代官や組合親方たちに訴えたが、後者は昔からトゥルネで認められていた慣行だとして、この無秩序に抗うことを拒み、笑うだけでまともに対応しようとはしなかった。それから三日間、一団はスルプリ（ミサ用の袖広の白衣）をまとった司教を連れ回し、吹きさらしのなかで卑猥なファルスを演じた。司教座聖堂と他の教会の鐘を撞かせず、カンブレ司教区（北仏）の助祭をこの司教と交代させ、聖堂参事会に返した。

トゥルネの聖堂参事会はこうした愚行を当法院に上訴した。これを受けて、当法院は代官や組合親方たちに責任があるとして出廷させた。聖堂参事会の弁護士は、一四九九年十一月十八日の公判で、彼らに加辱刑（公衆の面前で罪を告白すること）を執行し、各人に一〇〇〇リーヴルを支払わせた上で投獄し、将来、同様の振舞いをしないようにすべきと要求した。これに対し、被告側の弁護士（代訴人）は聖嬰児の祝日に愚者たちの司教を任命するのは昔からの習わしだとし、同様の行事は、ピカルディ地方（北仏）やパリをはじめとする多くの司教区で二〇〇年以上も前から営まれており、何の問題も起きていない。司教に選ばれた者はそれを名誉と考えていると反論した。それゆえ、トゥルネの住民が選んだ司教は上訴の対象となるどころか、むしろこれを名誉とすべきだとも力説した。だが、主席検察官はこうした被告人側の主張には組せず、裁判は、より多くの情報を得たいとする彼の求めに応じて一週間延期されるものとする。

この裁決文でまず問題となるのは、トゥルネの場所である。Tournay（読みはトゥルナイ）はフランス南西部オート゠ピレネー地方の町だが、ここには引用文中にある司教座聖堂や教会はない。しかも、パリ高等法院の管轄外である。これに該当するのはフランドル地方の中心都市トゥルネ（Tournai）で、たしかにこの古都は、フランス革命まではパリ高等法院の管轄下だった。あるいは、十五世紀、トゥルネはTournayと表記されていたのだろうか。この疑問はさておき、はたして裁判の行方はどうなったたか。残念ながら、ブルクロによれば、それを語る史料はないという。たしかに一都市の話ではあるが、聖嬰児の祭りがどのような形で営まれていたかをうかがい知ることはできるだろう。ただ、聖嬰児司教のエピソードとこうした愚者の祭りがなぜ結びついたのかは不明である。

同じことは、アルルのサン=セゼール（サン=ジャン）修道院における祭りについてもいえる。五一二年にアルル大司教の聖セゼール（在任五〇二―五四二）が創建し、妹のセザリ（四七五―五二七）を初代修道院長に据えた同修道院の持ち分地の賃貸契約書に、聖嬰児の祝日の翌日、すなわち十二月二十九日の聖トロフィム（一世紀）の祝日に、愚者と聖嬰児たちの大司教が愚者の女子修道院長を訪れ、小作人がこの大司教に好きなだけワインを提供する慣例についての言及があるという。同じ日、修道院では、愚者の女子修道院長から六グロス銀貨を与えられた仲間の修道女たちが、「どんちゃん騒ぎ」をしたともいう。オレンジの皮をレンズとした眼鏡を鼻にかけ、グロテスクな服をまとい、祭壇で古びた毛皮を燃やして悪臭をまき散らしたかと思えば、賭け事に興じたり、聖堂内で腸詰を食べたりもした[70]。まさに典型的な愚者の祭りといえるが、これは女性たちが中心であるという点で、他の事例とは一線を画している。ただ、残念ながら、この女性たちの出自にかんする記載はない。

一方、サンスのリセで教鞭をとっていたC・M・グショ（一八六三―一九三四）によれば、宮廷道化ブリュスケの出身地であるアンティーブのフランシスコ会修道院では、一六四五年になってもこの祭りが営まれていたという。農園で働く助修士や喜捨を集める修道士、見習い調理人、あるいは庭園師たちが修道院の内陣に集まり、修道司祭の席に座る。そして、聖書を逆さに持ち、鼻眼鏡をかけるが、アルルの事例と同様に、オレンジの皮がレンズ代わりだった。祈りの代わりにぶつぶつと訳の分からない言葉を呟いていたと思えば、突然叫び声をあげ、その様はさながら豚が群がっているようでもあったという。[71] むろんグショはそれを実際に見たわけではないが、聖職者たちを豚になぞらえるのは、いささか奇矯がすぎている。ただ、ここで注目したいのは――この話が真実だとして――、再嬰児の祝日の祭りが少なくとも一部の地域で十七世紀中葉までおこなわれ、しかも修道院の雇用人までがその祭りに参加していたということである。

愚者の祭りの意味

瀆聖、風刺・揶揄、風刺劇（ファルス・「ソ」）、パロディ、高歌放吟、芝居、仮面・仮装・行列、スカトロジー、ラフ・ミュージック、嬌声、哄笑、悪戯、シャリヴァリ、アゾアド、道化、大道芸人、そしてときに暴力沙汰…。愚者の祭りは、そのあとにくるカーニヴァル同様、これら負性のパフォーマンスをすべて、あるいは一部だけを採り入れた一種のドラマトゥルギーとして営まれていた。しばしば聖俗の権力当局から禁止された所以だが、ここで何よりも注意しなければならないのは、記録として残っているこの祭りが、往々にして事件化したものだけであるということである。「愚者の祭り」と銘打ちながら、平穏に推移して事件化せず、それゆえ記録化されなかった事例もまた少なからず、あるいはより多かったはずである。歴史はそれを語らない。筆者が歴史の陥穽と呼ぶ所以である。

祝祭研究で一家言をもっていたマックス・ハリスは、その主著『聖なる愚行』（二〇一一年）で、一次史料に立ち返ることで、十二世紀後葉から十三世紀初頭にかけての愚者の祭りが、じつは往時の記録や先行研究――「信頼できない証言」――が語っているような冒瀆的なものではなかったとする。そして、この祭りはむしろ割礼の祝日の世俗的で騒々しい祝祭にとって代わる厳粛な祭儀として機能していたはずであり、「その典礼上の革新性、信心深さ、ユーモア、そして美しささえも正当に評価すべきである」[72]と結論づけている。では、「冒瀆的なもの」でなかったこの祭りが、なぜしばしば当局から指弾されなければならなかったのか。疑問なしとしない。より重要なのは、カーニヴァル同様、愚者の祭りもまた、繰り返しをおそれずに言えば、民俗慣行の常として、時代と場所によって、たとえ呼称は同じでも、内容が多岐にわたっていたという事実である。その限りにおいて、こうした多様な慣行をひとつの定義で能事足れりとすることはとうていできない。断定が否定である。この基本的な修辞学をハリスは看過しているように思える。

これにかんして、バフチンは次のように指摘している。

狭義のカーニヴァルといえども、けっして単純で一義的な現象ではない。さまざまな起源を持ち、一年のさまざまな時期におこなわれた数多くの地方の祝賀行事が、カーニヴァルという語によってひとつの概念に括られた。というのも、これらの行事は民衆の祝祭的娯楽といういくつかの共通の特徴を持っていたからである。(…)民衆による多種多様な祝祭形式が変質し、消滅していくなかで、それらの一連の契機――諸儀礼とその付随現象、諸形象、仮面――はカーニヴァルに受け継がれた。実際、カーニヴァルは、独自に存在しえなくなった民衆的な祝祭形式が流れ込んでいく貯水池のようなものだったのである[73]。

「貯水池」とは言いえて妙だが、この指摘は何ほどか愚者の祭りにも当てはまる。カーニヴァル本来の暦日とは無縁の祭りが「カーニヴァル」を自称した(している)ように、十二月二十六日は聖ステファノを守護聖人とする助祭や副助祭たちの放埓な祭りの日であり、二十八日は少年聖歌隊を主役とするパロディックな祭りだった。時期は地域によって異なったはずだが、それらがよりインパクトの強い愚者の祭りにしばしば収斂されていったのである。[74] 一方、ジャック・エールは、この祭りが安上がりなものだとして、こう指摘している。「愚者の祭りは、豪華絢爛でも独創的でもなく、要するにいつも同じだった。同じ愚行、同じ態度、同じグロテスクな言葉。《文化的な》観点からは、何の貢献もなかった。それどころか、インスピレーションという点ではきわめて貧弱だった。知的にも（古代の伝説や福音書からのアイデア）、審美的にも、また《スポーツ》（騎上槍試合やその他の戦争ゲーム）の観点からも、娯楽としてはあまり豊かなものではなかった。それゆえ、社会集団という点から考えれば、愚者の祭りはおもにふたつの関心に呼応しているように思える。一方は、むろんきわめて一時的なものではあるが、社会的逆転というスペクタクルを演出することであり、他方は、この社会的集団の力と優位性を、同じような性質をもつが、おそらく競合する集団に対して示すことである[75]」。

　名著『愚者の祭りとカーニヴァル』（前掲）の著者にしては、これはいささか短絡的な見方といえる。まず、愚者の祭りに対する前段の否定的な文言だが、明らかに彼はこの祝祭が時間的・空間的に多様なものであり、それゆえひとつの鋳型に嵌めて一様に定義づけることは不可能であるということを看過している。さらに彼は文化の生態系というメカニズムも看過している。かつて筆者はこのメカニズムについてこう述べたことがある。「調査者が対象とするテクスト（仮に原テクストと呼ぶ）は、新たな要素を取り込みながら脱テクスト化して、新たなテクストを作りあげる（entexualization）。こうして新しいテクストは原テクストにとって代わり、あるいはこれを再編集する（retextualization）」（拙論「文化の見方に関する試論」、蔵持編『エコ・イマジネール――文化の生態系と人類学的眺望』、言叢社、二〇〇七年、16頁）。

　この理論を祝祭に当てはめれば、ある場所のある年の祭り（A＝原テクスト）は翌年にはどれほど「同じ」にように見えても、じつは《A＋α》（α：構成員・パフォーマンス・社会的条件などの変化）となっており、さらに翌々年にはこの《A＋α》が新たな原テクストとなって次の年に受け継がれ、《(A＋α)＋β》となっていく。伝統の創造（エリック・ホブズボウム）とはすでに何ほどかステレオタイプ化した概念だが、文化の規制力を反映する民俗慣行は、たしかにこうしたグリスマンを繰り返しながら伝えられていく。いや、伝えさせられていくものなのである。さらにいえば、引用文の後段で、エールはある社会的集団が、他の集団に対する自らの優位性を打ち出す契機として愚者の祭りがあるとするが、これもまた的確な指摘とはいいがたい。たしかに、カトリック＝支配層とプロテスタント＝職人階層の集団のあいだの社会的な対立が、祝祭の主導権を巡って顕在化し、ついには死者まで出た叛乱へと発展した十六世紀の南仏ロマンのカーニヴァルのような事例もあるが（後述）、こと愚者の祭りにかんする限り、同様の事例は皆無に近いと思われる。

では、愚者の祭りを、はたしてどのように意味づければよいのか。十二月二十六日の聖ステファノの祝日から一月六日の公現祭までを一種の祝祭期間として各地で営まれていたことのほかに、おそらくこの祭りの一部（！）については、以下のような構成要素を最大公約数的なものとしてあげることができるだろう（むろんここでは「ときに」あるいは「しばしば」という留保条件を付さなければならない）。

(1) 社会システムの脱聖的・パロディックな現出
(2) 世俗的・反（非）宗教的祝祭
(3) 祝祭言語の混淆・集成
(4) 愚性の演劇化とそれによる笑いの喚起
(5) 社会の祝祭化

改めて指摘するまでもなく、これらの要素は複層的・複合的なものであり、それぞれが独立しているわけではない。民衆祭である限り、つまり宗教祭（聖体祭・聖人祭など）や官製ないし政治的な祭りを除けば、これらの特徴は何ほどか当てはまる。たとえば(3)の祝祭言語――仮装・異装行列、風刺・揶揄、悪戯、痛飲飽食、飾り山車など――は、伝統的なカーニヴァルはもとより、一部の通過儀礼祭（たとえばアルザス地方の聖ヨハネの祝火祭）でも、その一部がみられた。ただ、愚者の祭りの最大の特徴は、助祭や副助祭による教会ヒエラルキーの象徴的な反転や、聖嬰児の祝日のように、司教や王に扮した子どもが主役となる伝統にある。こうした仕掛けは、おそらく他の民衆祭にはみられなかった。ときに「愚者」と呼ばれるパーソナリティが登場するカーニヴァルについても、またしかりである。かつてクリフォード・ギアツは「文化パターン――意味ある象徴の体系――に従わない人間の行動は、事実上統制し難く、無目的的行為と感情的爆発のカオスにすぎず、そういう人間の体験はほとんど形を成さない」[76]と述べているが、愚者の祭りにおける「カオス」は、社会的・文化的なイマジネール（＝正統・体制）、つまりクリフォードのいう「文化パターン」を、たとえ一時的ではあれ撥無する民衆的なイマジネーション（＝愚性）の叛乱にほかならない。この笑いを喚起してやまないドラマトゥルギーこそが、まさに愚者の祭りの重要な仕掛けであり、度重なる禁令や抑圧にもかかわらず、「愚者の文化」を刺激し、存続させえた要因ともいえるだろう。

そして、それを可能にしたもうひとつの要因は、愚者の祭りのさまざまな仕掛けが、カーニヴァルにも組み込まれていたところにある。地域と時代によって内容に異同はあるものの、人びとはこうした仕掛けを、一～三か月後に営まれるカーニヴァルでも存分に愉しむことができたからである。これらふたつの民衆祭の親縁構造をまとめれば、次表のようになるだろう。

今日、フランス国内から「愚者の祭り」はおそらく姿を消している。たとえば北仏サン＝カンタンでは毎年

愚者の祭りとカーニヴァルの親縁構造

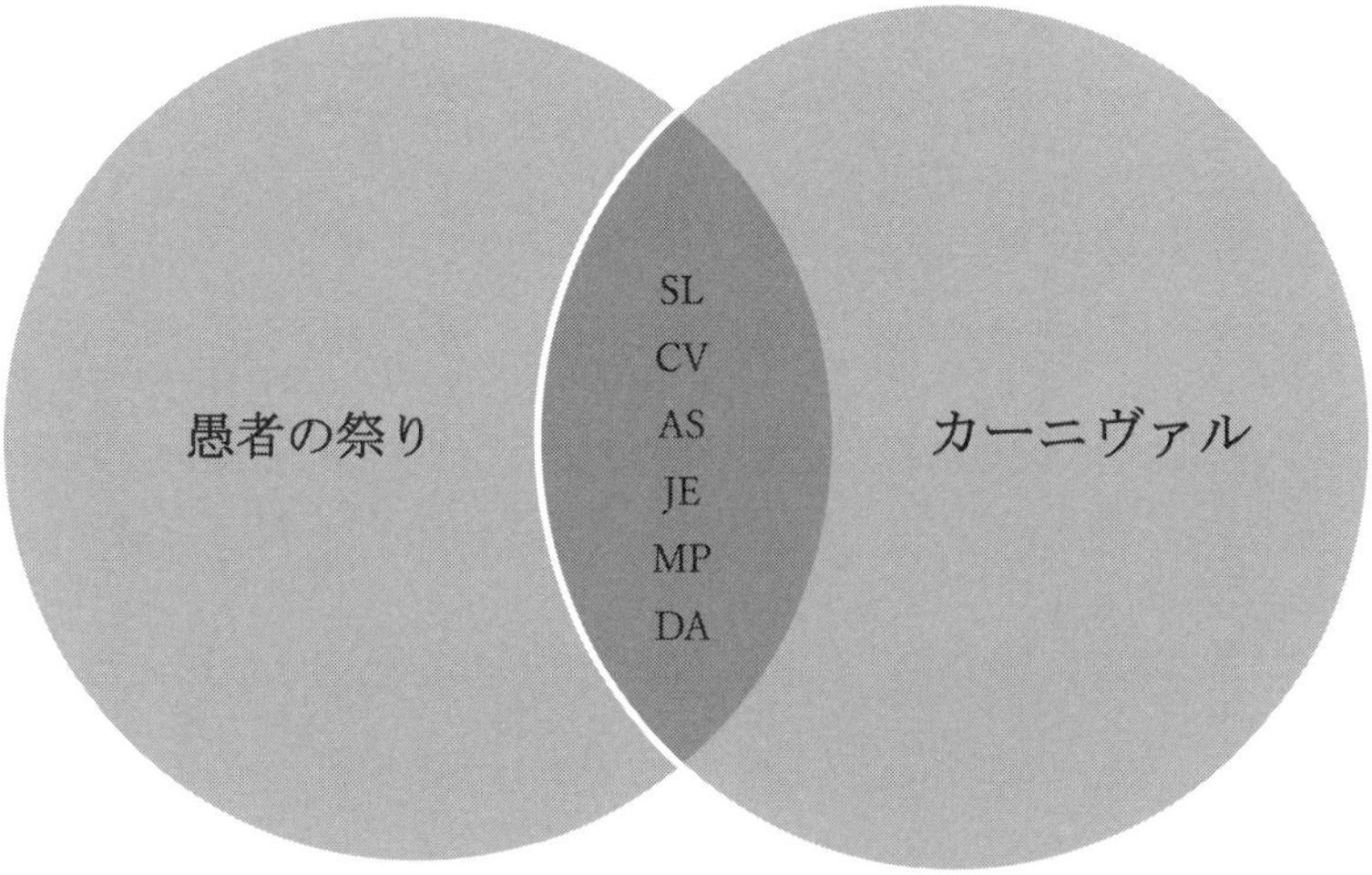

凡例：
SL：瀆聖的行為
CV：シャリヴァリ
AS：アゾアド
JE：賭博・遊戯
MP：仮面仮装行列
DA：ダンス・高歌放吟

図 27 ベルギー・ロンセで営まれている「愚者の祭り」のパレード（ボンメル）。2005 年、筆者撮影

聖霊降臨祭（復活祭後第七日曜日）までの三日間、スペインの祝祭文化の影響を受けた巨大な張りぼて群や鼓笛隊および仮装者たちの巡行などによる「道化祭」が営なまれているが、歴史は浅く、二〇二四年（五月十七―十九日）で三六回目にすぎない。一方、ベルギー東部リエージュのサント＝ヴァルブルジュでは、一九七四年から毎年九月第一週末に「愚者の祭り」が営まれている。そこでは仮装・山車行列を主体として、松明行進や見世物、舞踏会、骨董品市、各種ゲームなどが繰り広げられているが、暦日は往時の愚者の祭りとは大きく異なり、秩序壊乱的な要素も皆無である。同様のことは、同じベルギー・フランドル地方の小都市ロンセの祭りについてもいえる。中世に始まったとされるそれは、毎年公現祭前の月曜日（実際は一月第一土曜日）におこなわれている。だが、図27にあるように、祭り自体は飾り山車と仮装者たちのパレード「ボンメル」が中心で、コンフェッティ（紙つぶて）や祭り用のカラースプレーを見物人に投げつけたり、かけたりして嬌声を引き出したりするものの、これもまたありふれたカーニヴァルと大差がない。筆者が確認した限りでいえば、参加者たちもまた愚者の祭りの歴史的背景や諧謔精神などは関心外である。

こうした事例を伝統の衰退と呼ぶべきか、新しい伝統の創造と呼ぶべきか、判断は差し控えるが、「愚者の文化」をさらに盛り上げたパフォーマンスはほかにもあった。一部が早くから愚者の祭りに加わり、一部がその後継として、この猥雑な祭りが具現化していた諧謔精神を共有する放縦かつパロディックな愚行結社である。ルーアンの「コナール大修道院」やディジョンの「歩兵隊（アンファントゥリ・ディジョネ）」、マコンやリヨンの「悪政修道院長（アベイ・ド・モーグーヴェルヌ）」、パリ北東ソワソンの「若者の王（プランス・ド・ラ・ジュネス）」、北仏アミアンやパリ北東ノアヨンの「副助祭たちの王国（ロワイヨーテ・デ・ヴィケール）」など、呼称は都市によってさまざまだが、同じ呼称がいくつもの都市で用いられることもあった。その活動時期は必ずしも一定していないものの、多くはカーニヴァルや愚者の祭りに好んで登場し、とくに地域社会の伝統的な規範から逸脱した者たちに対するシャリヴァリを挙行するなどして、人びとの笑いをかき立てた。つまり、いずれの結社もいっときながら都市の日常を攪拌して祝祭化することを共通の目的としていた。次章ではそうした愚行結社のいくつかをみていこう。

第5章

愚行結社

「コナール大修道院（アベイ・デ・コナール）」――ルーアン

北仏のルーアンといえば、八四一年から幾度となくヴァイキングの襲来をこうむり、彼らノルマン人たちがロロ、洗礼名ロベール（八四六頃―九三二）に率いられて創始した、ノルマンディ公国の都が置かれた司教座都市として、いや、それよりもむしろ百年戦争でイングランド（およびブルゴーニュ公国）軍と戦い、シャルル五世の戴冠に貢献したが、のちに捕虜となった「オルレアンの乙女」ジャンヌ・ダルクが、一四三一年に焚刑に処された地として知られる。

この中世都市には、十世紀の「コルヌール（角笛）同信団」の後継結社である、「コクリュシエ同信団（Confrérie des Coqueluchiers）」があった。この愚行結社の呼称は、メンバーがコクリュションと呼ばれる婦人用のフードをかぶっていたことによる。選挙で選ばれた団長格の「狂った女子修道院長（Abbesse folle）」は鈴のついた道化杖を携え、十二月二十八日の聖嬰児の祝日には、ボン・ヌーヴェル修道院内で、メンバーともども愚者の祭りのバカ騒ぎに興じた。男装の作家で反教権主義・自由思想家でもあったマルク・ド・モンティフォーこと、マリ＝アメリ・シャトルール[1]（一八四五―一九一二）は、自ら校注した『コナール大修道院の凱歌』（後出）の解題で、ルーアン大司教のオドン（ウード）・リゴー（在任一二四八―七五）が、一二四五年にこの町を巡察した際に残した言葉を紹介している。信仰に捧げられた修道女たちまでが、サトゥルナリア祭を彷彿させる行事に耽っているのを目の当たりにして、彼はこう言ったという。「冒瀆的な服をまとい、聖職者同士、あるいは俗人たちとダンスに興じるといった、あなた方が慣れ親しんでいるこの種の娯楽（ludibria consuetas）を禁じる」[2]。オドン大司教といえば、聖王ルイ九世の側近で、一二七〇年の第7回十字軍を建言した人物だが（聖王はこの十字軍の途中、チュニスで病没した）、おそらく自分の管轄区の聖域でこうした放縦がおこなわれていた

図28　コナール大修道院の仮装行列（1540年）。ルーアン市立図書館、Fonds Leber, n°2612.

ことは知らなかった。だが、リゴーの憤りにもかかわらず、コクリュシエ同信団はその後も存続した。それが実質的な解散に追い込まれたのは、それから一世紀後の一三四五年、ルーアン大司教ニコラ・ロジェ（在位一三四三―四七）時代だった。[3] 興味深いことに、この大司教は、自分を大司教に任じた甥、すなわちアヴィニョン捕囚時代のローマ教皇クレメンス六世（在位一三四二―五二）の悪行は看過ないし黙認していた。君主を凌ぐ豪奢な生活を公言していたこの教皇は、アヴィニョンの教皇宮殿で賭博や競馬に耽っていただけでなく、あろうことか連夜女性たちを引き込んでは酒池肉林を愉しんでいたという。その所業は愚行結社よりはるかに由々しきものだったはずだ。

ともあれ、こうしてコクリュシエ同信団が解散させられてまもなくの十四世紀中葉、ルーアンで新たな愚行結社が組織されている。「コナール大修道院（Abbaye des Conards）」とも「コナール同信団（Confrérie des Conards）」とも呼ばれたそれは（図28）、一六二六年にときの宰相リシュリュー枢機卿によって解散させられるまで約三世紀、ルーアンの恒例行事として全国的な名声を馳せることになる。ルーアン大司教がこの結社にいかなる態度を示したかは不明だが、「間抜け」を意味する呼称のコナール（conard）は「ソ（愚者）」と同義で、コキュ（cocu）、すなわち「寝取られ亭主」の派生語である。実際、結社の仮装行列――「勝利・凱旋」の意であるトリオンフと呼ばれた――では、あるいは十世紀の「コルヌール同信団」の伝統を受け継いだのか、メンバーがときにコキュの象徴である鹿の角（corne）をつけて歩いた。明らかにこれは妻を寝取られた不甲斐ない亭主をロバに後ろ向きに乗せ、鍋釜を叩い[illegible]とともに通りを引き回した伝統的なアゾアドをモデルとしたものだろう[4]。

修道院のイメージを脱聖化したこの行事もまた、かつての愚者ないしロバの祭り同様、パロディックな仮装行列を主体とするが、時期はカーニヴァル期間中、すなわち灰の水曜日から復活祭主日までの四旬節直前の三日間。とくにそれが最高潮を迎えたのは、カーニヴァル最終日のマルディ・グラだった。ときに高等法院のバゾシュたちと諍いもあったが、最大時に女性を除くブルジョア市民や商人、一般労働者など二〇〇〇人（!）ものメンバー[5]を擁した結社の長は、呼称からわかるように、修道院長。赤い西洋緞子のローブをまとい、司教冠をかぶり、修道院長の錫杖に見立てた鹿の枝状角を手にした彼は、輿に鎮座し、空白のバンドロール（帯状ないしペナント）をふるって、従者である枢機卿や司教、元帥、高官をはじめとするコナールたちを鼓舞しながら、通りを練り歩く。辻々ではときに時事問題や市内でおきたスキャンダルを盛り込んだファルスやソティを演じて、市民たちの笑いをとったりした。声高に風刺的な「宣言文」も読み上げた。以下では、一五八七年にルーアンで刊行された匿名の、だが、明らかにコナールのメンバーないし事情通とおぼしき人物の手になる書、『その即位から今年までに出された布告や宣言を含む、コナール修道院長こと、聖職者税徴収人ファゴのもとでのコナール大修道院の凱歌』に沿って、一五四〇年のコナール祭をみていこう。本文八〇頁あまりのこの書によれば、新たに選出された修道院長は、前例に倣って、同年の祭りの認可を高等法院に求める。それに対する裁決文の文面は以下のようだったという[6]。

主席検察官は慣例に従って（祭りを）実施することに対する認可の請願を受け、彼ら（コナールたち）がいかなる行き過ぎや暴行・略奪をおこなわないということ、また、（カーニヴァル期間の）日曜日、月曜日、そして火曜日の夜間のみ、仮面をかぶらないことを条件として、これを認めるものである。

高等法院一五四〇年二月十日

これを受けて、修道院長はコナールたちを（サン＝ジュリアン小修道院に）集める。以下はその招集文である。

出てこい、コナールたち、隠れ場所から出て来い
思い切り愉しむために。
好きなように宴を張り、食べて飲んで休む
良き家来であるとことを示すため。
そしてコナールの名誉を乱用するのだ
ノルマンディの喧騒を高めるために。

（…）


修道院長の力を決して無視してはならない。

高等法院がすべてを認めてくれたからだ。

昼夜の別なくとことん仮面をかぶることも。

王がそれを望み、理解し、許してくれている。

われらが修道院長は、これまで以上に多くのことを約束し、最終的にはより良い保証をしてくれる。

それゆえ安心して国王からも認められた法院の合意に従え。

恐れと不安を取り除くために。

高等法院の認可さえ受ければあとは勝手放題。したたかというか無謀と呼ぶべきか、この招集文は祭りのありようを予示している。そしてカーニヴァル前夜の同年二月二十六日土曜日、修道院長は権標を手にした「役人」を市内各所に派遣する。付き添うのは馬に乗った角灯係や鼓笛手たち二九人。いずれも仮面をかぶっている。一行の使命は、むろん翌日からの祭りの告知である。そして翌日曜日（ディマンシュ・グラ）の昼。コナールたちの集会場となっている旧宮殿[7]に、修道院長以下、聖職者税徴収官や大司教、大法官などを含むメンバーが集まる。その数およそ二四〇〇〜二五〇〇人。それぞれ思い思いの仮面を持参し、結社の旗と楽隊を先頭に、いくつものグループに分かれて行進を開始する。その後ろにはロバに乗った生気のない亡霊のような老人が続く。死者の頭を手にした彼は、数か所で次のような十行詩を読み上げる。

このコナールたちの時期に
真理は死に、あるいは何も語ろうとしない。
弱者はもっとも重い荷を背負い
裏切りは陸と空を往来し
理性は金の行きたいところにしかない。
商品は墓地の近くにあり
信仰は隠れ、姿をまるで見せず
妬みは走りまわり、信仰と交わる。
善意は思いのままに腐敗し
こうして、すべては正しい法に反する。

いうまでもなく、この老人は生者の世界の無秩序や愚かしさを訴える死者である。彼の後には、葬儀で用いる副葬品を持った葬列が続く。「死んだ商品」を弔うこの葬列の先頭を行くのは、大量の銀涙に覆われた黒い喪服をまとい、白い頭巾をかぶった騎乗の人物。手にした鈴をたえず鳴らす「迅速」という名の足萎えや、それぞれに「貧しい庶民」と書かれた札を背中に負い、小鈴を鳴らし続ける商店の下僕たち、一本四リーヴルのロウソクを手に、ふたり並んで行進する三六人の孤児などが延々と続く。むろん、全員が仮装者である。やがて、行列が最終地点であるサン＝タマン大修道院近くのロベク橋に着くと、あらかじめ設けられていた舞台の上から、一部のグループはそこにつめかけた人びとに砂糖菓子を投げ与えたりするのだった。夕食後は仮面のまま有力者の家で他のグループと交歓したり、婦人や娘たちとダンスに興じたりする。

翌月曜日（ランディ・グラ）は、修道院長と評定官、執達吏、さらに士官たちが、ヴィエイユ・トゥール（字義は「旧塔」）広場に新たに建てられたばかりの羅紗会館に集まる。前年までは市外のリオン地区にある「評判よろしからぬ家」が会場だった。そこでは、カーニヴァル最終日、すなわちマルディ・グラの朝、修道院長の名でこの会館に張り出す招集文を作成する。脚韻を踏んだその文言は、「コナールたちの取るに足らない修道院長ギヨームが、われわれのすべての愚者（ソ）と、共和国の総督たちに挨拶する」から始まり、「来たれ、コナールたち、この新しい会館に。寒さ、暑さを恐れずに（…）」と続く。そして、祝宴。市民ならだれでもそれに参加できたが、会費として一〇スーが求められた。この祝宴は同日夜からマルディ・グラ（火曜日）の十時まで続いた(8)。

そしてカーニヴァル最終日のマルディ・グラの午前十時、それぞれが仮面をかぶり、角灯を掲げて会館に集まり、太鼓の音を合図に、恒例となっているディナー（夕食ではなく、一日の最初の食事）を摂る。三〇〇～四〇〇人が集まったという。この共食では、全員が修道院の食堂のように、長い食卓に対面で座る。そして、会館の中央、仮設舞台の上で演じられるファルスや喜劇、モリスダンスを見物しながら、さらに隠修士のいでたちをした人物が、説教壇で、聖書の代わりに、『パンタグリュエル年代記』を読むのを聞きながら食事をする。[9] 祝宴のあと、マルディ・グラ最後の行事としてパロディックな法廷が開かれ、この年、もっとも愚かなことをおこなったものに賞が与えられた。ただ、競合者は少なく、受賞者は、金欠となって、妻を担保に賭け事に興じたコナールだった。[10] いわば彼は、名誉ある愚行者として選ばれたのである。

コナール大修道院にかんする最初期のまとまった史料であり、後代のコナール研究者たちは多くが典拠にしているこの書の一連の記述を見る限り、さほどの「愚行」はみられない。だが、一五四二年のカーニヴァルでは、一一人のコナールが風刺パンフレットを配ったとして逮捕されている。[11] さらに一五四四年と四五年には、仮装行列に混じって、ふたりの参事会員に似せた人形が面白おかしく市内を引き回されている。[12] 参事会員といえば、地域の有力者で知名度も高い。あるかあらぬか、彼らはしばしばこうした愚行の犠牲者となった。おそらくこのふたりは性的な不品行、つまり共同体の伝統的な性的規範に逸脱したため、シャリヴァリにかけられたのだろう。哀れなことに、彼らはシャリヴァリの作法を知らなかった。屈辱的なシャリヴァリを回避するため、コナールたちにと呼ばれるなにがしかの金銭ないし酒食――「シャリヴァリ税」――を提供するという作法である。拙著『シャリヴァリ』(前掲) で指摘しておいたように、この慣行は単に共同体の伝統的な規範逸脱者を排除するというより、最終的に当事者(たち)を共同体に同化させることを目的としていたからである。つまり、何らかの理由でシャリヴァリ税の供出を拒んだ者たちのみが、引き回しという一種の通過儀礼的な笑いと恥辱のパフォーマンスの主役に文字通り祭りあげられたのである。[13]

時期が多少前後するが、ここに面白いエピソードがある。一五三六年から三八年にかけて、コナール修道院長を巻き込んで展開したふたりの詩人の論争である。一方は、ボーヴェ (前出) の詩人で主任司祭でもあった

図29　マロ『サゴンに反撃するマロの従僕』表紙、1937年

フランソワ・ド・サゴン（生没年不詳）、他方は彼のライバルで、一時フランソワ一世の宮廷詩人をつとめていた、プロテスタントのクレマン・マロ（本書第3章参照）のあいだで繰り広げられた、文学史上有名な「マロ＝サゴン論争」がそれである。

かねてよりこの風刺詩人とカトリックの信仰を巡って対立していたサゴンは、一五三六年初頭に発表した『始動』で、マロを放縦きわまりない異端と断じ、焚刑や磔刑、車輪刑、あるいは絞首刑に処すべきだと弾劾する。当時、マロは二年前の十月に起きた、ツウィングリ派（プロテスタント）による檄文事件への連座を疑われて、イタリアのフェラーラ、ついでヴェネツィアに逃れていた。カトリックの教義を批判した檄文が各地に張り出され、はてはアンボワーズ宮殿にいたフランソワ一世の寝室の扉にまで貼り付けられた。これによりプロテスタント迫害が強まって、ジャン・カルヴァンなどが国外に逃亡した事件である。[14] はたして望郷の想いもだしがたかったためか、やがてマロはカトリックに改宗してフランソワ一世から許され、一五三六年冬、帰国の途につく。そして翌年、パリで『サゴンに反撃するマロの従僕』（図29）を上梓する。体裁はフリップリップ（字義は「従僕、大食漢」）が、その書記に書かせたとする書簡。表紙には、このフリップリップが動物遣いよろしく、サグアン（sagouin「尾長猿」）――サゴン（Sagon）の揶揄――を鞭で追い立てるさまが描かれている。

以後、両者はそれぞれの周囲を巻き込んで、文書によるパロディックな中傷・誹謗合戦を繰り返すことになる。だが、文学論争とは程遠いその内容についてはさておくとして、じつはこの論争にコナール修道院長が介入し、両者を和解させようとしているのだ。一五三七年頃、修道院長名で八頁の小冊子を出す。題して『サゴンやマロ…たちの罵言に対するコナール修道院長の弁明』。以下はいかにも人を食ったようなその冒頭の一節である。

この弁明を印刷するのに、いくつもの允許は無用である。（コナールの）大法官や評定官、さらには支持者たちの格別の特権で認められるなら遠近を問わぬ印刷業者が昼夜を分かたず、そして休みもなしにこのサグアン（前出）の事柄を含む書を印刷することができる。それは（…）、彼ら一人ひとりがマロのように慕われているふりをしていることにも配慮してのことである。そんな彼らのために、黄色い耳垢で署名する。美しい**黄金の肥満体**。

この修道院長はここでサグアンを登場させ、署名は太字で「Gros cul dore」（字義は「黄金の大尻」）としている。あるいはこれはなにかしら性的な意味を帯びているのかも知れないが、さらに彼はこう記してもいる。「汝らの悪徳を改めよ、我らが栄光ある修練士たちよ」、「（相手を）攻撃したり、何かを仕掛けたり、（罵言を）吐いたり、書いたりすることを禁じる。彼らを陽気で笑わせるようにしなければならない[15]」。つまり、自分たちを見習うようにしなければならない。そう力説するのである。むろん、第三者のこうしたおどけた仲介で、マロとサゴンの争いが収まるはずはなかった。おそらくそれは修道院長も先刻承知のことだったろう。彼の狙いはそこにはなかった。詩人たちの論争を格好のネタにして、コナールたちのみならず、一般の笑いを取ろうとしたところにあったと思われる。詩人たちにとってみれば、じつに迷惑な話だったはずだが、ここにはコナール大修道院のしたたかさをみてとることができるだろう。

いささか話が本筋から離れた感なきにしもあらずだが、神学者で系譜学者でもあったルイ・モレリ（一六四三—八〇）が、一六七四年、弱冠三一歳のときに第一巻をリヨンで上梓し、一七五九年までに二〇版（10巻）を数えた、フランス最初期の百科事典とされる『歴史大事典ないし聖俗史の興味深い混淆』によれば、コナールたちの当初の目的は「笑いによって社会道徳を修正するところにあった」[16]という。はたして社会道徳の修正を意図していたかどうかはさておき、たしかにコナールたちは社会的な不正を笑いによって揶揄したりもした。年代は不明だが、カーニヴァル期間中のある日、彼らコナールたちは意気揚々と市中を行進し、携えていた立派な野ウサギを一羽売ろうとした。値段は法外な一〇ピストル金貨。むろん売れるはずはない。だが、彼らの実際の目的はそこにはなかった。じつはある訴訟人がバイイ裁判所の裁判官一〇人それぞれに、手心を加えてもらおうと野ウサギを一羽ずつ贈ろうとしたところ、裁判官たちの下女から、ジビエは食べないので、代わりに一ピストルを要求されたという[17]。はたしてコナールたちがどこでこの情報を仕入れたかは不明だが、一〇ピストル金貨という馬鹿げた、それだけに人びとに笑いをもたらす値段はその賄賂を示すものだった。

コナールたちは自分たちのパフォーマンスを禁じることができる高等法院や市当局、あるいは地方総督を基本的に攻撃したりはしなかった。だが、彼らが政治と無関係だったわけではない。たとえば一四九九年、ルイ十二世がブールジュ国事詔書の厳格化を求めると、教会は愚者の祭りの廃止へと動いた。この国事詔書とは、一四三八年にシャルル七世が、フランス教会への教皇権の介入を拒むガリカニズム（前出）を明確にしたものであり、したがってその厳格化と愚者の祭りに直接的な相関はなかった。にもかかわらず、コナールたちはルーアン大司教の教令によって本拠としていたボン・ヌーヴェル修道院を追い出され、修道院の外で集会をおこなうことを余儀なくされる。さらにそれと時期を同じくして、高等法院の裁決も出され、カーニヴァル期間に仮装行列や祝宴を制限されただけでなく、彼らが個人の名声を損なうような戯れ歌を唄うことや、毎年のパフォーマンスには同法院の許可を申請することが義務づけられてしまう。前述した一五四〇年の場合がまさにそうだった。

だが、他の愚行結社同様、コナールたちにとってやがて最大の敵となるのは宗教戦争（ユグノー戦争）だった。一五四一年、いやそれ以前からのカーニヴァルで、聖職者たちを堕落の存在として風刺したことによって、彼らはプロテスタント寄りとみなされていた。[18] たとえば一五四五年のランディ・グラ（カーニヴァル中日の月曜日）、ある司教座聖堂参事会員は、コナールたちがいかにして自分を嘲弄したか語っている。それによれば、前日、教会や参事会で大きな問題となったコナールたちのスキャンダルについて議論したが、それは彼らが自分に当世風の司祭用の祭服を着せ、大罪を犯したので死刑を宣告し、処刑人に引き渡す。そう宣言したというのである。この参事会員は参事会に事件の真相を調べるために支援を求めた。だが、二日後（四旬節初日の灰の水曜日）、彼は新たな揶揄を加えられるかもしれないと思い、訴えを取り下げたのだった。[19] この出来事は、自分たちを勝手にプロテスタントとみなして排除しようとしていた、参事会に対する一種の意趣返しにほかならなかった。

そうした状況は、しかし一五六二年一月、時の摂政カトリーヌ・ド・メディシスがユグノー（カルヴァン派プロテスタント）の信仰を条件付きで認めたサン＝ジェルマン勅令によって一変する。一説に、当時、ルーアンの人口はおよそ七万五〇〇〇。そのうちプロテスタントは二〇パーセントを占めていたという。[20] むろんこの王令はカトリック教徒たちの反発を招いたが、勢いを得たルーアンのプロテスタントたちは、カトリックの蕃風だとしてカーニヴァルを廃し、コナール大修道院のメンバーと目された者は、プロテスタントの市民たちから石を投げつけられさえしたともいう。[21] 同年三月、カトリック勢力の中心人物だったギーズ公フランソワの手勢が、北東部のヴァシーでユグノーたちを虐殺するという惨劇が起きる。これによるユグノーの死者は五〇人、負傷者はおよそ一五〇人。ユマニストの神学者で、フランスにおけるプロテスタンティズム唱道者のひとりだったテオドル・ド・ベーズ（一五一九―一六〇五）は、一五八〇年に上梓した大著『フランス王国における改革教会史』でその犠牲者の名前を列挙しているが[22]、定説ではこの出来事がユグノー戦争のきっかけとなったとされる。同年四月、ルーアンではユグノーたちが武器を手に市庁舎を襲い、バイイ（代官）を追放してしまう。翌五月にはカトリック教会の聖像を破壊し、あまつさえ高等法院までいっとき退去を余儀なくさせる。これに対し、シャルル九世の国王軍はルーアンを包囲し、イングランド軍の支援を受けたユグノー勢と対峙する。この包囲戦は十月まで続き、国王軍は町を奪回して略奪を働いた。ただ、コナールたちはこれで救われる。それ以前、彼らはプロテスタントたちを攻撃し、これに憤ったベーズたちが、道徳と信仰の名において、コナール大修道院を解散させていたからである。

そして一五七〇年、彼らコナールたちは舞い戻った高等法院から改めて特権を授けられる。聖職者や参事会員のなかには彼らがユグノーに立ち向かったことを評価する者もいた。だが、彼らに対する遺恨を忘れず、その活動を禁じるよう立ち回った者もおり、ある有力な律修参事会員は高等法院に働きかけている。これを受けた法院は、コナールたちが修道院長や枢機卿といった肩書を名乗ったり、祭服や司教冠などをもちいたりすることを禁じるようになる。その結果、「コナール大修道院」はこともあろうに「節制の館」と改称するのだった。

しかし、コナールたちは不死身だった。サン＝バルテルミの虐殺に倣って、ルーアンでもユグノーが相当数殺害されてから五年後の一五八七年一月、彼らは仮装行列と宣言を再開し、翌年のカーニヴァル（二月末）には、カトリック同盟（リーグ）をパロディックに攻撃し、ギーズ公アンリやその配下の人物たちに見立てたメンバーが、山車の上で互いに激しく錫杖を奪い合うさまを滑稽に演じて、民衆の笑いをとったりもした。一五八八年四月、敵対していたギーズ公を暗殺して、カトリック同盟のみならず、パリ大学やパリ高等法院から排撃され、ローマ教皇から破門すらされていたアンリ三世が、ルーアンに逃げ込む。はたしてこの哀れな国王がいつまでルーアンに逼塞していたかは不明だが、翌年八月、狂信的なカトリック同盟派のドミニコ会士によって、パリ近郊のサン゠クルーで殺害されてしまう。こうして内なる敵対者を葬ったカトリック同盟が町の実権を握ると、それから数年間、コナールたちは鳴りを潜めざるを得なかった。やがて平和が訪れると、コナールたちは再び活動を開始する。アンリ三世の評定官をつとめ、カトリック同盟に批判的だったアンリ四世の従弟でルーアン大司教だったシャルル・ド・ブルボン二世が他界した一五九四年、ルーアン高等法院から特権を認められた彼らは、以前と同様に、だが、多少とも教会に配慮して仮装行列を再開するのだった[23]。

ここで興味深いのは、コナールたちに対する高等法院の対応である。ときにこれを規制し、ときにその活動を認可する。はたしてそれが何に起因するのか、即断は控えなければならないだろうが、はっきりしているのは、こうした対応の変化は、この愚行結社の行き過ぎやそれに対する人びと、とくにエリート階層による反発と符合している、ということである。事実、ルーアン高等法院関連史料によれば、同法院が活動再開を認めて五年後の一五九八年、ルーアンのクリストフ・リュドなる富裕者は、コナールとその従者たちが、ルドーの家に闖入し、ルドー本人とその家人たちにいかなる形であれ暴力をふるうことを禁じてほしいと訴え出たという。おそらくこれはシャリヴァリを指していると思われる（原因は不明）。さらに五年後の一六〇三年には、同じノルマンディのヴィールで、同地のコナールたちが、カーニヴァル最終日のマルディ・グラ、町のパン商がシャリヴァリ税を払わないとし、仮面をかぶり、「コナールの杖」を持って、昼夜構わずその家に押しかけ、本人とその家族をいまにもなぶり殺しにしようとしたと、高等法院に上訴したという[24]。当然のことながら、こうした訴えがある以上、法院としてもコナールたちを規制しなければならなかっただろうが、それはまた法院の影響力の限界をはしなくも露呈していたといえる。

それからの数年間、コナールたちは税金というだれもが納得する批判対象をとりあげる。とりわけ彼らがこきおろしたのは金融資本家や徴税請負人たちだった。すでに一五九五年の段階で、税制や新たに創設された小麦、塩、石炭、オレンジ、布などの監督官たちを揶揄の舞台に上げていた。こうしたパフォーマンスによって、少なからぬ税金を払わされていたルーアン市民の笑いをとったのだ。だが、さすがに高等法院はそれを看過できず、その行き過ぎを禁じる裁決を一五九五年から一六二一年にかけて数度出さざるをえなかった。かてて加えて、前述したリシュリューの介入である。一六二四年から宰相の地位にあった謹厳実直な（？）彼は、徴税に対する抵抗を助長するような愚行結社を認めるわけにはいかなかった。国庫を補填するために導入した一六二九年のタバコ税や翌年の間接税が、各地で抵抗運動や叛乱を招いていたからである。そして一六三〇年六月二十一日、リヨンでついに愚行結社の解散を命じる勅令が出されるまでになる。明らかにコナールたちは見落としていた。彼らがそのパロディ化の対象を地域社会の日常という枠を超えて、国政にまで拡大したことだけでなく、人びとの笑いを演出する代わりに、彼らの怒りを代弁してしまったということを、である。彼らに仮託されていた愚行の範囲を逸脱した。逸脱して、自分たちのパフォーマンスをおそらく無意識に叛乱的なものへと転位してしまった。少なくとも、国家権力からそうみなされた。コナール大修道院の不幸はまさにそこにあったといえるだろう。

「歩兵隊（メール・フォル）」――ディジョン

中世ブルゴーニュ公国の都が置かれていた古都ディジョンは、トゥール司教で歴史家でもあったグレゴワール・ド・トゥール（五三八頃―五九四）が、その主著『フランク史』（第三巻）で触れているように、六世紀以前からブドウ栽培が盛んであった。むろん、その伝統は今も受け継がれ、世界的に名声を博しているブルゴーニュ・ワインの集散地となっている。あのギュスタヴ・エッフェル（一八三二―一九二三）の生地でもあったこの町の愚行結社「ディジョン歩兵隊（Infanterie dijonaise）」――一般的にはそのリーダーである「メール・フォル（狂った母）」、ラテン語では「愚者の母（mater stultorum）」の名で呼ばれていた――は、遅くとも一四五四年までに創設されている。その隊旗は両面あり、一方は鞴を手にしたメール・フォル（図10）、もう一方は、道化帽をかぶったふたりの人物が逆さに抱き合って、それぞれがむき出しになった相手の尻に顔をつける児戯のペタン＝グルがあしらわれている（図30）。よく見れば、互いの尻から「風」が出ており、四隅からも天使たちがふたりに風を送っている。むろん、これもまた愚性の表徴である。

図30　ディジョン歩兵隊の隊旗。影が透けて見える反対面は、鞴を手にしたメール・フォル像（図10参照）

一四五四年、ブルゴーニュ公フィリップ三世[25]（在位一四一九―六七）はサント＝シャペルの祭式を担当させるため、次のような命令書を出している。

神の恩寵により
ブルゴーニュ公フィリップは
（…）
余および余の後継者たちのため
その領主地において
この祝祭が
楽しい道化たちが危険とは無縁に
教会合唱隊の着衣をまとい

平穏に違犯ないし嘲弄をおこなうことなく
(…)
一年のうちの一日
一月一日に営まれることを
望み、同意し、認可するものである。[26]

その動機は不明だが、土地の為政者が祝祭ではなく[27]、同信団ないしそのものをつくらせたという事例は、おそらくほかにはさほどないだろう。この歩兵隊は、十六世紀には高等法院の関係者や富裕商人たちを主体とする二〇〇人あまりのメンバーを抱え、十七世紀にはブルゴーニュ総督だったコンデ公アンリ・ド・ブルボン二世(一五八八―一六四六)(図31)や、ラングル司教でフランス同輩衆でもあったルイ・バルビエ・ド・ラ・リヴィエール(一五九三―一六七〇)もメンバーとなっていた。ちなみに、十三世紀のディジョンには、前述したサント=シャペルを拠点とする、「サント=シャペルのメール・フォル(Mère-fole de la Sainte-Chapelle)」なる愚者結社があった。司祭や助祭などの聖職者からなるこの結社は、公爵家から財政的な支援を受けながら、ブルゴーニュ公の意図に反して、クリスマス期間中に、スキャンダラスで無秩序かつ瀆聖的、つまり典型的な愚者の祭りを営んでいたという。[28] 金羊毛騎士団との関係は不明だが、あるいはブルゴーニュ公はこれをモデルにして歩兵隊の結成を命じたのだろうか。

この疑問はさておき、一六七二年に創刊されたフランス最初期の月刊文芸誌である、《メルキュール・ガラン》を前身として、一七二四年から一九六五年まで(!)刊行された《メルキュール・ド・フランス》の初年度の一月号に、当時のメール・フォル(ディジョン歩兵隊)にかんする貴重な書簡証言が載っている。書簡の書き手は「ブルゴーニュのある貴族」（以下、「書き手」と記す）で、宛て先はモロー・ド・モトゥール（一六五四—一七三七）。同地方のもうひとつのワイン集散地であるボーヌ出身で、王立碑文・文芸アカデミー会員、そしてブルゴーニュ会計法院検事でもあった人物である。このふたりがどのような関係だったかは分かりようもないが、その書簡には、これまで自分が愚者の祭りの起源や、モトゥールがしばしば話題にしていた、ディジョン歩兵隊（メール・フォル結社）について、密かに研究してきたとの言挙に続いて、大略以下のようなことが記されている。[29]

それによれば、この結社は、ミュンスター司教やケルン大司教などを歴任し、一三六八年にクレーフェ（クレーヴェ）伯となったアドルフ一世（一三三四頃—九四）が、三六人の貴族（や騎士たち）とともに、カーニヴァルのために一三八一年に組織した「愚者たちの協会」に倣ったものだという。その根拠として、書簡の「書き手」は、神聖ローマ帝国のクレーフェ伯爵家とブルゴーニュ公爵家が親密な関係にあり、両結社の規約が類似している点をあげている。[30] だが、この起源説を最初に唱えたのは「書き手」ではない。紋章学や音楽史など精通し、それらに関する著作もあるイエズス会士のクロード＝フランソワ・メネトリエ（一六三一—一七〇五）が、すでに一六八一年、『古代および現代の音楽上演』において、次のようにより的確に述べているのだ（一部前述の紹介と重複している箇所があるが、あえてそのままとする）。

図 31　コンデ公の歩兵隊入会記念蝋印。1626 年

ブドウの収穫とブドウ栽培者たちの町であるディジョンは、メール・フォルという行事を長いあいだ営んできた。この行事は毎年カーニヴァルの時期に営まれ、地位のある者たちがブドウ栽培者に扮して、歌や風刺劇のための山車の上で歌っていた。（…）ブルゴーニュ公国総督のエンゲルベルト・ド・クレーフェが、この種の行事をディジョンに持ち込んだのかどうかはわからない。ただ、クレーフェ伯のアドルフが、自分の領邦に三六人の貴顕ないし領主からなる一種の結社を組織し、これを「愚者の協会」と命名したことは確かである。当該結社は毎年ブドウの収穫期、すなわち十月の第一ないし第二日曜日に集まって大諸侯会議を開き、ディジョンと同様の娯楽に興じ、この祭りを仕切るための王と六人の評定官を選んだ。[31]

さらに、メネトリエは「愚者の協会」がメンバーに宛てたと思われる（明記はない）ドイツ語の書簡を仏訳して紹介しているが、その内容は本章註30のティリオの文言と同じである。つまり、「書き手」にしてもティリオにしても、それぞれ出典を明記せずにメネトリエのテクストを引用しているのだ。今日ならさしずめ盗作との非難を浴びるかもしれないが、むろん著作権など考えもつかなかった時代の話である。それよりもここで注目したいのは、ディジョンという一地方都市のすぐれて民衆的な祝祭を、ブルゴーニュ公やクレーフェ伯といった為政者と歴史的に結びつけて正統化し、あるいは権威づけているという点である。かつて筆者は、アルザス地方南部の宗教都市タンの伝統的な火祭りである「三本樅の松明祭」が、イタリアの古都ボッビオの有名な松明祭と結びつける伝承を、「祝祭の貴種流離譚」と呼んだことがあるが（『ワインの民族誌』第2章、筑摩書房、一九八八年）、おそらくディジョン歩兵隊にかかわる伝承も、その一例と呼んでよいだろう。この「歩兵隊」について、前出のジョクールは『百科全書』の第10巻で次のように述べている――。

歩兵隊の任務と位階は着衣によって区別されていた。彼らは仲間のうちで見た目がよく、所作が立派で、実直さも兼ね揃えた者を長に選んだ。この長がメール・フォルである。彼は、さながら君主のように宮廷全体を束ね、スイス人や騎馬の衛兵、司法官、家政官、宰相、主馬頭など、一言でいえば王権の威厳をすべて備えていた。この結社の目的は歓喜と快楽にあった。(…)彼らのスペクタクルは毎年カーニヴァルの時期に営まれ、そこでは名士たちがブドウ栽培者に仮装し、山車の上で歌や風刺を唄ったが、それらは当時の風俗を公然と批判するものだった。そこからこれらの山車は、ラテン語で「悪口山車(plaustra injuriarum)」と呼ばれた[32]。

コナールたちの祭りが八月十三日(!)に営まれたとするなど、いささか内容に疑問はあるが、参考までに、以下ではフレデリック・レピヌ(詳細不詳)による、『ブルゴーニュ年代記』(一八八六年?)所収の「ディジョンのメール・フォル」から、その様子をみておこう。時期は少し遡って一四八二年のこの日、メール・フォルの先触れたちが角笛を高らかに吹き鳴らしながら、ディジョン市中を巡回する。これを知った物好きたちは店や市場を出て四辻に走り、黄・緑・赤色の服をまとい、数多くの鈴がついた頭巾をかぶって、道化杖を振りかざすメッセンジャーたちの布告を聞きに行く。

ヒュルリュ、ベルリュ、間抜けで善良なディジョンの住民たちよ、聞け、(…)愚かで大うつけ、風変りで気まぐれ、頭がおかしく、法外で、軽率なろくでなし、そして全能の愚性(狂気)の忠実な奴隷たちよ、われらがいとも恐ろしく貴婦人たるメール・フォルとその傲岸かつ陽気な貴人たちの命により、やいのやいのとしつこく、風と月の流れのままに、以下のことを告げて周知徹底を図るものである——。本日、夜ではなく、昼間に、いとも名高き最愛のディジョン歩兵隊の陽気連が、楽隊の音に合わせて集まり、(…)パレードを開始する。大小のウサギ、ヤマウズラ、去勢鶏、アヒル、アンドゥイユ(豚や子牛の内臓などを詰めたソーセージ)、フラミュス(ブルゴーニュの郷土料理におけるデザート)、プラムタルト、牛肉、子羊のロースト(…)などを相手に、歯と顎を使って戦争を仕掛け、すべての太鼓腹を満たしてから、(歩兵隊の)裁判でメール・フォルから有罪を宣告された罪人たちの家を相次いで訪れ、彼らを処刑する。ヒュルリュ、ベルリュ、今日はだれもが喜びに沸く!(引用文中、誤記は修正)[33]。

これもまた四〇〇年あまり前の話であり、しかも典拠が明示されていない以上、真偽を確かめる術はない。だが、たしかにこれまで縷々みてきた事例からすれば、こうしたおどけた布告があったのかもしれない。そして、この布告の最後にある「処刑」とは、間違いなくシャリヴァリないしアゾアドのことである。だとすれば、人びとはバーレスクな祭りを楽しむ一方で、もしかすれば自分もまたその犠牲者になるかもしれないとの不安も覚えていたはずである。レピヌによれば、次のような修羅場がみられたという——。「処刑人たち」はハンマーで大鍋や空の樽を叩き、ある者は大きなクレセル(ガラガラ)を鳴らしながら、何百もの声で動物の鳴き声や吠え声を真似たりもした。それはまさに地獄絵図で、一瞬、家屋が倒壊したような騒音もした。そんななかにあって、精肉店の女主人(恐妻?)だけは一階の窓際に陣取り、両の拳を腰に当て、興奮した群衆に激しい怒りに満ちた目を向けていた。やがてバカ騒ぎが一段落し、メール・フォル(歩兵隊)のグループである「グリフォン=ベール」(字義は「緑のグリフィン」)が、自分に罰金(シャリヴァリ税)を宣すると、その場にいたすべての歩兵隊員にこの上もなく辛辣な罵言を吐いた。だが、隊員たちは家の扉をこじ開けて侵入し、手あたり次第に物を投げつけて必死に抵抗する彼女を何とか捕まえる[34]。レピヌはその顛末を記していないが、哀れな彼女はシャリヴァリにかけられ、屈辱に耐えなければならなかったはずである。

宗教戦争のあいだ、逼塞を余儀なくされていた歩兵隊は、遅くとも、アンリ三世がボーリュー勅令（王弟殿下の和議）によって、パリ市壁内以外のすべての地で、プロテスタントの公的な礼拝を認めて第5次宗教戦争を終息させた一五七六年に復活する。この復活劇には、ある出来事がかかわっていた。若者が恋人のいる家の窓に花や若木を置くというあの行事がおこなわれていたどき、ブルゴーニュ地方の河川森林監督官が妻を打擲した、という出来事である。原因は、妻が五月柱《メイ・ポール》の祭りで（自分の了解なしに）ダンスをしたためだった。夫婦がいずれもブルゴーニュ人ではなく。パリからやってきたよそ者だったこともあってか、この痴話喧嘩を格好の題材とするファルスが創られ、マルディ・グラに「アスヌリ」、すなわち一年のあいだに夫ないし妻が悪事を働いた人物の家までロバを引いていくという行事が生まれ、そのために歩兵隊が再結成されたという[35]。

卑俗な歌や風刺劇の移動舞台となる飾り山車を伴う行列は、いずれも仮装者たちが扮した一〇〇人あまりの歩兵隊からなり、彼らはメール・フォル（女装）の山車に従った。先導するのは軍旗を掲げ持つ旗手。メンバーはこの結社のシンボルカラーである黄・赤・緑の二角帽――鈴付き――をかぶり、それぞれが階級を示す袖章や布地に加えて、道化杖を手にしていた。結社の長であるメール・フォルは、将校や王侯たちを「廷臣」とし、何年のことかは不明だが、スイス人の護衛兵に扮した五〇人を従えてもいたという。彼らはみな市内の富裕な職人たちで、だれひとり結社や祝祭向けの拠出金の支払いを拒んだりはしなかった。一六一四年に歩兵隊の財務総監督官がしたためた文書には、メンバーの「すべての愚者、大愚者、狂人、間抜け、軽薄者、ひねくれ者」が、「財務総監督官」に会費を納入しなければならないとある。一六二六年の歩兵隊員は総勢五〇〇人以上（！）。そこには町の名士や富裕市民が多数含まれ、入会金も徴収していたことからすれば、歩兵隊の収入はかなりの額になったものと思われる[36]。しかも、行事に参加しなかった者は、正当な理由の申し立てがない限り、罰金として二〇リーヴルを徴収されたという[37]。彼らはまた、パロディックな裁判に加えて、集会のあいだ、バーレスクないしコミカルな言葉で対話をしなければならなかった。だが、こうした慣行は、一六三〇年七月、市当局と高等法院によって廃止され、違反者には重罪が科されたともいう[38]。

はたして歩兵隊が具体的にいかなる愚行を演じたか、その詳細は「書き手」が繰り返し述べている『回想録』に記されているようだが、残念ながらそれを確かめる術はない。ただ、この結社とディジョンのバゾシュたちとの関連を指摘する興味深い説もある。「検察官や公証人の周りで数を増すようになっていた書記たち（バゾシュ）は、独自の諧謔的な性格と伝染力の強いパリのバゾシュを範として、騒々しい祝典や盛大な露出、さらに滑稽で風刺的なパフォーマンスを実践しようとした。メール・フォルの祭りは、そうした彼らの嗜好を十分に満足させるものであった」[39]。とすれば、確証はないが、この書記集団もまた、ディジョン歩兵隊と行動を共にしていたのかもしれない。

図32　メール・フォルの飾り山車。1610年

しかし、こうして活発な活動をしていた、いや、むしろそれゆえにこそ、ディジョン歩兵隊は市当局から疎まれ、一六三〇年六月の条例によって解散を余儀なくされる。そこには以下のようなことが記されていた。

ディジョンの町で見受けられる、歩兵隊や、単なる「狂った母」でしかないメール・フォルという集団のスキャンダラスな慣行や、この集団が生み出す混乱や放縦、さらに当該集団が、町の公序良俗や休息および静穏さを日常的に乱していることについて、われわれに寄せられたさまざまな苦情に鑑み、この悪弊を根絶し、それが将来速やかに復活することを防ぐため、われわれはあらゆる権限と国王の権威に基づいて本布告に署名し、歩兵隊とメール・フォルを廃し解体させるものである。また、これ以後、前記歩兵隊およびメール・フォルの名のもとで、当地および他所の臣民が集まり、団結し、祝宴を催すことを禁じ、違反者は町の一切の職務につく資格がないことを宣告され、さらに公共の休息の攪拌者として罰せられるものとする。[40]

伝統的な民俗慣行を住民の真偽のあやふやな苦情や社会的秩序からの逸脱として断罪する。むろんそこには、当局の権威・権力の誇示を顕在化させるという底意もあるが、この条例もまた定式化した禁令の文法を踏襲しているといえる。じつは条例が出される数か月前、カーニヴァル直後の二月二十七日から三月一日にかけて、ディジョンでは大きな出来事があった。枢機卿リシュリューの税制改革の一環として、域外に販出されるワインにも一種の消費税が課されることになった。これに危機感を覚えたブドウ栽培者たち五〇人あまりが、職人たちの支援を受けて蜂起した。「ランテュルリュの叛乱」である。呼称は、カーニヴァルで市中を引き回され、最後に「裁判」にかけられたのち、有罪を宣告されて焼殺されるはたものの人形の名にちなむが、この蜂起では、叛徒たちがランテュルリュの唄を歌いながら、財務総監督官や会計法院長など、町の有力者の邸館を次々と襲って略奪行為を働き、ルイ十三世の似顔絵を焼いたりした。これを鎮圧するため、警察総代行官が警吏を率いてブドウ園を焼き討ちしたり、前述した町の名刹サント＝シャペル前の広場で、叛徒一四人を射殺したりした。当時トロワを訪れていたルイ十三世は、事態を知らされ、同年四月にディジョンに赴いた。約二〇〇人の住民が町長や参事会員たちとともに国王の居館に出向いて、その許しを請い、受け入れられたが、町の修復にかかる財政負担は非常に大きく、その費用は予算の数年分に相当したという。おそらく条例の背景はこうしたこともあったはずだが、何よりもメンバーにブドウ栽培者たちも加わっていた歩兵隊が、蜂起に加わっていたからである。民衆祭が叛乱へと展開する。その事例の詳細は、ルロワ＝ラデュリの『南仏ロマンの謝肉祭』（後出）やイヴ＝マリ・ベルセの『祭りと叛乱』（井上幸治訳、新評論、一九八〇年）などを参照されたいが、この条例にある「集会」の禁止も、民衆のさらなる叛乱を予防するための措置だったのだろう。

ただ、歩兵隊は完全に消滅したわけでなく、たとえば一六三八年にのちのルイ十四世が誕生した際は、それを祝うため、「四〇〇人の隊員が馬に乗り、それぞれ仮面をかぶり、色とりどりの衣装をまとって、ブルゴーニュ地方の民謡を歌いながら行列した」[41]。さらに一六五〇年には、町を訪れた若い国王をもてなすために「メール・フォルの帰還」というファルスを上演している。さらに、フランス・スペイン戦争を終結させたピレネー条約締結一年後の六〇年には、ブルゴーニュの地方総督に復帰したコンデ公ルイ二世、通称大コンデの前で、歩兵隊は「必要ならドール（不明）まで進軍する」と言上したという[42]。だが、ディジョンの自由な精神を体現した歩兵隊は、いつしか歴史のなかに埋没していった。

それからおそらく二世紀半後、メール・フォル祭（ディジョン歩兵隊の呼称は消失）が、わずか五年間だけだったが復活する[43]。一八三五年三月二十三日土曜日、市内各所に、二十八日までの五日間、カーニヴァル的な「メール・フォルの回帰」をおこなうとするポスターが張り出されたのだ。往時のメール・フォル祭を忠実に再現するとの謳い文句で営まれたこの行事は、メール・フォルやその供連れたちが乗る飾り山車を数台伴うありふれた仮装行列のほかに、仮面舞踏会や無料コンサート、フランス人とベルギー人のボクシング興行、ウェイトリフティング競技会が主体だった。それでも二十四日の日曜日には、行列に先立って、一〇〇〇人分の皿が用意された大祝宴が開かれ、二十八日の最終日には、一般的なカーニヴァルが、冬や不毛などの負性を仮託した人形を焼殺して春を迎えるのに倣って、メール・フォルの人形を焼いたりもした。しかし、祭りを通して諧謔や逸脱的な行動はみられず、参加者を「愚者」と呼ぶこともなかった。たとえばパリでは、二〇一五年十二月二十八日の聖嬰児の祝日に、四〇〇年ぶりに「愚者の祭り」が復活したが、それもまた、こうい ってよければ、単なる仮装行列の域を出なかった。ベルギー・ワロン地方のサン゠ワルビュルジュで、毎年九月に実施されている「愚者の祭り」もまたしかりである。

図 33　1835 年のディジョンのメール・フォル祭

たしかに、パフォーマンス自体に注目すべき点はさほどないが、じつはこのディジョンの祭りには、政治と祝祭という点できわめて興味深いものがあった。一九一九年から市長職にあった急進左派のガストン・ジェラール（一八七八―一九六九）の介在である。二か月後の市長選挙で、社会党の国民議会議員、のちにフランス郵便電信電話大臣（在任一九三六―三七）になったロベール・ジャルディリエに敗れるまで、足かけ一六年の長きにわたって市長をつとめた弁護士出身の彼は、町おこしに腐心した。旧市街地を保存地区として観光の目玉としたり、美食フェアを立ち上げたり、みずからディジョン・ワインの宣伝と販路拡張を目指してヨーロッパはもとより、アメリカやアフリカ、はてはアジアにまで足をのばしたりもした。[44] 興味深いことに、ブルゴーニュ料理の鶏のバター炒めにその名を残してもいる彼は、まさに名市長の名に値した。のちにペタン元帥の親独政府を支持したかと思えば（一九四〇年）、ユダヤ人たちを匿ってゲシュタポに逮捕拘禁され（一九四四年）たりもしたジェラールは、一九三四年、メール・フォル祭を組織することになる、祝祭委員会の設立を認可している。この委員会の目的は、①経済・産業の活性化と芸術やスポーツの振興、②広く知られている伝統的な祝祭の永続、③新しい祝祭の組織化、④個人的・集団的な芸術活動の後援、⑤慈善・連帯活動の推進、⑥ブルゴーニュの祭りを組織し、それを通してブルゴーニュ地方に対する認知度向上にあった。ひとことでいえば、これもまた「町おこし」である。とすれば、市長の考えとなにほどか符合することになるが、委員会に対する市当局からの祝祭用助成金は二万フラン。地方労働者の月給の約三〇か月分に相当する。近接するマコンやシャロン＝シュル＝ソーヌ市のカーニヴァル助成金が五万フランだったところからすれば、明らかに少額といえる。だが、ジェラールは、祭りが一種の失業対策にもなると市議会を説き伏せ、さらに五〇〇〇フランを拠出させた。彼はまた、この祭りに合わせて講演会を催し、二五〇〇人あまりがこれに参加した。

むろんこうした市長のイニシアティブには反対もあった。当時、市議会における少数派の社会党は、祭り自体には反対しないものの、この助成金を直接失業者のために供出する方がより効果的だと主張したのである。一方、やはり少数派だった共産党は、市当局が有力な経営者や商人たちとともに、「歴史的だという愚かな祭り」を主催することに真っ向から反対した。「メール＝フォルの仮装行列はブルジョワジーの祭りであり、労働者たちのそれではありえず、あってもならない。彼らにはほかに記念すべきイベントがある」。そう主張したのである。

そして一八三五年七月、社会党や急進社会党などと提携してフランス人民戦線を成立させた共産党は、翌三六年二月一日、その利益を「反ファシスト数百人が置かれている窮状を救う」ためとして、大規模な民衆祭（ダンスパーティー）を開催する。これに対し、市長のジャルディリエは、二日後の二月三日、「盟友」であったはずの共産党にのみイニシアティブをとらせるわけにはいかないとして、前市長肝いりの祝祭委員会を解体し、市当局が主導する新しい祝祭委員会を設ける。名称は「慈善祭委員会」。この委員会は市内の文化協会や労働組合、商人組合、退役軍人会、地区委員会などさまざまな結社に参加を呼びかけたが、共産党の協力は断り、以後四年間、三月初めにカーニヴァル的な祭りを催すことになる。そこではメール・フォルや協賛団体、さらに料理人たち、バッコスの山車も登場した。

一方、共産党主催の祭りは一九三六年から三九年まで毎年二日間おこなわれ、たとえばサッカー試合などが企画されたが、興味深いことに、これもまたカーニヴァルにつきものの仮装行列やコンフェティ（紙つぶて）合戦が繰りひろげられ、最終日の夜には、やはりカーニヴァルと同様に人形を裁判にかけ、有罪を宣告して「溺死」させている。つまり、社会党（市長）と共産党が、一方はメール・フォルを受け入れ、他方はそれを廃して、互いに別個のカーニヴァル的祭りをいとなんでいたわけである。たしかに、共産党とカーニヴァルとは、いささか不釣り合いな組み合わせといえるが、これもまた人心掌握の手段だったことに間違いはない。

ともあれ、メール・フォル祭はこうして過不足なく政治の舞台に上げられた。文化が政治化されたのである。たしかにカーニヴァル的な要素は帯びていたものの、もはやそこにはかつてのメール・フォル祭を特徴づけていた、笑いや諧謔・風刺精神のみならず、愚者も登場しない。そこにみられるのは政治の論理と駆け引きだけであり、換骨奪胎された哀れな「愚者の文化」の姿である。こうした官製の祭りであってみれば、それを民衆が守ろうとするはずもない。祭りが短期間で消滅したのも、けだし当然と言えるだろう。

「悪政大修道院」――マコン

リヨンの北方、ソーヌ河岸に位置するマコンは、ディジョン同様、ブルゴーニュ・ワインの代表的な産地および集散地として知られる。前二世紀にケルト人によって建設され、八四三年から一六〇〇年までフランス王国と神聖ローマ帝国の国境だった、旧ブルゴーニュ公爵領に位置するここはまた、ヴェルレーヌや象徴派にも影響を与えたとされる近代叙情詩の祖アルフォンス・ド・ラマルティーヌ（一七九〇―一八六九）の生地でもある。この中世都市では、十六世紀後葉から十七世紀前葉まで、「悪政大修道院（アベイ・ド・モーグーヴェール、Abbaye de Maugouvert）」[45]と呼ばれたパロディックな愚行結社が活動していた。前身は「シャリヴァリ連（コンパニョン・デュ・シャリヴァリ、Compagnons du Charivari）」。呼称からわかるように、シャリヴァリを活動の中心としていた若者結社で、一四〇二年のクリスマス前夜に、町の参事会が彼らになにがしかの金銭を支払ったことを示す証書が残っているところから、すでに十四世紀には組織されていたと思われる[46]。父親を革命裁判によるギロチン刑で喪った、リヨンの歴史家で考古学者でもあったアントワヌ・ペリゴー（一七八二―一八六七）によれば、マコンの文書庫に保管されている、一五八二年の文献に初出するというこの悪政大修道院（Abbaye de Mau-Gouvert）は再婚を管轄していたという。つまり、再婚シャリヴァリを任務としていたのである。ただ、結社の規約によれば、その権利は慈善事業や公益にのみ使用される金銭の支払いを、再婚者に要求することに限られていたという[47]。前述したように、通常の再婚シャリヴァリは大きな年齢差同士のカップルを対象としており、シャリヴァリ税は参加者たちの飲み食いに用いられたが、ペリゴーの記述からする限り、興味深いことに、ここでは「悪政」どころか「善政」を旨としていたようである。

この結社がなぜ愚行を旨とする悪政大修道院に衣替えしたかは不明だが、リーダーは、仲間のうちから毎年カーニヴァル最終日のマルディ・グラの日に互選される修道院長で、その下に代理人や代官、検察官、評定官、財務総督、徴税人、書記、さらに執達吏などがいた。彼らは他所の愚行結社と同様、再婚者からシャリヴァリ税を徴収したり、市内で起きたスキャンダルや喧嘩、騒擾、さらには殺人事件などをとり上げて、パロディックな裁判をおこなったりした。また、夜、仮面・仮装で放縦な集会を開き、市内を徘徊して、住民たちの迷惑はものかわ、高歌放吟とラフ・ミュージックに耽った。むろんこれは、修道院長に認可を得てのことである。だが、そうした愚行を当局が看過するはずもなく、一六二五年二月、マコンの地方総督補佐官とプレヴォ（地方行政官）は、連名で彼らに次のような禁令を発している。

　われわれは、前述の大修道院の創設のために、昼夜を問わず、通常の服装で、あるいは変装して、徒歩で、あるいは馬に乗って集まるすべての者に対して、これまで再三の禁令を出しており、その違反者は騒擾者として、公共の休息を乱した者として譴責され、汚名を着せられることになる。われわれはまた、特定の名称と資格を僭称し、その職務をおこなうことも禁じてきた。（…）マルグーヴェルヌ（モーグーヴェール）修道院長という偽りの身分と任務も、以後は恥ずべきものとなり、これは新たな参加者についてもいえる。以後は、だれであれ（悪政大修道院の）支持者や参加者を名乗り、その役割を果たすことを禁じ、再婚シャリヴァリをおこなって、なにがしかの税を要求することも禁じ、違反者には体刑を科すものとする。さらに、だれであれ四旬節（マルディ・グラの翌日から復活祭までの潔斎期間）に、昼夜の別なく、仮面をつけて仮装したり、暗夜に武器を手に徘徊したりする者は投獄に処される。（…）当市の参事会員や有力者は、かかる逸脱行為があった場合、すべての警吏が違反者を捕らえて

図 34　悪政修道院の拠点だったとされる木造家。15 世紀、マコン

投獄し、完全な形で裁判がおこなわれるよう、われわれを助け、その力をもって援助することを求められる。また、違反者の共謀者で、われわれの命令を拒む警吏は職務を解かれるものとする。(…)この布告は、太鼓の音とともに市内すべての四辻で読み上げられ、公表され、公共の広場に掲示される。[48]

ここからは悪政大修道院の愚行ぶりがなにほどか読み取れるが、「再三の禁令」という文言は、いうまでもなくこうした禁令がほとんど効力をもたなかったことを物語っている。事実、同年十一月には次のような禁令が再び出されている。

われわれのもとに寄せられた情報によれば、数日前、妻帯者や未婚者からなる放埒な者たちが数多く集まり、「王」と呼ばれる指導者をいただく「陽気連(Troupe Joyeuse)」と名乗った。彼らは帽子に識別用のリボン(?)をつけ、夜昼構わず、ふしだらとの悪評のある娼婦たちを引き連れ、居酒屋や食堂、はては個人の家で際限なく下劣な放縦に興じ、放っておけば殺人事件を犯しかねないほどだった。それゆえ、われわれは、夜間に街中を無灯火で歩くこと、剣やその他の武器を携行すること、店じまいした居酒屋や食堂に押しかけること、これらの店の主人が、彼らに夜、酒を飲ませたり泊めたりかくまったり、あるいはまたふしだらな日々を送る悪評のある、そして素性の知れない娼婦たちを店に引き入れたりすることを、きわめて明確に禁止してきた。違反者はだれであれ公共の財産と休息をかき乱す者として、所払いの罰を科すものとする。[49]

治安当局の文書であってみれば、これがどこまで実情に沿ったものか、若干の留保は必要だろうが、それにしても、一連の愚行結社に対する禁令に、娼婦が登場している事例はきわめて珍しい。

「悪政大修道院」――リヨン

このマコンからソーヌ川沿いに五〇キロメートルほど南下したリヨンの悪政大修道院は、ロバを押し立てての恐妻シャリヴァリが特徴だった。たとえばユグノー戦争さなかの一五六六年十月三十一日、地方総督ジャック・ド・サヴォア（在任一五六二―七二）の妻で、この戦争の中心人物のひとりだったアンヌ・デスト（アンナ・デステ。一五三一―一六〇七）が、厳かにリヨンに入城した。彼女の亡夫は、ユグノー戦争で、一五六三年、ユグノー陣営の宿敵コリニー提督によって暗殺されたとされるギーズ公フランソワ。半年前に総督と再婚した彼女を迎えて、リヨンでは一週間、祝祭が開かれた。そして十一月四日、その最後のイベントが営まれた。悪政大修道院（マル・グーヴェール）主催のシャリヴァリ、「アゾアド（ロバ行列）」である。一〇〇〇人以上が思い思いに仮装して参加したというこの行列では、道中、「修道士たち」による掛け合いのソティが演じられ、さらに通常の恐妻シャリヴァリと同様、前年に妻に打擲された夫（おそらくその人形）が、ロバに後ろ向きに乗せられて市中を引き回された。[50]

一説に、一五六五年頃、フランスには約二〇〇万のプロテスタントがおり、総人口の一割を占めていたという。職人階層が多かったリヨン[51]は、西部のラ・ロシュルと並んで、その中心地でもあった。一五六三年にカトリーヌ・ド・メディシスがユグノーに宗教的な自由を認めたアンボワーズ勅令を出すまで、この町はユグノー勢力に支配されていた。いや、それ以後もしばらくはユグノーの天下が続いた。そのリヨンで、カトリック勢力のアンヌ・デストのための歓迎式典に、シャリヴァリがユグノーの多い職人たちを中心に営まれる（リヨンの印刷工

図35　リヨンにおける犬（?）顔のユグノーたちの蛮行を描いた戯画。制作者・制作年不明

たちにかんしては、本書二四七頁参照）。いささか間尺に合わない話だが、あるいはこの恐妻シャリヴァリは、再婚したての彼女とその夫である地方総督への当てこすりでもあったのだろうか。

それはさておき、リヨンを生没地とする弁護士で市参事会員、さらに慈善院長や刑事総代行官（治安監督官）などをつとめた、人文主義者のプロスト・ド・ロワイエ（一七二九―八四）の、七巻からなる共著『判例・裁決事典もしくはブリヨン事典新版』の第4巻（一七八四年）によれば、この一五六六年十一月に営まれた「バーレスクな伝統行事」であるシャリヴァリでは、悪政大修道院のほかにタンプル大修道院やボワ通り貴族連など、市内のパロディックな愚行結社一八団体が動員されたという。そして、各結社から、アゾアドの辱めを受ける恐妻家の夫の姓名が候補者として本物の総督夫妻らに提出され、それを精査して、犠牲者が決定されたともいう[52]。だとすれば、いわば官民一体となってシャリヴァリをおこなったことになる。むろん、総督にしてみれば、こうして伝統的な民俗慣行にかかわれば、民衆からの「受け」も期待できる。そんな打算もあったのだろうが、晒し者にされる夫からすれば、ロバに乗せられる恥辱より、恐妻の情け容赦なく打擲される方がよかったかもしれない。

この愚行結社について、エリック・ネグレルはこう指摘している。「慣習的正義の受託者であり、集団的な儀礼的暴力を行使するモーグーヴェール大修道院は、その基盤となっている象徴的秩序を守り維持するために、ひたすらコミュニティを混乱に陥れるのである」[53]。たしかに彼らのパフォーマンスが地域社会を攪拌することは間違いない。だが、繰り返しをおそれずに言えば、この慣行は制裁自体が目的でなく、それを笑劇的に演出することによって、つまり人びとからの笑い（哄笑・嘲笑）による洗礼を受けさせることによって、当該者を再び共同体に受け入れる通過儀礼でもあったことを忘れてはならない。制裁・排除→同化・吸収のメカニズムがパフォーマンスの仕掛けとなっていたのだ。その限りにおいて、「シャリヴァリは道徳的な侵害に対して向けられたものではなく、理想的な親縁関係の連鎖を守るためのものである」とするH・レ＝フローの指摘は正鵠を穿っているといえる[54]。事実、シャリヴァリは愚行結社に典型的なパフォーマンスだけではなく、地域社会における結婚経済の維持手段ともなっていた。たとえば、南仏プロヴァンス地方の「愛の王」（マルセイユ、エクス）――北仏リールの「愛の王」は、かつては「愚者の王」と呼ばれていた――や、「若者大修道院」（サン＝トロペ、フレジュス）などを長とする若者結社は、聖体祭の日（移動祝祭日で、五月から六月）の、よそ者と結婚したり、再婚したりする当事者から、町の有力者団体の命に従って、「ペロート（pelote）」と呼ばれるシャリヴァリ税――心づけやパン、肉、ワインなど――を徴収していた。このペロートのことは、オック＝プロヴァンス語復興運動（フリブリージュ運動）の指導者で、ノーベル文学賞を受賞した（一九〇四年）、フレデリック・ミストラル（一八三〇―一九一四）のプロヴァンス語＝フランス語辞典にも載っているところから[55]、南仏一帯にみられた慣行だったと思われる（ちなみに、ミストラスはこの文学賞の賞金で、アルルにフランス最初期の私設博物館であるアルラタン民俗博物館を建てている）。最後のマルセイユ伯となったシャルル三世が一四八一年に没して、プロヴァンスがフランス王国に編入され、ギリシア植民地時代からのマッシリアがマルセイユに改称して二年後の一四八四年、国王シャルル八世の侍従で、プロヴァンスのセネシャル裁判長だったエマール・ド・ポワティエ（一五一〇頃没）は、この若者結社にかんして次のような布告を出している。

マルセイユの貴族、富裕市民および一般成人からなる若者結社が、ダンスをはじめ、住民全体の娯楽と楽しい気晴らしにかかわるすべてのことを主宰する、愛の王を互選する制度の確立を認可し、他の貴族や富裕市民が集まって、別の愛の王を選ぶことを禁じてほしいと申し出た。（…）小職は愛の王のきわめて神聖なる掟を破ろうとしたことは一度もなく、彼らの要求を積極的に受け入れるつもりである。住民の幸福な平穏は統治者を賞賛するものであり、社会において礼儀正しい慣行と誠実な娯楽ほど名誉なものはないからである。（…）こうしたことに鑑みて、小職に託された権限により、これら若者や成人たちに対し、現在および将来において、彼らが適切と判断した愛の王を選び、それを制度化して秩序立てることを認めるものである。（…）これにより、他のいかなる者ではなく、ひとり愛の王だけが前記若者や成人たちおよび関係者たちを招集し、その愛の王国を住民全体の喜びと満足のために用いること、（…）古来からの慣習に従って彼に与えられた権利を享受し、税および延滞金を徴収して、王国の資金に充てること、さらにシャリヴァリをおこない、市門を閉ざして、結婚のために他所から町に来る妻たちは、愛の王に帰属するペロート税を支払うまで、その入市を禁じることを認めるものである。(56)

よそ者の女性と結婚する者や再婚者に対する言及はないが、この布告は若者結社が住民の娯楽を担うだけでなく、理論上、よそ者との結婚によって地元の結婚適齢者が域内での相手を失う結果を招くことを阻止しながら、最終的にシャリヴァリ税の徴収によって「外婚」を認める、つまりよそ者を地域社会に受け入れるというメカニズムが存在していたことを示している。

こうした若者結社によるシャリヴァリはフランスだけでも枚挙にいとまもないほど数多くあるが、たとえば「シャリヴァリ税」にかんしては、南東部、グルノーブル近郊の小村ベルナンの悪政修道院の資料が残っている。それによれば、一五九九年から一六二四年までの二五年間に、この修道院は再婚者や小教区外の男性と結婚した村内の娘、さらにロバによるアゾアドの洗礼に浴した(!)夫たちに対して、一二回、つまり平均して二年に一回の割合でシャリヴァリ税を徴収し、その金額は一〇スーから四リーヴルのあいだだったという。これらの税のほとんどは夫たちから修道院長に支払われたが、一二人のなかには、娘のために税を納めた父親もいた。また、五回のシャリヴァリ税は村外の夫のもとに嫁ぐ新妻、二回は、ベルナンで生まれたわけではないが、結婚式の日に生まれ故郷から夫の村に行くために同村を通らなければならなかった娘に課されたもので、前者は外婚税、後者は村内の結婚経済とは無縁のいわば通行税としての性格を帯びていた。さらに、三人の再婚女性からは再婚税が、妻に打擲された二人の夫にはロバに乗る費用が徴収された。悪政修道院はこうして集めたシャリヴァリ税を、毎年の新年行事の際、村出身の新郎新婦のため、あるいは貧しくてシャリヴァリを支払うことができない新婚者たちのために催した、簡単な軽食会の費用に充当した[57]。

今日なら、悪政修道院のこの管轄権や徴収権がいかなる法に基づくか糾弾されるところだが、当時の村落社会はときに近代法より伝統的な掟が優先していた。そこでは愚行が善行と表裏一体をなしてもいたのだ[58]。

ロマンの愚行結社

グルノーブルと同じドーフィネ地方に属するロマンにも、やはりパロディックな愚行結社があった。そのことを語る前に、まず一五七九年から二〇年にかけてこの町で起きた事件について、ル・ロワ・ラデュリの『南仏ロマンの謝肉祭』に沿ってみておこう[59]――。

手工業で栄えたイゼール河岸のロマンでは、毎年二月三日の聖ブレーズの祝日に、慣例に従って、レナージュ（字義は「王国」）と呼ばれる結社が組織され、支配者層＝カトリックのヤマウズラ王国、ユグノーの手工業者を中心とする野ウサギ王国、そして手工業者と町に住むカトリックの多い農業従事者の去勢鶏王国が、それぞれ独自にカーニヴァルを営んでいた。この一五七九年のレナージュでは、住民たちのリーダー的な存在だった羅紗組合が茶番劇の王を選んだ。この年選ばれたのは、羅紗職人から親方にまでなっていたジャン・セルヴ、通称ポーミエだった。去勢鶏王国を率いたプロテスタントの彼は、カトリックの裁判官アントワーヌ・ゲラン[60]を中心とする市参事会に参加したが、租税や貧者救済、三部会への代表派遣、市の財務監査、穀物供給などの問題を巡って、上層階層と対立する。そして、彼ら職人たちは免税特権を有する富裕者たちに資金供出を要求して、シャリヴァリを仕掛けたりもした。ポーミエとその仲間たちがゲラン勢力によって殺害された、一五八〇年のカーニヴァルの民衆「暴動」（パリ高等法院に提出したゲラン作成になる一方的な報告書の文言）は、まさに象徴的な動物を呼称に冠したレナージュ同士の対立を背景として起きた。

ロマンにはまた「グラタン」と呼ばれるエリート層のための、それゆえ会費がもっとも高額な聖マテュー同信団および、他所と同様にパロディックな悪政（モーグーヴェール）＝善政（ボングーヴェール）大修道院、さらに、市域内に住む農業従事者と親方たちのための聖ブレーズ同信団と、職人や下層民を主体とする聖霊同信団などの愚行結社があり、互いに対立関係にあった。ル・ロワ・ラデュリによれば、「これらの組織は、市民とカトリックの社会的結合関係を表し、《教皇主義的》教会によって活性化されていた」（五〇三頁）という。このうち、悪政＝善政大修道院は、カーニヴァルや四旬節（説教者への出資）に参加するのはもとより、町政にも関与し、町内三小教区の司祭たちが聖職者帽を報酬として作成・提供してくれた新婚者リストに基づいて、婚姻規範の維持を担うだけでなく、シャリヴァリ税（ないし結婚税）も徴収していた。カーニヴァル最終日には、こうして徴収したシャリヴァリ税で下女たちの舞踏会を開いたり、クリスマスからカーニヴァルにかけての期間に催されるブランル（ダンス）や仮装行列、さらに五月柱の行事も取り仕切ったりしてもいた。これに対し、九〇〜一〇〇人ほどのメンバーを擁する聖ブレーズ同信団もまた、その守護聖人の祝日である二月三日に、自分たちの「王国」の王や隊長、大修道院長を選び、市中行進のほかに、ロウソクを灯し、ヴァイオリンの演奏でダンスパーティを開いてもいた。一方、聖霊同信団は葬送を担い、新たに他界した者もそのメンバーに加えられ、同信団の共食やダンスには、この死者たち——実際はロマン在住の貧者たち——も象徴的ながら参加していた。むろん、いずれの結社にとってもカーニヴァルはまさにその存在を知らせる格好の舞台だった。[61]

十六世紀末のロマンは、ことほどさように（愚行）結社が乱立し、一部がしばしば宗教的・政治的・階級的・構造的に対立していた。ル・ロワ・ラデュリによれば、彼らがそれぞれに営んでいたカーニヴァルは、市民意識の単なる発現などではなく、農民戦争に代表される中世的な農村部の流れと、税の公平化ないし反税闘争にみられる古典主義的な流れの渦の真っ只中に位置づけられるという。こうしたカーニヴァルは民衆的なものと富裕者のものとに分かれていた。前者は馬鹿騒ぎや政治的な騒擾を用いて、「社会的目的を達成し、自らの要求を明確に主張するため、当該時代の文化や心理構造に鑑みつつ、もっとも効果的ないしもっとも能弁なアジテーション手段を用いた」。これに対し、富裕者たちのカーニヴァルは、「（前者の）カリカチュアや仮面仮装に対し、一連の誇張と様式を最大限活用」したものであり、「上部構造が下部構造に対して明確に自己主張をしていた」（五五一―五五二頁）という。

いささか長い紹介となったが、このロマンの事例は、愚行結社のありようが、地域の社会的・政治的・経済的・宗教的な状況を過不足なく反映していたことを如実に物語っている。もとより単なる愚行とそれによって人びとの笑いを喚起することだけを目的とした結社もあったはずだが、いずれの場合も、パロディックな（仮面）仮装行列、ファルスやソティなどの愚者劇の上演、そしてシャリヴァリやアゾアド、タパージュといった「愚者の文化」を構成する仕掛け、あるいは公序良俗に対するさまざまな違犯的行為を通して、当該社会をいっときであれ祝祭化し、多少とも活性化するという役割を担っていたことだけは疑いえない。法は違犯するためにあるとは、「呪われた」思想家ジョルジュ・バタイユの言葉だが、この「法」を文化の生態系に置き換えれば、愚行結社はまさにそうした生態系を脱聖化するところに、自らの存在価値を見出していたともいえるだろう。

その愚行ぶりについてはまた、十七世紀の神学者で、パリ盆地南部ゴンドンの修道院長や教皇庁書記官、さらにフランス宮廷司祭などを歴任したジャン・ド・ロワヤクが、一六四五年にマザラン枢機卿への献辞を付して上梓したいささか長い題名の書、『よき高位聖職者ないしヴィエンノワのサン゠タントワヌ修道会の修道院長アントワヌ・ド・トロザニ尊師の生涯と死にかんする言説』で、次のように語っている――。

ロマンには二世紀以上も前からおぞましい結社が入り込み、その結社にはほとんどの若者だけでなく、既婚男性も入会していた。この結社は悪政修道院と呼ばれ、上長者はあざけって修道院長と称していた。彼は教皇の祭服を身にまとって笏杖を手にし、すべての会員もまたカトリックにあるまじき服を着ていた。この呪わしい結社の行動はスキャンダラスなものだった。アントワヌ・ド・トロザニ氏は、契約の箱（神の十戒を刻んだ石板を収めた箱）とダゴンの偶像（旧約聖書『サムエル記 上』第5章に出てくるペリシテ人の神体）が、同じ祭壇にとどまることはできないこと、つまり宗教と不敬、そして真にキリスト教的な慣行ときわめて邪悪な慣行が共存することはありえないことを知っていた。そこで氏は、神の恩寵にすがって、こうしたじつに憎むべき結社、今日の賢明で思慮深い人びとの考えに反する結社をただちに解散させることを提唱した。この不幸な組織の構成員は全員がそれに同意し、氏がロマンに滞在して四か月目に、（…）彼らは笏杖や祭服、さらに規約書を氏に差し出した。そこで氏は彼らを正統な大司教や司祭のもとに連れていき、笏杖などは焼却された。そして、至極まっとうな行為によって神に感謝を捧げたあと、祈祷と宗教行列をおこなった。それから氏は、牛飲馬食に費やされるこの結社の収入を貧しい人びとの救済に充てるよう命じるのだった。(62)

ロマンに近いヴィエンノワの正式な修道院長が、説教だけでパロディックな修道院を解散させる。いささか信じがたい話ではあるが、もし真実なら、これはおそらく稀有な事例といえるだろう。はたしてロマンの悪政修道院がいかなる愚行を働いていたか、この書はそれを詳述していないが、ここでもまた他所と同様のスキャンダラスな行動が展開されていたことに間違いはない。さらに着目したいのは、悪政修道院がなにがしかの収入を得ていたということである。むろんこれは、教会に納められた十分の一税によるものではなく、彼らがシャリヴァリ税を徴収していたことを物語っているのだ。

その他の愚行結社

だが、ときにはこうした若者結社が階級対立を反映して分裂することもあった。前述したロマン市のカーニヴァル事件はその典型だが、たとえば、一二七四年から一七九一年までアヴィニョンとともに教皇領だった、プロヴァンス地方のコンタ・ヴネサン（ヴナスク伯爵領）のカンパントラでは、一五七二年、貴族と商人階層のいずれも「愛の王（修道院長）」を長とする若者結社が分裂して、以後二年間、ダンスもシャリヴァリもおこなわれなかった。一五七四年、両者は妥協し、結社の「愛の王」は貴族から、代官と出納役は商人階層から選ばれ、シャリヴァリで得た収入は院長と代官で折半することになった。ガルベ（プロヴァンスの民俗楽器。三孔の小さな縦笛）や太鼓などの演奏でファランドールを踊る舞踏会も共催した。ところが、一六〇六年、教皇特使補佐がやってきて、「愛の王」の選出を禁止してしまう。そして一六三六年以降は、町のサン＝テスプリ（聖霊）同信団指導者が、「愛の王」の権限と責務を引き受け、これにより、若者結社の活動が逼塞したという。[63]

アゾアドにはまた、妻に打擲ではなく、姦通された夫（コキュ）に対するものもあった。すでに幾度かみておいたように、この不甲斐ない夫に角（コルヌ）をつけた帽子をかぶせ、ロバに乗せて市中を引き回したのである。夫にしてみればまさに二重の災難だが、これについて、パリ高等法院の弁護士会会長だったジャン＝フランソワ・フルネル（一七四五―一八二〇）は、裁判事例をもとに以下のように述べている。

自分の家の秘密の恥を世間にさらけ出し、自分が擁護者であり扶養者であるべき女性に厳しい罰を与えることを余儀なくされる夫の状態は、間違いなく同情に値するものである。しかし、このような不幸な夫たちが、期待されるような同情を社会から得られないことは認めなければならない。世論は彼らの境遇に、侮辱に侮辱を加える嘲笑のようなものさえ添えている。つまり、夫の肉体的あるいは道徳的欠陥によって、妻の不倫の遠因ないし近因はつねに夫にあるということだ。夫が妻に対してどのような非難をしようとも、世間はつねに妻が夫に対してもっと非難すべきことがあると考える。（…）ほとんどすべての時代において、またすべての国において、姦通の告発は嫌われ、嘲笑とさえ言えるかもしれない。[64]

フルネルはまた、妻が姦通罪で有罪判決を受けた夫は、妻の死後、聖職に就くことができないともしている。むろん、この夫が聖職に入るつもりだったとは思えないが、ここで指摘しておくべきは、弁護士会会長としてのフルネルが女性の権利を擁護していたわけではけっしてなかった、ということである。彼の念頭にあったのは、あくまでも夫の主権ないし尊厳とそれに基づく家父長制の維持という時代のイマジネールだった。それはまた、紀元六二年頃、ローマで獄中にあった使徒パウロが小アジア西端、エーゲ海を望むエフェソスのキリスト教徒共同体にあてて書いたとされる、『フェソスの信徒への手紙』にある次の戒めとも符合する。「妻たちよ、主に従うように、自分の夫に従いなさい。キリストが教会の頭であり、自らその救い主であるように、夫は妻の頭だからです」（聖書新共同訳、第5章22―23節）。その限りにおいて、アゾアドは社会の健全な秩序を守る装置でもあった。少なくとも、彼はそう考えていたに違いない。それはまた愚行が善行へと転位する契機でもあった。

はたして善行といえるかどうかはわからないが、こうした恐妻たちに反撃する戯画もあった。「どさ回り」から一座を引き連れてパリに戻ったモリエールが、あの『才女気取り』を発表した一六五九年頃（一説に十六世紀初頭）、この喜劇と呼応したように、同じパリで作者不明（むろん男性）の銅版画『断頭オペラトゥール（外科医）』が世に出て評判を得た。異時同図法を用いた戯画の主人公はオペラトゥール兼親方鍛冶師のリュステュクリュ（Lustucru）――字義は「お前はあいつを信じていたのか（L'eusses-tu-cru）」――。図36はその工房で、弟子たちがハンマーやヤットコを手に、金敷の上で恐妻の頭を鍛えている。「口の上を強く叩くんだ」。傍らのリュステュクリュが弟子たちにそうはっぱをかける。画面右手の炉では、別の恐妻の頭が、燃え盛る炎に包まれながら、鞴を操る弟子を悔しそうに睨みつけている。さらにその手前では、妻の頭を板に乗せた夫が、嫌がる妻にこう叫ぶ。「リュステュクリュのところに行くんだ、この性悪女め！」。夫たちの凱歌である。これを

図36　恐妻の頭を鍛えなおすリュステュクリュの工房

見て、留飲を下げた夫たちは少なくなかったかもしれない。だが、その凱歌も長くは続かなかった。図37に見られるように、彼女たちは大勢でリュステュクリュの工房に押しかけ、彼を捕まえて、その首級を荒野の杭に晒してしまったからである。(65)

このリュステュクリュを王権に見立てれば、これはやがて来るフランス革命の端緒となる、あの妻たちのヴェルサイユ行進を予兆していると思えなくもないが、ここではフランスに限らず、風刺的・諧謔的な瓦版の戯画が歴史的な出来事にしばしば重要な役割を果たしたことを忘れてはならないだろう。宗教改革時にはローマ教皇レオ十世（在位一五一三—二一）をライオン（レオ）に見立て、シャルラタン的財政家のジョン・ロー（一六七一—一七二九）によるバブル経済破綻を火の車、さらに、圧政のために一八四八年の二月革命で玉座を追われたルイ＝フィリップ一世をガルガンチュアになぞらえる（図38）、といった戯画である。まさに戯画は目に一丁字ない民衆にとって、何を批判すべきかを、長々しい文字を介さず、絵柄とそれが喚起する笑い——多くの場合は嘲笑——によって直截に知らせてくれる貴重な情報だった。(66)

いささか本題を逸れた感なきにしもあらずだが、フランス南東部のアルデーシュ地方やドローム地方では、シャリヴァリの一環としてアゾアドとは異なる蛮行がおこなわれていた。「パヤルド（paillarde）」と呼ばれたものがそれである。とくに恐妻家の夫に対してなされた慣行で、呼称はその家の前から通りにかけて藁《パーユ》（paille）を敷きつめたことに由来する。たとえば、ドローム地方のアレイラックとコット村では、数十人の若者が、一六三八年二月二十一のカルナヴァルの際、妻に打擲された夫をからかうためにパヤルドを仕掛けた。ただ、太鼓こそ叩いたものの、暴力をふるったりはしなかったという。にもかかわらず、この夫は、数日後、若者たちが自分の留守中に無理矢理家の戸を開けて入り込み、中にいた妻を倒して傷を負わせ、危うく死に至らしめるほどだったと訴え出た。だが、この訴えを受けた下級審の次席検察官は、証拠不十分としてこれを退け、若者たちは単にカーニヴァルの余興としてパヤルドをおこなったにすぎず、そもそも夫に暴力をふるった妻が原因をつくったと断じた。そして、次のように結論づけたという。「かかる余興はどこでも許され認められており、そこにはいかなる行き過ぎもなく、裁判には値しない。ましてや彼ら若者たちに罰金を科したり、禁止したりする必要もない[67]」。

図 37　リュステュクリュの工房を襲い、その首級を後方の杭に晒す妻たち

　この出来事を紹介した論考にはまた、一七七一年十二月九日に、同じ地域のリヴロンでおこなわれたパヤルドにかんする記述もあるが、とくに興味深いのは、カルメル会神学者のアナスタズ・コシュレ（一五五一―一六二四）のパヤルド解釈である。宗教戦争の難を避けて滞在し

図 38　民衆を食い物にする飽食ガルガンチュア姿の国王ルイ＝フィリップ。ドーミエ作石版画、1831 年

ていたアントウェルペンで、彼はプロテスタント（ユグノー）の神学者フィリップ・ド・モルネ（一五四九―一六二三）をやり玉に挙げたミサ論を著し、そのなかで、パヤルドを「異教＝改革と称する宗教」、「あらゆる異端者の心であり、魂でもある巨怪な獣」、つまりプロテスタンティズムの「乗り物」だとしているのだ[68]。これは、おそらくパヤルドに反感を抱いていたであろうコシュレゆえの牽強付会といえるが、民俗慣行が宗教対立にこうした形で利用されるとは、その実践者たちにとってはまさに想定外のことだったに違いない。一方、同じドローム地方のドロミューでは、一九三七年までアゾアドがおこなわれていた。原義は不明だが、バイ（baï）と呼ばれたこの慣行は、一九三七年まで存続したという[69]。

前述したように愚行結社やシャリヴァリ同様、アゾアドもまたこうして地域的な呼称で呼ばれていたが、まさにこれこそが民俗慣行の大きな特徴といえる。それはとりもなおさずしかじかの慣行が地域に根付いていることの証左であり、しばしば抑圧の対象になることはあっても、社会の自己表現であることに変わりはない。

さらに他の愚行結社についても簡単にみておこう。まず、北仏ソンム県サン＝カンタンの南西方に位置するアムのそれである。この町は、一八四〇年、ルイ＝ナポレオン、のちのナポレオン三世が時の国王ルイ＝フィリップに反旗を翻したが（ブローニュ一揆）、あえなく捕らえられて幽閉された要塞で知られる（五年半に及ぶ幽閉中、彼のもとにはシャトーブリアンやアレクサンドル・デュマ、さらに社会主義者のル・ブランなどが訪れている）。

アムの愚者たち（Sots／Fous de Ham）――アム

この愚行結社は、ディジョンのメール・フォルと同じ一四五四年、やはりブルゴーニュ公フィリップ三世によって設立されたもので、一七三五年二月の《メルキュール・ド・フランス》誌（図39）には、次のような記事が載っている――。「アムの愚者たち」と呼ばれるこの結社の愚者たちは、それぞれロバに乗り、手綱代わりに尻尾をつかんで行進し、愚者たちの王（Prince des Sots）と呼ばれる結社の長に無断で愚行を重ね、罰金を科せられることも厭わない。最後の王はまだ生存しており、その娘は王女と呼ばれている。[70] 短い記事だが、前出のリゴロはこの記事に触れながら、一七七一年の大法官モプーによる司法改革でパリ高等法院が廃止され、それに伴ってアムに追放された評定官（ブロシャン・デュ・ブルイユ）の宛先不明の書簡を以下のように紹介している。

愚者たちの王はモームス（ギリシア神話に登場する非難や皮肉の神）のいで立ちで、鈴のついた帽子をかぶり、笏杖の代わりに道化杖を手にしていました。臣下たちの着衣は統一されていませんでしたが、それぞれ仮面をつけ、奇抜な身なりをしていました。騎兵隊はベルトに籐で作った馬をつけ、隊旗には三日月と道化杖がX字状にあしらわれていました（…）。

カーニヴァルの三日間、そして定期市の日、王は部隊をいくつかの集団に分け、そのうちの三分隊は市門にいました。分隊長は暖炉か窯の煤で黒くしたぼろ布製の道化杖を持ち、市にやってくる女性たちは、

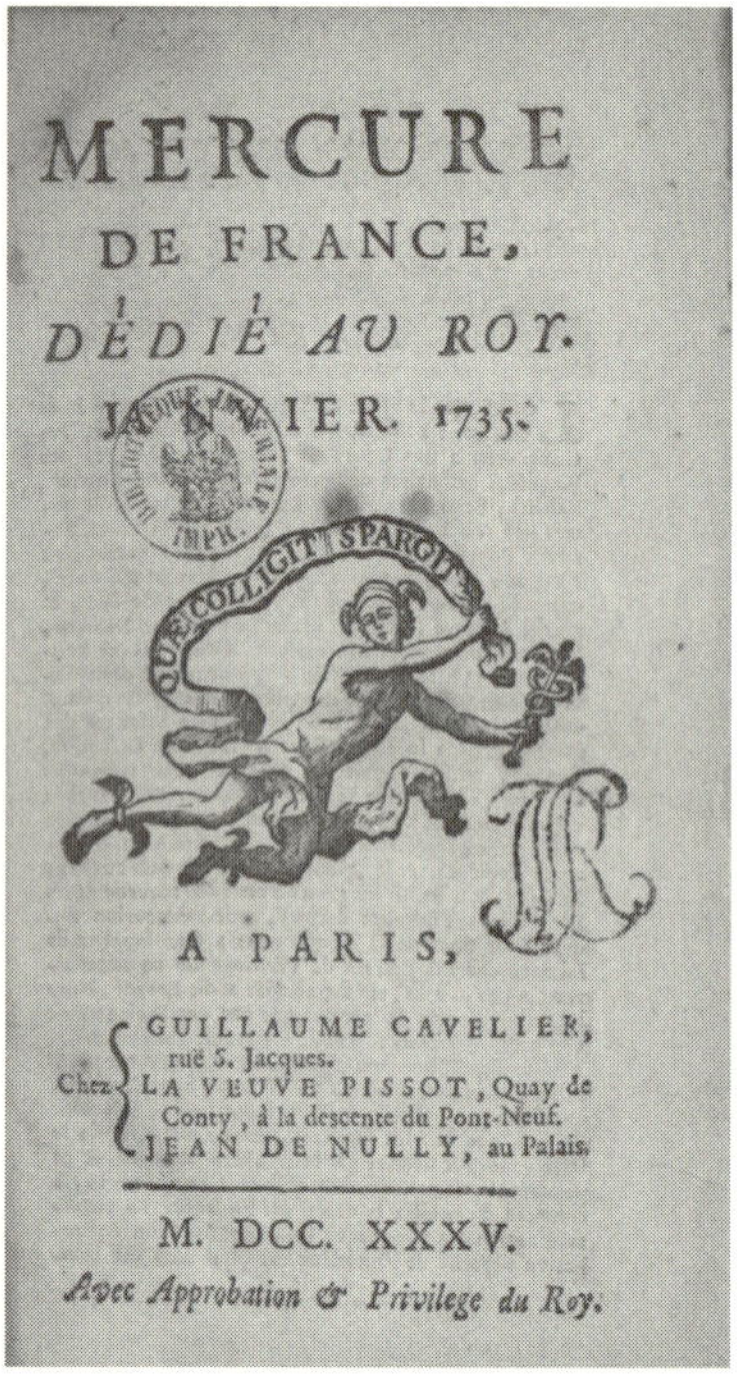

図39《メルキュール・ド・フランス》1735年2月号　BNF（筆者撮影）

だれもが、「サン＝スーフラン」（字義は「聖なる苦悩人」）と呼ばれるこの黒い道化杖に接吻するか、（前に置かれた）鉢になにがしかの金銭を入れなければなりませんでした。老人が結婚する場合は、愚者たちの王とその部隊が仕掛けるシャリヴァリにかけられ、妻のひどい扱いと仕打ちに耐えている夫がいれば、朝、王は部隊を集め、放下車を押し立ててこの善良な夫を起こしに行き、ベッドから引きずりだして放下車に乗せ、市中を行進したのです（…）。

この一文には、《メルキュール・ド・フランス》の記事と若干異同がみられるが、家で寝ていた気弱な夫を無理やり起こしてまでの蛮行。高等法院の評定官は、追放先で繰り広げられたこの恐妻シャリヴァリを、はたしてどのような目で見て、だれに知らせようとしたのだろうか。その疑問はさておき、リゴロによれば、アムの歴代領主たちは、認許状をもってこうした愚行を認めていたにもかかわらず、一六四八年、愚行は廃止されたという。にもかかわらず、いつしか「アムの愚者たち」は活動を再開している。そして、愚者たちの最後の王の子孫たちは、一七七一年まで王や王妃という呼称を維持し、だれも彼らの本名を知らなかったともいう。[71]彼らの活動がこの年よりかなり前に終わったとしても、おそらくフランス国内で最後まで存続した愚行結社のひとつといえるだろう。

愚者の司教――リール

中世に毛織物（羅紗）の大市で栄えた北仏のリールは、当初、フランドル伯領に属していたが、のちにブルゴーニュ公領となり、ブリュッセルやディジョンとともに、その中心都市の一翼を担った。十一世紀から建設が始まった（完成は六世紀後の十七世紀）この町のサン＝ピエール参事会教会では、十四世紀から十五世紀にかけて愚者の祭りが営まれていた。そこでは毎年、公現祭前日の一月五日に助祭や副助祭、さらに礼拝堂付き司祭や聖歌隊員のなかから愚者の司教（Évêque des Fous）が選ばれ、バーレスクな祝宴はそれから八日間続いた。そして最終日、この司教は祝宴の費用を全額負担した。彼はまた聖母に捧げる年に一度（六月）の宗教行列[72]に加えて、ブルゴーニュ公の来訪時にも、その随伴行事として演劇の競演会を企画して、最優秀グループに賞を与えなければならなかった。むろん、それには多額の費用がかかるはずだが、これにはブルゴーニュ公や市の会計法院が、慣例したがってそれを分担していた。愚者の司教が、ノートル＝ダム・ド・ラ・トレイユと呼ばれる奇蹟の聖母像をいただいての宗教行列を組織したというのも、これまでみてきたような愚行結社のありようからしてきわめて珍しい事例だが、一四六三年、宗教行列の日の数週間前に、演劇の競演会にかんする以下のような布告を出したという。

神といとも高貴な聖母マリアを称えて、愚者たちの高位聖職者（司教）である小職は、神の助けにより、他所者のいない地区で結成され、宗教行列当日、大小の山車や持ち運び可能な仮設舞台の上で、旧約および新約聖書や聖人の生涯、または聖なる母教会（教皇庁）によって承認された受難、または古代の年代記にあるローマの物語を、それぞれ長さは三〇〇行以上、真の優れた修辞法を駆使し、過去一六年間この地で上演されていない劇を上演したグループに、賞を授けるものである。[73]

引用文に明示はないが、内容からしてここで演じられたのが聖史劇であることは疑いない。この布告に従って、キリスト聖体の祝日、すなわち行列本番の三日前、競演に参加を希望するグループは愚者の司教に作品の台本を提示し、司教はその作品が聖史劇かファルスか、新作か、また、競演の規則に合致しているかを吟味する。すでに一二七〇年、宗教行列に随伴する演劇の上演は禁じられていたが、[74] 同様の禁令は、一三八二年から一四二八年にかけて四度出されているという。なお、リール市参事会は、一三九八年、カーニヴァル中日のランディ・グラにおける山車や広場での風刺詩の朗読も禁じている。さらに、一四七〇年にはこの競演会がスキャンダルを招いたとして禁じ、愚者の司教の代わりに参事会がこれを主宰するようになったという。[75]

はたしてそれがいつ元通りに復活したかは不明だが、ここまでのことなら、この結社は愚行とは無縁となる。ところが、ブルゴーニュ公家の記録によれば、一四六九年、彼らの行動が例年に増して度が過ぎたため、参事会によって愚者の司教とそのすべての活動が廃止された。公現祭前夜からの八日間、聖職者たちが参事会に多くのスキャンダルを持ち込んだためである。だが、人びとのなかに根を張っていたこの行事は、五年後には復活したという。[76] はたしていかなるスキャンダルだったのか。もはや想像に難くはないが、一四九二年から一五五〇年にかけてのリールには、宗教や政治・経済的な問題を抱えていたにもかかわらず、「愚者たちの王」や「ろくでなしたちの代官」などと呼ばれる「陽気連」（愚行結社）が、消滅したものも含めて四五団体あったという。[77] むろんそのなかには、いつまで存続したかは不明だが、「愚者の司教」も含まれるだろう。ナントの勅令が出た一五九八年――ネーデルラントのカルヴァン派（ゴイセン、ヘーゼン）が、カトリックを強制する宗主国スペインに対して立ち上がった独立戦争、通称「八十年戦争」の勃発から二〇年後――には、団体数じつに五一（!）。これに同業・同職組合や同信団を加えれば、いったいどれほどの結社数になるか。十六世紀のこの町の人口は四～五万。人口六万のリヨンでさえ愚行結社が二〇あまりだったことからすれば、リールの結社は異様なまでに多かったといえる。なぜか。繊維産業、とくに絹混じりの梳毛織物であるセイエテ製造の拡大による都市の発展や市民意識の向上、連帯意識の醸成ないし発露…。いろいろ想定こそできるものの、残念ながら、それを明確に示す資料は筆者の手元にはない。

ただ、幸いなことにこれら結社の活動ぶりについてはさまざまな資料が残っている。愚者の祭り期間中以外にも、彼らはさまざまな行事に登場していた。たとえば一五九九年の四旬節中日（復活祭前のこの潔斎期は一切の祝い事などを控えなければならなかったが、期間中の第一日曜日と中日はそのタブーが外されていた）、当時、最大規模を誇っていた愚行結社「愛の王」（前出）の一〇〇人あまりのメンバーは、兜をかぶった先触れたちともども、市当局の認可を得て、木製の人形カレーム（字義は「四旬節」）を市中引き回し、最後に、おびただしい人びとが見守るなか、カーニヴァルのはたもの（人形）よろしく、これを広場で焼いた。聖嬰児の祝日や五月柱の行事も主宰した。一五二七年には、前記参事会教会の助祭たちがリール中心部のテアトル広場で、愚者の司教と賭けに興じて告発されたりもした。フランソワ一世とカール五世との和睦がなって、前者のサヴォワ領有、後者のミラノ支配を相互に承認した一五三八年（ニースの和約）や、のちに宗主国スペインの国王となるフェリペ二世がリールを訪れた一五四九年、あるいはさらに前出のカトー＝カンブレジ条約が結ばれた一五五九年にも、彼ら助祭たちはさまざまな演劇を上演している(78)。

これら一連の活動自体は、シャリヴァリやアゾアドをおこなっていた他所の愚行結社のそれとはほとんど無縁であり、さほど問題とはならなかった。それゆえ、たとえば「愛の王」をはじめとする結社は、リール市当局から祭りの開催に際して助成金を得てもいた。だが、つねに「善行」結社だったわけではない。たとえば一五一九年から四七年にかけて、「愚者たちの王」も市参事会から四度も活動を禁じられている。市当局もまた愚者の祭りにおける「サン＝マルタンの王」や「愛の王」の活動を規制し、違反した場合には、後者のメンバーには罰金、前者のメンバーには投獄がそれぞれ科された。一五四七年には、愛の王だった商人が、フランス王国と商いをした廉でかなりの罰金を払わされただけでなく、異端との嫌疑もかけられて、結社自体の信用を台無しにしたという。こうして一六〇〇年を境に、リールの愚行結社にかかわる記録はみられなくなる。[79] ただ、ヴァレリ・ドゥレの言葉を借りていえば、それ以来、愚行結社が完全にリールの景観から姿を消したかどうかは不明である。[80]

以上、フランス各地の愚行結社を概観してきたが、これらの愚行結社が「愚者の文化」に重要な役割を担ったことは間違いない。では、この愚行結社とは文化史ないし社会史的にいかなる意味を帯びていたのだろうか。次にそれを考察しておこう。

愚行結社の意味

かつてナタリー・Z・デーヴィスは、「無軌道の存在理由」と題した論考で、若者たちの〈僧院〉(愚行結社)によるさまざまなパフォーマンスを紹介したあと、宗教改革が「掛け値なしの若者集団」を生まなかったとし、こう指摘している。「その間に、祝祭的な〈僧院〉は委縮しなかった。ただ、職人、商人、弁護士によって維持され、また変革された。〈僧院〉は新情勢に対処するために――膨張しつつある都市の中の隣人どうしの間で平和と正しい秩序を維持するために——その支配を拡張した。彼らの〈無軌道〉は飛躍的に拡張され、家庭内の秩序の維持という昔ながらの機能に、政治批判という新たな機能が付け加えられた」[81]。訳文中、仏教用語である〈僧院〉は〈修道院〉としなければならないだろうが、それより問題なのは、一連の愚行結社を「政治批判」と結びつけている点にある。たしかに一部の結社にそうした性格はみてとれる。だが、多岐にわたる愚行結社が一様に政治的なものであったと断定することはできない。すべてが政治批判をおこなっていたというわけでもない。さらにいえば、純粋な政治批判というのはおそらくありえず、濃度の違いこそあれ、畢竟それは経済的・社会的な批判へと向かったはずでもある。たとえば《アナル誌》の寄稿者でもある社会史家のジャン・ニコラは、「陽気連」が祭りの主体であったとした上で、地域によってさまざまな呼称をもつ「これらの集団はときにほぼ自律的、ときに多少とも領主や行政当局、あるいは宗教的権威の統制のもとで活動していた」[82]としている。ここで言う「統制」が強く、有効であるなら、当然彼らの活動は反体制的な主張が規制されたことになる。つまり、政治批判をする愚行結社がある一方で、当局の圧力を受けて、政治批判とはほとんど無縁な結社もあったのである。ニコラはさらに、これまで縷々見てきたような愚行結社のありようを述べたあと、フランス南東部の古都ガップ司教区の司祭だったF＝L・レギス（一七二五—八九）の一文を次のように紹介している。十八世紀のエピソードだが、カーニヴァルの興味深い実見譚ゆえ、煩を厭わずあえて紹介しておこう。

イエス・キリストへの信仰告白をおこなっている男女が、一年のある時期、突然取り乱したように娯楽や享楽に耽る。肉体労働者は犂を手放し、職人は店を離れ、商人はさながら大祭でもあるかのように取引を止める。そして、彼らはさまざまな仮装をして、狂人のように昼夜の別なく通りを走り回る。そのあとには、新種の獣のような叫び声を発する人びとが続く。誰もが賭博やダンスに興じてから食事をし、居酒屋は昼も夜も満員である(…)。必需品に事欠くものも貧しさを忘れ、互いにこう叫ぶ。「カーニヴァル、カーニヴァル!」。こうしたすべてのことが、翌日の水曜日(四旬節初日の灰の水曜日)になると、(教会で)跪き、自分の頭に灰を塗りながら司祭が語る死の裁きに耳を傾ける人びとによってなされているのである。教区民たちよ、よく弁えてほしい。このような行動は愚かなものであるだけでなく、一種の不敬であり、カーニヴァルの享楽は悪魔の発明でしかないということを。(83)

この愚行結社がいかなるものか、レギスは明らかにしていないが、この一文には毎年繰り返されるカーニヴァルでの乱痴気が、一向に終息しないことに対する彼の無力感と憤りが読み取れる。レギスの時代、ガップの町はなおも司教が権力を握っていた。レギスにしてみれば、司祭としての面目にかけて、なんとか愚行結社の蛮行を終焉させたかったはずだ。だが、敬虔なはずの教区民の豹変。祝祭のメカニズムを知る者なら、さしたる違和感は覚えないが、司祭にはそれが理解できなかった。ちなみに、ガップといえば、ジョングルールを父とし、十三世紀を代表するトルバドゥール(トルヴェールの南仏版)となった、アルベルテット・ド・システロン(一一九四―一二二一)の生地としても知られる。宗教戦争時には、のちにカトリックに改宗して大元帥にまでなる、フランソワ・ド・ボン・ド・レディギエール(一五四三―一六二六)率いるユグノー軍に支配されるという過去ももつ。それから一世紀以上たって、フランス革命の足音がそろそろ聞こえ出したにもかかわらず、ここでの愚行結社は乱痴気騒ぎに耽るだけで――レギスによれば――、そこに政治批判は微塵も感じ取れない。おそらくはそれが伝統だったのだろう。

一方、愚行結社が階級闘争とかかわる事例もあった。たとえばアメリカの歴史学者ジョン・R・ギリスは、一九八一年に上梓した『〈若者〉の社会史』で、イギリスやドイツ、そしてフランスの若者文化に言及し、ナタリー・

Z・デーヴィスの論考「リヨンにおけるストライキと救済」を参照しながら、次のように述べている。

一六、一七世紀のフランスの都市部で広くみられていた「無秩序の修道院」は伝統的な儀式を新しい反抗形態に結びつけながら、職業的、隣人関係的および社会階級的な境遇によって再編されるようになった。たとえば一六世紀のリヨンでは、伝統的な「道化協会」の外観は活版職人の秘密組織の隠れみのとして役立っていた。彼らが「グリファリンズの仲間」と自ら呼んでいた組織は、同職組合の親方との経済闘争にこり固まっていたが、この衝突は世代間の軋轢というよりもむしろ階級間の軋轢という性格を示していた。「グリファリンズ一家」は、通常「無秩序の修道院」あるいは「道化協会」に入ることを許されていなかった既婚の男性も含めて、あらゆる年齢の遍歴職人の歓迎を受けた。ここに集まった者は相続の望みがなく、まだ遍歴職人であった期間に、独身状態という通常の段階を放棄した者たちであった。したがって、彼らにとって「シャリヴァリ」がその初期の意味を失っていたとしても何ら驚くに値しない(84)。

まず、「グリファリンズ(Griffarins)」――フランス語表記では「グリファラン」――についてだが、一説にこの呼称は、フランス語で大食漢を指すグルトン(glouton)から派生したgolfarinに由来するという(デーヴィスの前記論考の訳でも「大食らい」となっている)。おそらくこの呼称は、印刷工房の親方たちが利益を維持あるいは増加させるため、人件費を削減したり、職人の一部を無給の見習い工に置き換えたりするという昔からの方法を採用したことと、職人たちが「大食漢」だとして、食費を完全に廃止しようとしたことにかかわる。別の説では、近世リヨンを代表するユマニストの印刷・出版業者セバスティアン・グリフ(一四九二―一五五六)を名祖とするという。博物学や書誌学、神学、医学など、多くの学問に精通して大著『動物誌』(一五五一―

図40　エラスムス『警句集』表紙

五八年）や『世界書誌』（一五四五―五五年）をものしたコンラート・ゲスナー（一五一六―六五）からも、その著作で献辞を捧げられた彼の工房では、親友のラブレーが一時校正を担当し、医学関連の論考を上梓している(85)。また、ヒポクラテスやガレノスの医書などに加えて、一五四一年には、プルタルコスをはじめとする古代の碩学たちの警句の一大集成である、エラスムスの『警句集』（初版一五三一年）も出版している。興味深いのはその表紙で、そこにはグリフ家の紋章であるグリフォンないしグリフィン（griffon）の姿が見られる。おそらく「グリファラン」という結社名は、こうした掛詞的なコンテクストからの命名と思われるが、デーヴィスは、新しい産業である印刷（出版）業に従事していた労働者たちが、独自の伝統を築こうとし、親方たちとの対立を機に、この結社を組織したとしている(86)。

引用文によれば、これは親方＝同業組合と職人＝同職組合との階級闘争であり、彼ら職人・職工たちが愚行結社に入り、それにより社会的な制裁・同化装置としてのシャリヴァリが変質したというのである。入会儀礼時に水とワインによる洗礼や新しい名前の授与、宣誓などを特徴とするこの結社は、石工たちの秘密結社から発展したフリーメーソンを思わせるが、彼らは一五六〇年代にリヨンの改革教会（プロテスタント）に鞍替えする。だが、長老会議が支配するリヨンのプロテスタント社会は、親方たちが中心であり、職人・職工たちが活躍する余地はなかった。こうして一五七〇年代、彼らは再びカトリックに改宗したという(87)。

現代版シャリヴァリ――ビジュタージュ

はたしてこれらの愚行結社はいつまで存続したか。むろん地域ごとに状況が異なる以上、この問いに十全に答えることはできそうにないが、管見の限りでいえば、少なくともフランス革命以後に彼らの活動を証言する資料は見当たらない。ただ、シャリヴァリに似た集団的な愚行はごく最近まで（あるいは一部の地域では今も）みられた。ビジュタージュ（bizutage）という慣行である。大学、とくにグラン・ゼコール（エリート養成学校）の入学準備クラスや医学部の新入生（bizut）に対して、上級生が公衆の面前で「いじめ」をおこなうもので、かつて筆者はパリで、たとえばリュクサンブール公園の池に抵抗する新入生を投げこんだり、あるいはポンピドゥー・センターの広場で、下着一枚の新入生たちを一列に並べ、通行人に一個五フランの生卵を売って、彼らめがけてこれを投げつけさせるという愚行を実見している。

むろんこれは一種のイニシエーション儀礼といえるが、たとえばストラスブール大学の医学部では、一九九三年当時もなお、合格者がわずか一一パーセントという難関試験の期間中に、伝統的な「ビジュタージュ週間」が設定されており、ビジュタージュ委員会を構成する二年・三年次の医学生たちが、一年生にビジュタージュを仕掛けたものだった[88]。また、二〇〇八年九月末、中世に愚者の祭りが営まれていた北仏アミアンのピカルディ大学医学部では、一年生の女子学生が性的な体位をとらさせられるというビジュタージュが発覚してマスコミで取り上げられたことがある。だが、何らの対応策もとらなかった当時の学長は、職務怠慢を理由に高等教育大臣によって解任された。こうしたイニシエーションでは、加害者がかつての被害者であり、被害者がやがて学生共同体に加入することを前提としていた。制裁が受容でもあった往時のシャリヴァリ同様に、である。と同時に、これはまた階層化、すなわち共同体内の上下関係を身体に刻みつける契機ともなったはずだ。

ただ、こうした愚行を当局が座視するはずもなく、毎年九月の新学期ともなれば、新聞やテレビでこれを止めるようにとのキャンペーンが張られていた。にもかかわらず、愚行は一向に収まる気配がなかった。しかし、一九九八年の法律に続いて、二〇一七年、違反者に六か月の禁固刑と罰金七五〇〇ユーロを科す刑法（第225条16項―1）が制定されるに及んで、ビジュタージュは一気に下火になった。

興味深いことに、この慣行は中世のベジョーヌ（béjaune）まで遡るという。「黄色い（jaune）＋くちばし（bec）」を語源とするこれは、北仏ピカルディ地方の小村ムイの主任司祭だったルイ・サランタン（一七四六―一六二二）によれば、パリ大学付属の寄宿学校のベジョーヌと呼ばれる新入生たちのイニシエーションだった。つまり、この新入生を意味する語が、慣行自体も指すようになったのである。寄宿学校のひとつであるナシオン・ド・フランスの一三三六年の学則には、上級生たちが新入生になにがしの金銭を歓迎料（ベジョーヌ料）として強要したことにかんする記載があるという。とりわけ神学校ではそれが盛んで、そこではベジョーヌたちの大修道院長と呼ばれる学生が、新入生を監督していた。この大修道院長は、聖要児の祝日、ロバに乗り、彼らを従えて市中を行列し、夕食後、彼らの頭から水をかける習わしとなっていた。(89) だが、水ならまだしも、ときには私物を没収されたあとで、塵芥や糞尿による洗礼すらあったという。同様のことはアヴィニョンやエクス＝アン＝プロヴァンスの大学でもみられたというが、まさにこれは聖要児の祝日のパフォーマンスからしても、シャリヴァリ＝アゾアドの学生版といえる。異なるのは、こうした愚行が地域の規範逸脱者に対する制裁ではなく、学生共同体の連帯とエリート意識の表徴でもあったことである。ただ、幸いなことに、この愚行は一四七六年に禁止され、それに違反した大修道院長には八スーの罰金が科されることになった。一四七六年といえば、前述したように、高等法院がバゾシュたちによるシャトレ裁判所前でファルスや教訓劇、さらにソティの上演を禁止し、違反者には財産没収の処罰も科された年である。はたしてこの両者にいかなる関係があったかは不明だが、パリのバゾシュたちは、自分たちが検察官のもとで働いていたことを示す証明書を、「ベジョーヌ状」と呼んでいたという[90]。

それから長い年月を経て、十九世紀にベジョーヌはビジュタージュとして復活する。おそらく遅くとも十九世紀には軍隊の「新兵いじめ」が始まり、二十世紀に入ると、この愚行は労働者のあいだでも見られるようになる。たとえば一九三〇年代、フランス東部モンベリアールの紡績工場では、古参の女工たちが新入りの娘たちに、皆の前でズボンを脱がせるイニシエーションがおこなわれていたという[91]。いわゆる躾が上下関係の顕在化でもあることは言を俟たないが、こうしてかつて自分も耐えた人前での恥。この恥辱の修辞法を女工たちは伝統として受け継いだわけである。むろん彼女たちは中世のシャリヴァリについて何ほども知識をもち合わせていなかっただろうが、これもまた社会の生理ないし文化の規制力と呼ぶべきだろうか。

終章

愚者の文化

「愚かな者の笑いは　鍋の下で茨がはじける音のようなもの。これも空である」

（旧約聖書『コヘレトの言葉（伝道の書）』第7章6節）

笑いの神学——笑いの階層化

いわゆるユダヤ＝キリスト教的伝統の最初期における「笑い」は、旧約聖書の『創世記』にみることができる。「主」から遣わされた三人の人物（天使？）が、アブラハム（九九歳）の年老いた妻サラ（九〇歳）のもとに来て、息子の誕生を告げた際、彼女はその言葉を笑った。しかし、それが主の言葉であることを知ったサラは怖くなり、「いえ、私は笑っていません」と打ち消すが、主はこう言った。「いや、あなたは確かに笑った」（第18章13—15節）。ここでの老女サラの笑いは、明らかに瀆聖的なものであり、不信と愚性の表出だった。だからこそ、神はそれを難じたのである。また、『箴言』にも次のような一節がある。「だが呼びかけてもあなたがたは拒み　手を差し伸べても意に介さず　私の忠告にすべて知らぬ振りをし　私の懲らしめにも応じなかった。あなたがたが災いに遭うとき、私は笑い　恐怖に襲われるとき、私は嘲る」（第2章24—26節）。旧約聖書にはほかに二か所、「笑い」に記述があるが、それらはいずれも、自らの意に背いて「笑う」イスラエルの民に対する唯一神ヤーウェの怒りの要因となっている[1]。

一方、興味深いことに、新約聖書では旧約聖書と異なって、神に対する冒瀆というより、むしろキリスト者としての品性や道徳心が戒めとして記されている。たとえば『エフェソスの信徒への手紙』には、こう記されている。「聖なる者にふさわしく、あなたがたの間では、淫らなことも、どんな汚れたことも、貪欲なことも、口にしてはなりません。恥ずべきこと、愚かな話、下品な冗談もふさわしくありません」（第5章3—5節）。使徒パウロが書いたものかどうか、そしてこの戒めが、聖職者はいざしらず、一般のキリスト教徒にどこまで順守されたかはさておき、愚者の文化はまさにこの戒めとは対極にある。つまり、人間の愚性を告発・断罪するキリスト教的論理とは真反対に、万人に等しく宿る、いわば普遍的な愚性を呼び覚まし、活性化する。活性化して、当該社会の秩序と倫理を攪拌し、いっときながら象徴的、ときには神話的でパロディックなもうひとつの社会を現出させる。それはイマジネールという文化の生態系に抑圧されていた愚性に、自由奔放な――体制側の語彙では「放縦」や「堕落」などと呼ばれる――新たな価値が与えられた社会であり、人びとが神の声(vox Dei)に唯々諾々と従うではなく、自分の声を民衆の声(vox populi)に重ね合わせる契機ともなった。

そのための道具として、愚者の文化はすぐれて逸脱的かつ脱聖的な笑いを用いた(2)。だが、たしかに中世の教会や修道院は笑いを、そしてそれに必然的に伴う愚性を唾棄していた。たとえばコンスタンティノポリス教会の主教(在任三九八―四〇四)をつとめ、のちにギリシア教父や全キリスト教会の聖人ともなった、金口イオアンことヨアンネス・クリュソストモス(三四五/四九―四〇七)は、笑いを悪魔の所業と断じて、こう語っている。「この世は笑いのために作られた舞台ではない。われわれは大笑いをするためではなく、われわれの罪を嘆き悲しむためにここに集められているのである(…)。われわれに楽しむ機会を与えるのは神ではなく、悪魔にほかならない(3)」。むろんこのメッセージは、一部の親方・職人階層を除く非識字層の民衆ではなく、おもに修道士を含む聖職者を対象とするものだった。

周知のように、中世の聖職者は愚性の発露たる笑いが禁じられていた。とりわけ修道士たちは笑わず、寡黙であった。それは今もなお修道士の金科玉条的な戒律として受け継がれている。イエス・キリストは笑わなかった。「キリストに倣いて」(イミタツィオ・クリスティ)。それが修道の掟だった。たとえば、修道生活の戒律を師と弟子の問答形式によって説いた、著者不明の六世紀の『レグラ・マギストリ』は、身体を善と悪のかかわりのうちに位置づけ、外面的には前者は神の恩寵、後者は悪魔に由来し、内面的にはいずれも心から発するが、この心はときに善、ときに悪となり、そこでは身体はこうした内面と外面が往還するフィルターだとする。それゆえ、目や耳や口は善と悪のフィルターとして善を通し、悪を阻止しなければならない。笑いがこぼれそうになったら、必ず笑いが表出しないようにしなければならない。内面から出るあらゆる悪い形の表現のなかで、笑いが最悪だからであるという。[4]

ここでもまた、笑いと愚性は悪とされているが、定説では、この『レグラ・マギストリ』は、ヌルシアの聖ベネディクトゥス（ベネディクト、四八〇頃―五四七）が五四〇年頃にモンテ・カッシーノに開いたベネディクト会の会則（戒律）のモデルとなったとされる。たしかに、聖ベネディクトゥスの戒律（第4章「善いおこないのための道具について」）には次のような一文が記されている。「無駄口あるいは笑いを誘う言葉は口にしないこと」（53）、「頻繁にまた大声で笑いに興じないこと」[5]（54）。そして、この戒律がさらにフランシスコ会やドミニコ会以後の多くの修道会の会則や戒律、会憲のモデルになった。ジャック・ル・ゴフによれば、修道士（を含む聖職者）にとって、慎みのない笑いは間違いなく怠惰と同様の大敵であり、「中世初期のさまざまな戒律には、しかじかの徳行や行動原則にかんする章に笑いを非難する一節が挿入されている。（…）五世紀の最初期の修道規則では、笑いは一般的に沈黙（taciturnitas）の章に登場しており、そこでは笑いは沈黙を破るもっとも恐ろしい、もっとも淫猥なものとされていた。基本的で実存的な美徳である修道院の沈黙に比べ、笑いは非常に暴力的な断絶にほかならなかった[6]」という。さらに付言すれば、笑いは沈黙の文化を攪拌する声のトリックスターであり、静謐さを一瞬にして撥無する異形の仕掛けでもあった。

ことほどさように呪われた笑いであってみれば、当然ながら、説教もまた笑いを忌避した。いや、忌避しなければならなかった。だが、そのことは民衆を笑いから絶対的に遠ざけることを意味しなかった。アナル派の祖リュシアン・フェーヴルがいみじくも指摘しているように、「夜なべの過酷な労働に、疲労困憊しきって」教会に足を運ぶ者にとって、説教は「司祭たちの口から洩れるラテン語の呟き」にすぎず、「祈りは彼らにとって珍紛漢紛な定まり文句、呪文にすぎない」。それでも彼らは教会に行く。それが習慣であり、そうしなければならないからだった。[7] かつて筆者はブドウの豊作予祝を目的として営まれてきた祭りであったにもかかわらず、ブドウの栽培が廃れたあとでも村人がなおもその祭りを営んでいる、いや営まなければならないという事象を、文化の規制力と呼んだが、[8] ルフェーヴルの指摘は過たずこれと符合する。

ただ、ルフェーヴルは見逃していた。説教のラテン語を解しない中世の人びとが教会を訪れる動機のひとつに、しばしば教会堂や修道院の外壁にみられる異形な造形に交じって、ポルノグラフィックやスカトロジック、あるいは愚者ないし道化のたちのコミカルなレリーフがあったということを、である。[9] つまり、彼らにとって、修道院や教会堂——とくにロマネスク様式の——は笑いをもたらしてくれる格好の場のひとつだったはずである。多くが無学の彼ら民衆は、こうしたレリーフに仮託された教会のメッセージ、すなわち七つの大罪の戒めとは無縁に、目の前のレリーフを見て、その意味を独自に解釈した。教会文化が民衆を取り込むのではなく、逆に民衆が教会文化を取り込んだ。これこそが原テクストから逸脱して、自分たち流に解釈する「アプロプリアシオン」といえるだろう。[10] いささか古色のついた言葉でいえば、まさにこれが笑いにかんする民衆のハビトゥスだった。その限りにおいて、笑いは笑わない階層＝聖職者と笑う階層＝民衆を乖離させた。換言すれば、笑いの階層化ということになるだろう。

こうした状況はそれからも長く続き、たとえば、アリストテレスの著作が西欧の知識人たちによって再発見された十二世紀——ウンベルト・エーコはこの出来事を『薔薇の名前』（一九八〇年）でモチーフとして取り上げている——、説教者として名をはせた「蜜の流れるような博士」こと、聖ベルナルドゥス（一〇九〇—一一五三）もまた、その超人的な政治力や説得力で教会分裂を収拾したにもかかわらず、この乖離を解消しようとはしなかった。シトー会の会則に則って一一一五年に創設されたクレルヴォー修道院の院長で、第2回十字軍（一一四五—四九年）の唱道者として、さらにユダヤ教やアベラールを迫害したことでも知られる彼は、一一三五年の待降節から晩年まで、全十五巻にのぼる『雅歌講話』(フランス語版では『雅歌説教集』)を書き続けた。中世史家のジャン゠クロード・シュミットによれば、ベルナルドゥスはこの書で、身体が四肢と五官を通じて霊の光を受け、広めるとしたあとで、こう記しているという。「この光は、ひとつひとつの行為、言葉、視線、歩き方、謹厳が混淆し品位に満ちた笑い(…)のうちに輝く[11]」。

「品位に満ちた笑い」には「霊の光」が輝く。ベルナルドゥスは、たしかに悪魔的な冷笑とは区別して、この慎みのある笑いを認めたものの、ここでの笑いもまた祝福された笑いであり、キリスト教の伝統における天上の笑い、至高の笑いと選ぶところがない。少なくともそれは、神学とは無縁の位置にいた民衆の笑いとは隔絶したものだった。いや、ほかでもない修道士たちもまた笑っていた。そのことは、ベルナルドゥスが「ギヨーム修道院長への弁明」のなかで、修道士たちの放埒ぶりを嘆いた次の言葉からも明らかである。「一方、だらしなさが分別と呼ばれ、浪費は寛大と、饒舌は親切と、大声で笑うことは快活と、衣服に関する甘やかしと馬に乗っていばることが気品と、ぜいたくな寝台は清潔と思われている[12](…)」。

残念ながら、ベルナルドゥスやそれ以前の聖職者たちが、すでに中世前期に始まっていたはずの愚者の祭りやカーニヴァルにおける民衆の笑いをどのようにみていたか、それを明確かつ具体的に示す史料は筆者の手元にないが、教会゠修道院の笑いに対する対応は、こうして十二世紀まで(一部はそれ以降も)継承された。ただ、その一方で、社会は大きく変化しつつあった。その詳細な検討は中世史家たちに譲るが、ル・ゴフによれば、十二世紀頃には少しずつ笑いが復権し、地上の笑いを天上の幸福の予兆であるとしたアルベルトゥス・マグヌス(一二〇〇頃―八〇。普遍博士とも呼ばれた神学者で、アリストテレス書の注解や錬金術の実践でも知られる)のあとをうけて、その弟子で、死後刊行になる『神学大全』の著者トマス・アクィナス(一二二五―七四)が笑いに肯定的な神学的地位を与えたという[13]。パリ大学神学部でアヴェロエス派やアウグスティヌス派を向こうに回して、神学論争の渦を巻きおこしたアクィナスが、はたしていかなる笑いを論じたか気になるところだが、それについては他日を期すことにして、ここでは本書の枠内で注目すべき点のみをあげておこう。たとえば、強大な伯爵家の庇護のもと、シャンパーニュ地方のプロヴァンやトロワなどの主要都市で、年に一ないし二度の大市が開かれるようになったことである。これにより、物流と情報交換のネットワークが一地域を越えて拡大し始める。そして、それを当て込んでやってくる大道芸人たちを指す、ジョングルールという言葉が生まれたのもこの世紀である。

パリの南東八〇キロメートルに位置し、十世紀にはパリとルーアンに次いで王国第三の都市となっていたプロヴァンでは、大市の夜、警吏ないし市吏たちが、さまざまな楽器を演奏するジョングルールたちを従えて、松明行列を繰り広げた。昼間は昼間で、市内の通りや広場は香具師に加えて、パントマイムやアクロバット、綱渡りなどの芸人、ほかにファブリオー語りや武勲詩の歌い手（ゴリヤールや吟遊詩人たち）で埋め尽くされたという。[14] さらにいえば、北仏の諸都市を中心に愚者の祭りが相次いで誕生したのもまさにこの十二世紀だった。それは教会的論理に抑圧されてきた民衆の笑いが、大っぴらに解放されたときだった。教会がこうした新しい社会的・経済的・心理的な状況に適応して、従来の堅苦しい説教を改め、信徒共同体（コングレガシオ・フィデリウム）をつなぎとめようとしたときでもあった。J・ホロヴィッツとS・メナシュは、当時の笑いについてこう指摘している。

中世前期から十二世紀にいたるまで、笑いは「異教的な」悪臭、すなわち教会が受け入れることのできないもの、それゆえ「神の声」と交わることができないものすべてを、ほとんど払拭ができなかった。修道院や教会から基本的に追放された笑いとユーモアは、中世盛期を特徴づける修辞学の再生を通じて、やがて神の雄弁さへと向かう道を見出した。十三世紀以降、「新しい言葉」が形づくられ始めると、公式には認められていなかったが、ユーモアが説教において真剣に注目されるようになった。こうして「神の声」は徐々にイントネーションに陰影をつけ、その伝統的な恐怖の言説はユーモラスなもの、短音階的なものへと変わり、必然的に中世キリスト教徒の精神的な地平に近づいていった。[15]

フランス語で「諧謔的性格」や「皮肉・冗談好き」を古義とするユーモア（humeur）という語は、十二世紀のアングロ＝ノルマン系詩人で修道士でもあったフィリップ・ド・タオンが、ラテン語で「湿気」の謂いである（h）ūmor から造った語で、その『被造物の書』ないし『復活祭期日算定論』（一一一九年）に初出しているという。[16] 修道士のような知識人でなければ、造語などはとても望めぬ相談だが、それにしてもユーモラスな説教とははたしていかなるものだったのか。にわかには判断しかねる。しかし、こうした変化は、おそらくそのまま教会の危機感を反映するものだったはずだ。十二世紀にはまた、ファルス（farce）という語とそう呼ばれた笑劇が生まれてもいる。ロベール・ミュシャンブレの指摘を待つまでもなく、本書前段で縷々指摘しておいたように、たしかにこの時期以降、宗教儀礼から独立した世俗語による芝居（聖史劇の原型）が教会の外で盛んに演じられ、その一種の幕間狂言に悪魔がしばしば滑稽な役割で登場するようになる。その結果、恐ろしく呪われた敵＝悪魔の如実なイメージは次第に希薄なものとなり、このイメージを対抗論理として民衆教化の手段として用いてきたそれまでの説教は、前述したように必然的に方向転換を迫られ、ときにユーモアを、また、とくにクリスマスや復活祭の祭儀では、音楽まで交えたものになった。[17]

こうした変化を結果的に促したのが、アッシジの聖フランチェスコ（一一八一／八二―一二二六）だった。周知のように、彼は粗末な衣をまとい、神によって導かれた「主（神）の道化（joculator domine）」を自称し、当時イタリアで活動していた。彼は、トルヴェールやトルバドゥールとは異なって卑下されていたジョングルールに倣って、仲間たちと道化芸もどきを見せ、人びとを集めながら、教えを説いたという。それゆえ、最初期のフランチェスコ会士たちは、道化師とみなされていたともいう[18]。聖職者=道化ないしジョングルールという説教の手法は、おそらくフランチェスコ会以外の修道会にはみられないが、この修道会のその後の発展の陰には、そうした戦略がかなり大きな影響力を発揮したことは間違いないだろう。

説教の質的転換。むろんそれはルターの出現によって一気に加速することになるが、カトリック教会(=修道会)もまたこうして民衆の笑いに多少とも近づき、完全とまではいかないにせよ、伝統的な笑いの階層性に亀裂が走る。そして、教会の桎梏から解き放たれた民衆の笑いは、古代ギリシア・ローマ時代のような(おそらくおおらかかつ集団的な笑いを取り戻し、それに伴って、愚性がいよいよ文化の前面に立ち現れるようになる。それはまた集団的な笑いが民衆の声へと過不足なく転位する契機ともなった。宗教的ヒト(Homo religiosus)から笑うヒト(Homo ridens)への本格的な転位。笑いと愚性がいわば持ち前のレジリエンスを発揮したわけである。バフチンはグロテスク・リアリズムが、「中世の民衆的な笑いのなかで成熟期を迎え、ルネサンスにおいて芸術的絶頂に達する[19]」としている。「芸術的絶頂」が具体的にどう証明できるのか、疑問なしとしないが、たしかにこの反転のメカニズムがレジリエンスを下支えしたとだけはいえるだろう。

愚者たちの戴冠

自らが意図的に愚性を演じ、それによって人びとの笑いを喚起する。「愚者」はまさに中世が生んだ最大ないし最大級のパーソナリティと呼べるはずだが、笑いと愚性がこうして教会的な論理から解き放たれたことによって、愚者の世界はおそらく一気に拡大する。それはまた、愚者の文化——一部はすでに十二世紀以前から萌芽的なものが存在していた——の本格的な成立へとつながった。すなわち、この文化を演出する愚者劇、それを表現する愚者の祭り、そしてその行為者である愚行結社を主体とする笑いと愚性のトリアードが、聖俗当局の思惑を超えて、民衆生活のうちに確実に根を張るようになったのである。理性を愚性で凌駕させたそこでは、民衆は目の前で繰り広げられる、しばしば社会風刺と諧謔精神に溢れたパフォーマンスに誰はばかることなく笑い、ときには自分たちの愚性をも題材とする言説にすら喝采を惜しまなかった。

こうして笑い、喝采することで、民衆は日常の構造化された不平・不満をいっときながら忘れることができた。いや、そればかりではない。このトリアードがもたらしてくれる言葉を自分のうちに声として取り込みさえした。ゼバスティアン・ブラントやラブレーと並び称せられる人文主義者のエラスムスは、彼一流の言い回しでこう語る。「どうやら哲学者のお歴々が異を唱える声が聞こえてくるようです。痴愚に囚われ、過ちを犯し、幻想を抱き、鞭の闇に沈んでいることこそが、悲惨そのものである、とおっしゃっているようですね。とんでもない。それが人間であるってことですよ[20]」。むろん、ここでの「哲学者」とは、「正統文化」の擁護者を自認する聖職者を含む権力当局と置き換えてもよいだろうが、愚者の文化は教会や体制の解体を狙ったものでは決してない。補完しようとしたものでもない。キリスト教的な論理から逸脱して、万人に宿る愚性を顕在化させ、その愚性に新たな意味なり価値観なりをパラドクシカルに付加することで、裏返しの平等意識を創出しようとしたのである。

エラスムスは、おそらくこの愚者の文化を特徴づける象徴的な反転の修辞学を理解していた。少なくとも既制の権威に抗して人間性を重視する点において、まさにこれこそが、やがて到来する啓蒙思想になにほどか通底する修辞学だった。歴史家のアントワヌ・ド・ベックのように、啓蒙思想の時代を「笑いの世紀」とまで断じるつもりはないが、ヴォルテールはその『哲学辞典』で、エラスムスの書を、「それは今日ではもう味気のない陳腐な作品にすぎない[21]」とくさし、さらにこう述べてもいる。「賢者が音楽を聞くときに狂人（folie）がロバの鳴き声と思い、賢者が説教を聞いているときに狂人が喜劇をみているつもり、賢者が肯定と解するときに否定と解するならば、狂人の魂は他の人びととは逆に思考しているにちがいない[22]」。この啓蒙思想家の言葉を借りていえば、音楽をロバの鳴き声とし、ありがたいはずの説教を喜劇とすることこそが、愚者の文化の本質といえるだろう。そこではイマジネーション（＝脱常識）がイマジネール（＝常識）を突き崩している。笑いはまさにこの仕掛けから生まれる。その限りにおいて、愚者の文化とは「仕掛けの文化」にほかならないのだ。蛇足ながら、ここでは、フランス語の culture が社会の態様としての「文化」を意味するようになったのが十五世紀（一説に十八世紀中葉）であり、それまでは人間が土地に仕掛ける「耕作」の意だったことを想起してもよいだろう。

民衆が自らのうちにさほどポエジーをもち合わせず、社会のなかにもあまりポエジーを見出すことがないとは、「ルネサンス」という語を生み出した歴史家ジュール・ミシュレ（一七九八―一八七四）の有名な言葉だが[23]、十七世紀末ですら男性の二七パーセント、女性にいたってはわずか一四パーセントしか、結婚契約書に署名ができず[24]、パリ左岸、サン＝メダール教会の墓地で、ジャンセニストの助祭フランソワ・ド・パリス（一六九〇―一七二二）の奇蹟に与り、痙攣のちに治癒した二〇〇人以上の疾病者にかんする報告から読み取れるように、十八世紀（！）に入ってさえ、切羽詰まった日々のなかで、わが子の年齢を知らず、いや、自分自身が何歳かを明言することすら覚束ない親が少なくなかった民衆[25]。そんな民衆にとって、たしかにポエジーは縁遠いものだっただろう。だが、その代わりに、彼らには高尚なポエジーを撥無する愚者の笑いがあった。広場や大市、あるいは腐臭を忌避する衛生観念が発達する近世（土地によっては近代）まで、各種の集会や商取引、逢引、さらに各種の大道芸人たちが集まっていた墓地に出向けば、ゴリヤールやジョングルールたちのパフォーマンス、さらにファルスやソティなどの愚者劇を見ることができた。むろん愚者の祭りやカーニヴァルでは、愚行結社が繰り広げるシャリヴァリやアゾアドを嘲笑することもできた。本書第1章の冒頭で紹介した古代ローマの格言「愚者の数に限りなし」は、そのまま「笑いの数に限りなし（Risus numerus est infinitus）」だった。

神が世界を創造したなら、なぜ善だけでなく悪まで創造したのか、創造しなければならなかったのか。いうまでもなくこの問いはグノーシス思想の根源的かつ二元論的な疑問のひとつで、やがてアウグスティヌスの神義論で検討されることになるが、賢者と愚者の二項対立は明らかに社会の被造物であり、社会は賢者と同様、つねに愚者を必要としていた。では、愚者に仮託されていた役割とは何だったか。はたしていつ頃から人口に膾炙するようになったのか、フランス語のイディオムで「愚者の話（histoire de fous）」は「信じがたい（埒もない）話」、「愚者が多ければ、ますます笑いが増える（Plus on est de fous, plus on rit）」は「枯れ木も山の賑わい」の謂いとなっている。ことほどさように、フランス語の言語表現では「愚者（fous）」は否定的な意味を担わされている。だが、すでに縷々みてきたように、社会的・歴史的・文化的な文脈における愚者の立ち位置は、それとは著しく異なる。そのことを確認するため、これまで検討してきたことを改めてまとめれば、以下のようになるだろう。

①愚者は何よりもまず笑われる存在であると同時に、笑わせる存在でもある。
②愚者はトリックスターよろしく社会の秩序を攪拌・撥無して活性化し、日常を一時的に祝祭化した。
③風刺や諧謔を介して民衆の集団的な笑いを喚起し、社会の潜在的な愚性を顕在化させて、裏返しの平等意識を普及・拡散した。

④賢者（＝エリート）の世界を戦略的に侵犯して、しばしば抑圧や弾圧を受けながらも、教会や王権に象徴される体制的な論理や価値観、さらに道徳までも脱聖化した。
⑤愚者を主人公ないし主題とする多様な演劇や文学、祭り、社会的結社などを誕生させ、民衆の声を手段化して、この声が君臨するもうひとつの世界、もうひとつの文化の生態系を構築した。

社会学者のピーター・L・バーガーは、その著『癒しとしての笑い』のなかで、『ユビュ王』の邦訳などでわが国でも知られるアルフレッド・ジャリの造語「パタフィジック（形而超学）」が、反言語と反論理をもちいておこなわれる反世界の構築であり、その意味では、「古典的な道化＝愚者の中心的特徴の忠実な模写(26)」だとしている。バーガーはまた不条理を「ばかばかしいもの」とも定義してもいる。だとすれば、愚者（道化）は先駆的なパタフィジカリストとなるのだろうが、むろんかつての愚者たちが、自らそうした不条理の世界を演じているなどとは毫も意識していなかったはずだ。ただ、たしかに彼らはイマジネールとしての言語やそれが構築する論理の体系を意図的に覆してはいた。

愚者が文化をつくり、文化が愚者をつくる。このインタラクションはもちろん賢者と文化の関係にもあてはまるが、しかじかの文化の構築は賢者（＝理性）だけに許された特権ではなく、愚者（＝愚性）もまたそれとは異なる特権、すなわち風刺や諧謔という名のそれを有していたのである。だが、これをもってただちに双方の文化を切り離すことはできない。事実、たとえば一連の愚者劇は、すでに何ほどかみておいたように、多くが知的エリートたちの手になるものであり、愚行結社のメンバーの一部もまた、パフォーマンスが終われば、理性が支配する社会へと何のこだわりもなく回帰したはずである。同じことは愚者の祭りについてもあてはまるが、繰り返しをおそれずに言えば、愚者の文化の社会的な役割は、賢者（＝エリート）の文化とは異なり、明らかに民衆に自分の声と向き合う契機を与えたところにある。社会の不平等や差別、あるいは構造化された不満を笑いによって顕在化させてくれる。まさにそれこそが愚者の文化の感性であり、ダイナミックな仕掛けでもあった。この文化がなかったなら、民衆はどこにそうした笑いと声を見出すことができたのか。いかにして批判精神を育むことができたのか。その限りにおいて、愚者の文化は一種のマスカタルシスとしてあり、民衆の求めるものを受け止め、何を求めるべきかを指し示すかけがえのない手段でもあったといえる。

あとがき

話は半世紀近く前まで遡る――。亡き安堂信也（安藤信敏）先生の研究室で、先生が訳されたアントナン・アルトー著『演劇とその分身』の改訳を手伝っているときのことだった。かかってきた電話の受話器をとった先生の顔が突然ひきつった。それは、親交のあった三島由紀夫が、自衛隊市ヶ谷駐屯地で楯の会のメンバーともども割腹自殺を遂げたとの知らせだった。一九七〇年十一月二十五日のことである。その後のことは記憶から遠ざかったが、三島と心の交わりがあった文学者の村上一郎は、事件の一報を受けてひと言、「愚」と呟いたという。胡乱なことに、筆者はそれを何で知ったか失念している。だが、それ以来、筆者はこの「愚」というひと言に、たまらないほどの優しさと人間らしさを覚えている。同県人であることにすがって、村上に一言の真意を訊こうとしたが、剣の達人だった彼もまた一九七五年、日本刀で自死し、ついに望みは叶わなかった。本書の背景には、長年抱いてきたこの想いがある。

やがてパリに留学し、高等社会科学研究院（ＥＨＥＳＳ）の恩師アンドレ・ヴァラニャックの指導の下で、フランス各地の民俗文化を調査するようになる。本文で紹介したカーニヴァル論の『祝祭の構図』や、当時ほとんどわが国で紹介されていなかったシャリヴァリの書、さらには大道芸人論の『シャルラタン』などを上梓する機会に恵まれたが、とりわけ祭りの現地調査や文献渉猟から気になる存在が浮かび上がってきた。トリックスターとしての「愚者」である。図らずも村上一郎の「愚」と出会ったわけだが、社会は、そして民衆はなぜ愚者を必要としたのか、しなければならなかったのか。この問いを自分なりに引き寄せて書いたのが、稀代の大盗賊から英雄視されるまでになったカルトゥーシュを取り上げた『英雄の表徴』だった。これが本書の来歴である。

ただ、ここでもまた歴史研究のアポリアについて述べておかなければならない。本書はかなりの数にのぼるテクストを援用しているが、それらはほとんどがいわゆる知識人たちの手になるものであり、彼らの視線で書かれている。しかも、それらは歴史的な出来事にかかわる無数の事実のごく一部を語っているだけであり、これをもって出来事の実態的な全体像だとするわけには到底いかない。断定が否定であるという歴史の陥穽については、すでに「文化の見方に関する試論」（蔵持編『エコ・イマジネール』、前掲）で述べておいたので繰り返さないが、この陥穽をいかにして超克するか。長い年月をかけているにもかかわらず、それはなおも大きな方法論的問題として筆者のうちに残っている。ひたすら自らの非力さに恥じ入るばかりだが、それでも本書が、読者諸賢におかれて往時の民衆文化の一端に想いを馳せる契機となれば、筆者としてこれに過ぎる喜びはない。

最後に、現今の出版事情困難な折、かかる書を上梓する機会を与えてくださった柊風舎代表者の伊藤甫律氏と、いつもながら丁寧な編集・校正作業していただいた麻生緑氏、さらに長きにわたって筆者の体調管理に当たってくださっている、都立駒込病院副院長の西田賢司氏にも深甚なる謝意を表したい。

二〇二四年夏

蔵持　識

追記　本書を、二十四年ものあいだ数多くの想い出と癒しを与えてくれ、擱筆を待つかのように逝った愛猫プティに捧げる。

終章　愚者の文化

Horowitz, Jeannine et Sophia Ménache, *L'humour en chaire. Le rire dans l'Église médiévale.* Genève, Labor/Fides, 1994.

Muchembled, Robert, *Culture Populaire et culture des élites,* Flammarion, Paris, 1978.

Verdon, Jean, *Les loisirs au Moyen Âge,* Tallandier, Paris, 1996.

アウグスティヌス『神の国　四』服部英次郎・藤本雄三訳、岩波文庫、1986 年

飯島吉晴『笑いと異装』、海鳴社、1985 年

ヴォルテール『哲学辞典』、高橋安光訳、法政大学出版局、1988 年

ジャン゠ジャック・ナンシー『無為の共同体』、西谷修・安原伸一朗訳、以文社、2001 年

ジャック・ル・ゴフ『中世の身体』、池田健二・菅沼潤訳、藤原書店、2006 年

「ギヨーム修道院長への弁明」、杉崎泰一郎訳、上智大学中世思想研究所『中世思想原典集成 10　修道院神学』所収、平凡社、1997 年

蔵持不三也『ワインの民族誌』、筑摩書房、1888 年

ピーター・L・バーガー『癒しとしての笑い』、森下伸也訳、新曜社、1999 年

リュシアン・フェーヴル『フランス・ルネサンスの文明』、二宮敬訳、ちくま学芸文庫、1996 年

『聖ベネディクトの戒律』、古田暁訳、すえもりブックス、2000 年

ミシュレ『民衆』、大野一道訳、みすず書房、1977 年

France, T. 1, éd. par P. Vesson, Société des Livres Religieux, Toulouse, 1882.
Boucard, Daniel, *Dictionnaire illustré et anthologie des métiers*, Jean-Cyrille Godefroy, Paris, 2008.
Chabeuf, Henri, *Dijon. A travers les âge*, Damidot Frères, Dijon, 1897.
Cochelet, Anastase, *Répetitions du Sanct Sacrifice de la mésse, en forme d'homilies contre du Plessis Mornay*, Jean Keerberghe, Anvers, 1602.
Devos, Roger, *Vie et traditions populaires savoyardes*, Horvath, Ecully, 1991.
Fournel, Jean-François, *Traité de l'adultère considéré dans l'ordre judiciaire*, Jean-François Bastien, Paris, 1778.
Franklin, Alfred, *Dictionnaire historique des arts, métiers et professions exercés dans Paris depuis le XIII*e *siècle*（reimp.）, Jean-Cyrille Godefory, Paris, 2004.
Lefevre, Léon, *Histoire de théâtre de Lille, de ses origins à nos jours*, t. I, Lefevbre Ducocoq, Lille, 1901.
Lex, Lenoir, *L'Abbaye de Maugouvert de Mâcon*, Impremerie Générale, Mâcon, 1897.
Loyac, Jean de, *Le bon prélat ou discours de la mort de Revenant Père en Dieu Messire Antoine de Tolosany, Abbé Supérieur Général de l'Ordre de saint Antoine de Viennois*, Antoine Bertier, Paris, 1645.
Méméstrier, Claude-François, *Des représentations en musique anciennes et modernes*, René Guignard, Paris, 1681.
Mistral, Fréderic, *Lou Tresor dóu Felibrige*, Culture Provençale et Méridionale, Rophète-lès-Arles, 1878.
Montifaud, Marc de, *Les triomphes de l'Abbaye des Conards, avec une notice sur la fête des fous*, Nicolas Dugord, Rouen, 1587；Librairie des Bibliophiles, Paris, 1874.
Nicolas, Jean, *La rébellion française*, Gallimard, Paris, 2008.
Périgaud, Antoine, *Recueil des chevauchées de l'asne faites à Lyon en 1566 et 1578*, N. Scheuring, Lyon, 1862.
Rey-Flaud, H., *Le Charivari. Les rituels fondamentaux de la sexualite*, Payot, Paris, 1985.
Royer, Prost de, et als., *Dictionnare de jurisprudence et des arrêts, ou Nouvelle édtion du Dictionnaire de Brillon*, t. IV, Aimé de La Roche, Lyon, 1784
Sallentin, Louis, *L'improvisateur français*, Goujon Fils, Paris, 1804.
Teissier, Octave, *Le Prince d'Amour et les Abbes de la Jeunesse*, Publications Populaires, Marseille, 1891.
Théâtre de l'Infanterie dijonaise. Asneries ou les Quatre jeux, Darantière, Dijon, 1887 : Hachette Bnf, Paris, 2014.
J・R・ギリス『〈若者〉の社会史』、北本正章訳、新曜社、1985年
エマニュエル・ル・ロワ・ラデュリ『南仏ロマンの謝肉祭（カルナヴァル）――叛乱の想像力』、蔵持不三也訳、新評論、2000年

sity Press, 2011.
Heers, Jacques, *Fête des Fous et carnavals*, Paris, Fayard, 1983.
Jacob, Paul L., *Curiosités des sciences occultes*, Librairie de Garnier Frères, Paris, 1885.
Jadart, Henri, *Jean de Gerson 1363-1429. Recherches sur son origine, son village natal et sa famille*, Delions et Renart, Reims, 1881.
Jarby, Robert, *Le folklore du Languedoc*, Maisonneuve et Larose, Paris, 1971.
Jaucourt, *Encyclopédie*, t. 6, Armand Colin, Paris, 1751.
Jérôme, Bujaud, *Chants et chansons populaires des Provinces de l'Ouest*, Laffitte Reprints, t. I, Marseille, 1975.
Louvet, Pierre, *Histoire et antiquitez du païs du Beauvaisis*, t. II, Veuve G. Vallet, Beauvais, 1613.
Millin, A. L., *Description d'un diptyque qui renferme un missel de la fête des fous*, L'Imprimerie Impériale, Paris, 1806.
Montifaud, Marc de, *Les triomphes de l'Abbaye des Conards avec une notice sur la fête des fous*, Librairie des Bibliophiles, Paris, 1874.
Nos, André, *Montagnac 6000 ans d'histoire*, Les Amis de Montagnac, Montagnac, 1991.
Rigollot, Marcel Jérôme, *Monnaies inconnues des évéques des Innocents, des fous et quelques autres associations singulières du même temps*, Merlin, Paris, 1837.
Sébillot, Paul-Yves, *Folklore et curiosités du vieux Paris* (réimp.), Maison-neuve et Larose, Paris, 2002.
Tilliot, Jean-Baptiste du, *Mémoires pour servir à l'histoire de la Fête des Fous, qui se faisait autrefois dans plusieurs Églises*. Marc-Michel Bousquet, Lausanne et Genève, 1741.
レスリー・アドキンズ＆ロイ・A・アドキンズ『ローマ宗教事典』、前田耕作監修、暮田愛ほか訳、原書房、2019年
ヤコブス・デ・ウォラギネ『黄金伝説』I、前田敬作・今村孝訳、人文書院、1979年
クリフォード・ギアツ『文化の解釈学』I、吉田禎吾・柳川啓一・中牧弘允・板橋作美訳、岩波現代選書、1987年
フレイザー『金枝篇』、第4巻、永橋卓介訳、岩波文庫、1974年

第５章　愚行結社

Appologie faicte par le grant abbe des Conards sur les invectives Sagon, Marot, La Huterie, Pages, Valetz, Braquetz & etc, Paris, Pierre Vidoue, circa 1537.
Benedict, Philip, *Rouen during the Wars of Religion*, Cambridge University Press, 1981.
Bèze, Théodore de, *Histoire ecclésiastique des Églises Réformées au Royaume de*

シェイクスピア『十二夜』、小津次郎訳、岩波文庫、1960年
ニコラ・ボアロー=デプレオー『風刺詩』、守屋駿二訳、岩波書店、1987年
森洋子『ブリューゲル全作品』中央公論社 1988年
同『ブリューゲル探訪 民衆文化のエネルギー』、未來社、2008年
同『ブリューゲルの世界』、新潮社、2017年
山口昌男『道化の民俗学』、新潮社、1975年
同『道化的世界』、筑摩書房、1975年
同『道化の宇宙』、白水社、1980年
ラアリー『中世の狂気』、濱中淑彦監訳、人文書院、2010年
ルキアノス『本当の話』、呉茂一訳、ちくま文庫、1989年

第４章　愚者の祭り

Achard, Claude, *Pézenas, coeur secret du Languedoc*, Loubatieres, Toulouse, 1987.

Alliès, Albert-Paul, *Une ville d'États Paznas aux XVIe et XVIIe siècles*, 4e éd., Les Amis de Pézenas, Pézenas, 1973.

Almanach de la mémoire et des coutumes 1980, Hachette, Paris

Bernard, Frédéric, *Les Fêtes célébres de l'Antiquité du Moyen Âge et des temps modernes*, 2e éd., Hachette, Paris, 1885.,

Busserolle, Jacques-Xavier C. de, *Notice sur les Fêtes des Ânes et des Fous qui se célébraient au Moyen-Âge dans un grand nombre d'églises...*, Impr. de D. Brière, Rouen, s. d. (1889)

Borzeix, Daniel, René Pautalet & Jacques Serbat, *Révoltes populaires en Occitanie*, Les Monédières, Treignac, 1982.

Chambers, E. K., *The Mediaeval Stage*, Oxford University Press, Oxford, 1903.

Chevalier, Ulysse, *Ordinaire et coutumier de l'église cathédrale de Bayeux (XIIIe siècle)*, Alphonse Picard et fils, Paris, 1902.

Decitre, Monique, *Fêtes et chansons historiqes et politiques*, Lugd, Lyon, 1995.

Du Cange, *Glossarium mediæ et infimæ latinitatis*, Apud Anisson, Lyon, 1678.

E.-Hyacinthe, Langlois, *Discours sur les déguisemens monstreux dans le cours du moyen-âge, et sur les fêtes des fous*, F. Baudry, Rouen, 1855.

Félix et Thomas PLATTER à Montpellier, Camille Coulet, Montpellier, 1892.

Fleury, Édouard, *L'Art théâtral dans la Provence ecclésiastique de Reims*, A. Cortilliot, Laon, 1880.

Fournel, François-Victor, *Le Vieux Paris. Fêtes, jeux et spectacles*, Alfred Mame et Fils, Paris, 1887.

Gerson, Jean de, *Œuvres complètes*,vol.7, éd. Mgr Palémon Glorieux, Desclée, Paris, 1967.

Guechot, C.M., *Les fêtes populaires de l'ancienne France*, Charles Bayle, Paris, 1889.

Harris, Max, *Sacred Folly. A New History of the Feast of Fools*, Cornelle Univer-

maines, d'après les textes et les monuments, t. I, Hachette, Paris, 1873.
Demerson, Guy, *François Rabelais*, Fayard, Paris, 1991.
Doran, John, *The History of Court Fools*, Richard Bentlet, London, 1858 ; Platanus Publishing, Ankara, 2020.
Dulaure, Jacques Antoine, *Histoire physique, civile et morale de Paris*, 7e éd., t. I, Bureau des Publications Illustrées, Paris, 1842.
Fragmentary of History of Priscus (The), trad. by J. P. Given, Evolution Publishing, Merchantville, N. J., 2014.
Gaffiot, Félix, *Dictionnaire Latin français*, Hachette, Paris, 2000..
Ginzburg, Carlo, *Lean Fouquet. Ritratto del buffone Gonella*, Franco Cosimo Panini, Modena, 1996.
Leeming, David, *The Oxford Companion to World Mythology*, Oxford University Press, New York, 2005.
Montalant-Bougleux, *Études sur les poètes dans leurs relations avec les cours, et, par extension, sur les bouffons, les nains, les abbés etc*, Imprimerie Montalant-Bougleux, Verasilles, 1854
Moreau, Paul, *Fous et bouffons. Étude physiologique, et historique*, Librairie J.-B. Baillièreet Fils, Paris, 1885.
Otto, Beatrice K., *Fools are everywhere : The Court Jester around the World*, Chicago, Chicago University Press, 2001
Pillard, Guy-Edouard, *Le vrai Gargantua*, Imago, Paris, 1987.
Pisan, Christine de, *Le Livre des faits et bonnes moeurs du sage roy Charles V*, t. I, éd. de S. Solente, Paris, 1936.
Rabelais, 《Schiomachie et festins faits à Rome au palais de mon seigneur reverendissime cardinal du Bellay, pour l'heureuse naissance de mon seigneur d'Orléans》, in *Oeuvres*, t. III, éd. par Alphonse Lemerre, Ch. Marty-Laveaux, Paris, 1873.
Radier, Jean-François Dreux du, *Récréations historiques, critiques, morales et d'érudition, avec l'histoire des fous en titre d'office*, 1e tome, Robustel, Paris, 1767.
Sophistae, Himerii, *Eclogae*, XIII, Vandenhoeck & Ruprecht, Gottingen, 1790.
Thiers, Jean-Baptiste, *Traité des jeux et des divertissements*, Antoine Dezallier, Paris, 1686.
Voltaire, *Dictionnaire philosophique*, t. 18, Garnier, Paris, 1878.
フィリップ・ヴァルテール『アーサー王大事典』、渡邉浩司・渡邉裕美子訳、原書房、2018年
ウィリアム・ウィルフォード『道化と笏杖』、高山宏訳、晶文社、1983年
イーニッド・ウェルズフォード『道化』、内藤健二訳、晶文社、1995年
ジャン・ヴェルドン『笑いの中世』、池上俊一訳、原書房、2002年
ヘロドトス『歴史上』、松平千秋訳、岩波文庫、2007年

Pierre Barthès, J. Marqueste, Toulouse, 1914.
Lever, Maurice, *Le sceptre et la marotte*, Fayard, Paris, 1983.
Louis, Fabre Adolph, *Les clercs du Palais : Recherches historiques sur les Bazoches du Parlements & les sociétés dramatiques des Bazochiens des Enfant-sans-Souci*, 2e éd., Lyon, 1875.
Nelson, Ida, *La sottie sans souci*, Honoré Chamion, Paris, 1977.
Parfaict, François, *Histoire du théâtre français depuis son origine jusqu'à présent*, t. II, La Mercier, Paris, 1745.
Paul, Jacques, *Histoire intellectuelle de l'Occident médiéval,* Armand Colin, Paris, 1998.
Piganeau, Didier, *Le Roi chez l'Empire*, La Table Ronde, Paris, 2008.
Rey, Alain, *Dictionnaire historique de la langue française*, Robert, Paris, 1992
Roy, Émile, *Le mystère de la passion en France XIVe au XVIe siècle*, Dijon, 1903 : Slatkine, Genève, 1974.
Seihnolle, Claude et Jacques, *Le folklore du Hurepoix*, Maisonneuve et Larose, Paris, 1978.
Sorel, Charles, *La Maison des jeux*, t. I, Honoré Campion, Paris, 2017.
Thiery, Luc-Vincent, *Le voyageur à Paris*, Hardouin & Gattey, Paris, 1788.
Tissier, André, *La farce en France de 1450-1550*, t. I, Centre de Documentation universitaire & Société d'Édition et d'Enseigne-ment Supérieur, Paris, 1976.
Waddell, Helen, *The Wandering Scholars of the Middle Age*, Dover Publications, New York, 1932 ／ 2000.
上尾信也『吟遊詩人』、新紀元社、2006 年
『全訳カルミナ・ブラーナ　ベネディクトボイエルン歌集』、永野藤夫訳、筑摩書房、1990 年
川那部和恵『ファルスの世界』、溪水社、2011 年
蔵持不三也『奇蹟と痙攣』、言叢社、2019 年
同『ペストの文化誌――ヨーロッパの民衆文化と疫病』、朝日選書、1995 年
ジャン=クロード・シュミット『中世の身ぶり』、松村剛訳、みすず書房、1996 年
『フランシヨンの滑稽物語』、渡辺明正訳、国書刊行会、2002 年
フランソワ・ラブレー『第三之書　パンタグリュエル物語』渡辺一夫訳、岩波文庫：宮下志朗訳、ちくま文庫、2007 年
『放浪学僧の歌』所収、瀬谷幸男訳、南雲堂、2009 年
コンスタン・ミック『コメディア・デラルテ』簗木靖弘訳、未来社、1986 年

第３章　道化の世界

Canel, Alfred, *Recherches sur les fous des rois de France et accessoirement sur l'emploi du fou en général,* A. Lemerre, Paris, 1873.
Daremberg, Charles, & Édmond Saglio, *Dictionnaire des antiquités grecques et ro-*

ミシェル・フーコー『狂気の歴史』、田村俶訳、新潮社、1975／82年
ニコラウス・クザーヌス『学識ある無知について』、山田桂三訳、平凡社ライブラリー、1994年
蔵持不三也『祝祭の構図—ブリューゲル・カルナヴァル・民衆文化』、ありな書房、1984年
同『異貌の中世』、弘文堂、1986年
『ローランの歌』、佐藤輝夫訳、『ローランの歌　狐物語』所収、岩波文庫、1986年

第2章　愚者劇

Armand-Joseph,Frère, *Étude sur les Contredits de Songecreux*, Schawingan, Quebec, 1951.

Audin, Marius, *La bazoche et les clercs du Palais*, Petrus Decleris, Lyon, 1909.

Badinter, Robert, *L'excécution*, Grasset, Paris, 1973.

Champfleury, *Histoire de la caricature au Moyen Âge et sous la Renaissqnce*, E. Dentu, Paris, 1872.

Clébert, Lean-Paul & Josiane Aoun, *Les fêtes Provençales*, Aubanel, Genève, 2001.

Daubresse, Sylvie, *Le Parlement de Paris ou la voix de la raison*, Droz, Genève.2005.

Fabre, Adolphe Louis, *Études historiques sur les clercs de la Basoche*, Potier, Paris, 1856.

Félibien, Michel, *Histoire de la ville de Paris*, t. IV, 1725 : Hachette/BNF, Paris, 2021.

Gazeau, M.-A., *Les bouffons*, Cheminement, Mayenne, 2007.

Glauser-Matecki, Antoinette, *Le premier mai ou le cycle du printemps*, IMAGO, Paris, 2003.

Gringoire, Pierre, *Le Jeu du Prince des sots et de Mère Sotte*, reimp. Classiques Garnier, Paris, 2000.

Jacob, P. L., *Recueil de farces, soties et moraliés du quinzième siècle*, Garnier Frères, Paris, 1882.

Julien, Adolphe, *Histoire du costume au théâtre depuis les origines du théâtre en France jusqu'à nos jours*, G. Charpentier, Paris, 1880.

Julleville,Le Petit de, *Les comédiens en France au Moyen Âge*, Léopold Cerf, Paris, 1885.

Ibid., *Répertoire du théâtre comique en France au Moyen Âge*, Léopold Cerf, Paris, 1886.

Hédelin, François, *La pratique du theâtre*, t. I., Jean. F. Brenard, Amsterdam, 1715.

Lalanne, Ludvic, *Journal d'un bourgeois de Paris sous le règne de François I*^er^ (*1515-1536*) , Jules Renouard, Paris, 1854.

Lamouzèle, Edmond, *Toulouse au XVIII*^e^ *siècle d'après les Heures perdues de*

Faral, Edmond, *Les jongleurs en France au Moyen Âge*, Honoré Champion, Paris, 1987.
Fleury, Michel（dir.）, *Almanac de Paris des origines à 1788*, Encyclopaedia Universalis, Paris, 1990.
Julleville, Le Petit de, Les Mystères, Hachette, Paris, 1880.
Roye, Jean de, *Journal de Jean de Roye connu sous le nom de Chronique scandaleuse*, Renouard, Paris, 1620.
Simon, Alfred, La planète des clowns, La Manufacture, Lyon, 1988.
岩瀬孝・佐藤実枝・伊藤洋『フランス演劇概説』、早稲田大学出版部、1995年
フィリップ・ヴァルテール『中世の祝祭』渡邉浩司・渡邉裕美子訳、原書房、2007年
『狐物語』、鈴木覚・福本直之・原野昇訳、岩波文庫、2002年
蔵持不三也『英雄の表徴』、新評論、2011年
同『シャルラタン——歴史と諧謔の仕掛け人たち』、新評論、2003年
新倉俊一『ヨーロッパ中世人の世界』ちくま学芸文庫、1998年
檜枝陽一郎『狐の叙事詩』、言叢社、2012年
同『民衆本狐ライナールトと検閲』、同、2020年
松原秀一『西洋の落語』中公文庫、1997年
水田英美・山代宏通・池村彰之・中尾・原共著『中世ヨーロッパにおける笑い』渓水社、2008年
ヴィクトル・ユゴー『ノートル=ダム・ド・パリ 上』、辻昶・松下和則訳、岩波文庫、2018年

第１章　愚者の風景

Boileau, *L'art poétique*, vol. I, Chant I, Imprimerie générale, Paris, 1827.
Bossuat, André et Robert, *Deux moralités inédites composées et représentées en 1427 et 1428 au Collège de Navarre*, Librairie d'Argence, Paris, 1955.
Corvin,Michel（éd.）, *Dictionnaire encyclopédique du théâtre*, Bordas, Paris, 1912.
Gaignebet, Claude, *A plus hault sens*, t. I, Maisonneuve et Larose, Paris, 1986
Gaignebet, Claude et Jean-Dominiaue Lajoux, *Art profane et religion populaire au moyen âge*, P. U. F., Paris, 1985.
Gennep, A. Van, *Manuel de folklore français contemporain*, t. I-3(1), Picard, Paris, 1947.
Helmich,W.（dir.）, *Moralités françaises*. Réimpression fac-similé de vingt-deux pièces allégoriques imprimées aux XVe et XVIe siècles, Slatkine, Genève, 1980.
Koopmans, Jelle, *Recueil des sermons joyeux*, Droz, Genève, 1988.
Le dialogue du fol et du sage, Chez Simon Calvarin, Paris, 1571-93.
エルヴェ・マソン『世界秘儀秘教事典』、拙訳、原書房、2006年
エラスムス『痴愚神礼讃』、沓掛良彦訳、中公文庫、2014年

引用・参考文献

＊単行本のみ。

全体

César-Pierre Richelet, *Dictionnaire de la langue française ancienne et moderne,* Les Frères Duplain, Lyon, 1759.

Dauzat, Albert et als., *Dictionnaire étymologique et historique du français*, Larousse, Paris, 1993.

Greimas, A. J., *Dictionnaire de l'Ancien français. Le Moyen Âge*, Larousse, Paris, 1997.

Jal, Auguste, *Dictionnaire critique de biographie et d'histoire, Errata et supplément pour tous les dictionnaires historiques d'après des documents authentiques inédits*, 2e éd., Henri Plon, Paris, 1872.

Ménage, Gilles *Dictionnaire étymologique de la langue française*, nlle. éd., t.I, Briasson, Paris, 1750.

H・コックス『愚者の饗宴』、志茂望信訳、新教出版社、1971 年

ナタリー・Z・デーヴィス『愚者の王国　異端の都市』、成瀬駒男・宮下志朗・高橋由美子訳、平凡社、1987 年

ミハイル・バフチン『フランソワ・ラブレーの作品と中世・ルネサンスの民衆文化』、杉里直人訳、水声社、2007 年

『聖書 協会共同訳』、日本聖書協会、2018 年

はじめに

Adam de la Halle, *Le jeu de la Feuillée*（réimp）, Introduction pae Jean Dufournet, Flammarion, Paris, 1989.

Allem, Maurice, *Anthologie poétique française : XVIe siècle*, t. I, Garnier-Flammarion, Paris, 1965.

Bchard, L. P.（éd.）, *Lettres inédites de Maximilien, Duc d'Autriche, Roi des Romains et Empereur, sur les affaires des Pays-Bas*, 1er partie, C. Muquardt, Bruxelles et als., 1851.

される廉価本――が明記されていた。これについて、ジャン゠ジャック・ナンシーはこう語っている。「われわれはこんな光景を知っている。人びとが集まっていて、誰かが彼らにある物語をしている。（…）物語っているのが、彼らの仲間なのかあるいはよそ者なのかはまだわからない。われわれは、彼が集まった人びとの仲間ではあるが、彼らとは違っていると言っておこう。というのは、彼は朗唱する才覚を、あるいは単に朗唱する権利――それが義務でないとすれば――をもっているからだ」（『無為の共同体』、西谷修・安原伸一朗訳、以文社、2001 年、81 頁）。

25. 詳細は拙著『奇蹟と痙攣』、前掲、第 7 章を参照されたい。

26. ピーター・L・バーガー『癒しとしての笑い』、森下伸也訳、新曜社、1999 年、314 頁。

10. そうした事例のひとつとして、アルザス地方の観光都市コルマールの周辺に点在する小教区教会の、何筋もの刻み目が残る外壁がある。正確な年代は不明だが、その刻み目の深さからして、おそらくそれは中世から近世にかけて、農民たちが豊作予祝のために鎌で外壁を擦った痕跡である。
11. ジャン=クロード・シュミット『中世の身ぶり』、前掲、154 頁。このベルナルドゥスと、ドイツのベネディクト会系女子修道院長でありながら、神秘家として、さらにその幻視体験でも知られる、ヒルデガルト・フォン・ビンゲン（1098-1179）の笑いにかんする詳細は、たとえば以下を参照されたい。Madame Laurence Moulinier,《Quand le Merlin fait de l'esprit. Le rire au Moyen Âge vu depuis l'hagiographie》, in *Annales. Histoire. Sciences Sociales,* 52e année, no. 3, 1997, pp. 457-475.
12. ベルナルドゥス「ギヨーム修道院長への弁明」、前掲、473 頁。
13. ジャック・ル・ゴフ『中世の身体』、池田健二・菅沼潤訳、藤原書店、2006 年、111 頁。
14. Jean Verdon, *Les loisirs au Moyen Âge,* Tallandier, Paris, 1996, p. 218.
15. Jeannine Horowitz et Sophia Ménache. — *L'humour en chaire. Le rire dans l'Église médiévale.* Genève, Labor/Fides, 1994, p. 53.
16. Dauzatet et als., op. cit., p. 377. ただし、タオンはこの語を「自ら鉄分を引き寄せる（動物の）磁気」で用いたという（David Trotter,《Les néologisme éphémères：l'évolution de la science et des mots, in *Neologicae,* v. 7, 2013, p. 28)。
17. Raymond Lebègue,《Le Diable dans l'ancien théâtre religieux》, in *Cahier de l'Association internationale des études françaises,* nos 35, 1953, p. 100
18. Battais Lise,《La courtoisie de François d'Assise. Influence de la littérature épique et courtoise sur la première génération franciscaine》, in *Mélanges de l'École française de Rome. Moyen Âge,* t. 109, n° 1. 1997. pp. 154-155.
19. バフチン、前掲書、31 頁。
20. エラスムス『痴愚神礼讃』、前掲、82 頁。
21. ヴォルテール『哲学辞典』、高橋安光訳、法政大学出版局、1988 年、210 頁。ただし、彼の『百科全書に対する疑問』(*Questions sur l'Encyclopédie,* t. 25, Cramer, Genève, 1772）における「笑い」――『哲学辞典』に転載――の説明には、笑いのもつ社会的側面にかんする洞察はみられない。彼の笑いの学殖については、たとえば Christiane Mervaud,《Rire et érudition chez Voltaire》, in *Dix-Huitième Siècle,* n° 32, 2000, PUF., pp. 111-128 を参照されたい。
22. ヴォルテール、前同、202 頁。
23. ミシュレ『民衆』、大野一道訳、みすず書房、1977 年、160 頁。
24. Robert Muchembled, *Culture Populaire et culture des élites,* Flammarion, Paris, 1978, p. 17. ただし、これをもって彼ら一般民衆が文学と無縁だったと決めつけてはならない。たとえばヴェイエ（夜の円居）や集会などで、「文学」作品を識字者に読んで聞かせてもらうという慣行があり、事実、一介の民衆の遺産目録にも、しばしば書物――とくに「ビブリオテーク・ブルー（青表紙本)」と総称

を笑わないであろう。彼が心にもなく坐ったことを人は笑うのである」（ベルグソン『笑い』、林達夫訳、岩波文庫、1991年、18頁）。この事例を愚者の文化の枠組みに置き換えれば、走る＝倒れないというステレオタイプなイマジネールを、いきなり倒れるという戦略的なイマジネーションによって笑いに結びつけるのである。ベルグソンはまた「笑いとは期待が俄かに無に解消することから生じる」というカント——有名な「笑いの緊張緩和説」を唱えた——の言にも触れているが、愚者の文化における笑いは、自動的ではなく、あくまでも他動的、換言すれば「仕掛け」としてある。

3. Saint Jean Chrysostome,《On Priesthood : Ascetic Treaties》, ed. by Philip Schaff, in *A Select Library of the Niceane and Post Niceane Fathers of the Christian Church*, vol. 9, New York, 1889, p. 442.
4. Jacques Le Goff,《Rire au Moyen Âge》, in *Les Cahiers du Centre de Recherches Historiques*, v. 3, 1989, p. 6.
5. 『聖ベネディクトの戒律』、古田暁訳、すえもりブックス、2000年、37頁。
6. Le Goff, ibid., p. 5.　なお、古代ギリシア・ローマから初期キリスト教にかけての「笑い」の詳細については、たとえば宮田光雄『キリスト教と笑い』、岩波新書、1992年や、山田庄太郎「初期キリスト教における「笑い」」、《エイコーン——東方キリスト教研究》、第49号、2017年、pp. 30-52などを参照されたい。
7. リュシアン・フェーヴル『フランス・ルネサンスの文明』、二宮敬訳、ちくま学芸文庫、1996年、200頁。
8. 拙著『ワインの民族誌』、筑摩書房、1888年、第2章参照。
9. これについては、拙著『異貌の中世—ヨーロッパの聖と俗』、弘文堂、1986年、第1章参照。興味深いことに、クレルヴォーの聖ベルナルドゥス（本文後出）は、「ギヨーム修道院長への弁明」のなかでこう記している。「しかし修道院（聖域）において書を読む修道士の面前にある、あのような滑稽な怪物や、驚くほど歪められた美、もしくは美しくも歪められたものは何のためなのか。そこにある汚らわしい猿、猛々しい獅子、奇怪なケンタウルス、半人半獣の怪物、斑の虎、戦う兵士、角笛を吹き鳴らす猟師は何なのか。一つの頭に多数の胴体をもつ怪物を見たかと思えば、一つの胴体に多数の頭をもつ怪物をも見かける。こちらには蛇の尾をした四足獣がいて、あちらには獣の顔をもつ魚がいる。彼方には上半身が馬で下半身が山羊の姿をした獣が見え、此方では角のある頭をもち、下半身が馬の姿をした獣を見る。一言で言って、驚くほど多様な姿をしたさまざまな像が、数多くいたるところにあるために、修道士は書物よりも大理石を読み解こうとし、神の掟を黙想するよりも、日がなこれら奇怪なものを一つ一つ愛でていたくなるだろう」（「ギヨーム修道院長への弁明」、杉崎泰一郎訳、上智大学中世思想研究所『中世思想原典集成10　修道院神学』所収、平凡社、1997年、484頁）。だが、こうした彼の懸念にもかかわらず、これら「聖域」の異形たちは、たしかに宗教改革時にプロテスタントのイコノクラスムによってかなりが破壊されたものの、今もなおとくにロマネスク様式の教会堂の外壁や内陣、あるいは円柱装飾などに見ることができる。

られたのはソルボンヌ内で、1470年のことだった。この年の暮れに出たフランス最初の印刷本は、ベルガモ出身のイタリア人文法家ガスパリーノ・バルツィッツァ（1360頃-1431）のパリの栄光を称えた書簡詩だった（Alfred Franklin, *Dictionnaire historique des arts, métiers et professions exercés dans Paris depuis le XIIIᵉ siècle*（reimp.）, Jean-Cyrille Godefory, Paris, 2004, p. 394)。やがて各地の主要な都市でも印刷工房が誕生し、1513年、22年、39年に組合規約が制定され、刊行物の印刷には親方たちからなる同業組合の許可と国王の允許を得ることが義務づけられるようになった。1618年、印刷業者は出版業者、製本業者、金泥業者とともに同一組合を組織するが、印刷工たちは1539-42年および1571-72年に待遇改善を求めて大規模なストを張った。やがて1686年には、出版関連業種は同一組合を解散してそれぞれ分離し、以後、印刷業は独自の発展を遂げ、印刷業者は強大な単独の同業組合を組織して、フランス革命まで特権的に帯剣が許されるまでになった（Daniel Boucard, *Dictionnaire illustré et anthologie des métiers*, Jean-Cyrille Godefroy, Paris, 2008, p. 346)。

87. N. Z. Davis,《A Trade Union in Sixteenth-Century France》, in *The Economic History Review*, vol. 19-1,1966、p. 49.
88. Brigitte Largueze,《La “fête de réconciliation” dans le bizutage》, in *Agora débats／jeunesses*, n° 7, 1997, p. 42.
89. Louis Sallentin, *L'improvisateur français*, Goujon Fils, Paris, 1804, pp. 19-20.
90. Ibid., p. 20.
91. Xavier Vigna,《Les bizutage dans le monde ouverier en France à l'époaue contemporaine》, in *Clio. Femme, Genre, Histoire*, 2013, p. 152.

終章　愚者の文化

1. ただ、この出来事の1年後、サラは息子をもうけ、アブラハムはわが子を「イサク」と名付ける。ヘブライ語で「彼は笑う」の意である。この命名は、おそらく神がサラの笑いを赦したことを示す。事実、彼女は息子を出産したあと、人びとにこう言っている。「神は私を笑わせてくださいました。このことを聞く人は皆、私を笑うでしょう」（『創世記』第21章9節)。ここでの「笑い」はむしろ「からかい」と同義であり、もはや不信や瀆聖の意味は帯びていない。聖アウグスティヌスはその著『神の国』において、アブラハムが奴隷女のハガルとのあいだにもうけたイシュマエルが、肉によって生まれた「自然」の明示であり、神意によって生まれたイサクは「恩寵」の啓示であるとしている（『神の国　四』（第15巻第2章、服部英次郎・藤本雄三訳、岩波文庫、1986年、15頁)。なお、このエピソードは同書第16巻31章でも取り上げられている。
2. アンリ・ベルグソンが1900年に上梓した『笑い』には、歴史的な文脈での笑いがほとんど顧慮されていないが、たとえば次の一文はどうだろうか。「往来を走っている男がよろめいて倒れる。すると通りがかりの人びとが笑う。もし彼が急に出来心で地上に坐る気になったのであると想像できるとしたら、おもうに人は彼

lardes sous l'Ancien Régime en Ardèche et dans la Drôme》, in *Le Monde alpin et rhodanien*, n°s.1-2, 1978, pp. 150-151.

68. Anastase Cochelet, *Répetitions du Sanct Sacrifice de la mésse, en forme d'homilies contre du Plessis Mornay*, Jean Keerberghe, Anvers, 1602, BNF. D-30388, s.p.
69. Champeley, op. cit., p. 327.
70. *Mercure de France*, t. 28, fév. 1735, BNF. PER-84, p. 262.
71. Rigollot, op. cit., pp. 37-40.
72. リールの郷土史家で作家でもあったレオン・ルフェーヴル（1848-1916）によれば、この宗教行列はフランドルでもっとも盛大だったという（Léon Lefevre, *Histoire de théâtre de Lille, de ses origins à nos jours*, t. I, Lefevbre Ducocoq, Lille, 1901, p. 37）。
73. Alan E. Knight,《The Bishop of Fools and his Feasts in Lille》, in Meg Twycross (ed.) *Festive Drama*, D.S. Brewer, Cambridge, 1996, pp. 156-157.
74. Alan E. Knight, *Les mystères de la procession de Lille*, t. I, Droz, Genève, 2001, p. 38.
75. Ibid., p. 56.
76. Knight,《The Bishop of Fools・・・》, op. cit., p. 155.
77. Valérie Delay,《Compagnies joyeuses, "Places" et féstivités à Lille au XVIe siècle》, in *Revue du Nord*, t. 69, n°. 274, 1987, p. 504.
78. Ibid., p. 509.
79. Ibid., pp. 512-514.
80. 13世紀のリールではまた、もっとも富裕な市民を中心とする「エピネット祭」が営まれていた。毎年マルディ・グラに選ばれたエピネット王が主宰したこの祭りは、騎乗槍試合と大規模な祝宴がメインだったが、しばしば槍試合に出場する若者たちの集団同士で、勝敗を巡る暴力沙汰が起きていた。詳細は以下を参照されたい。Claude Fouret,《La violence en fête : la courses de l'Epinette à Lille à la fin du Moyen Âge》, in *Revue du Nord,* t. 63, no. 249. 1981, pp. 377-390.
81. ナタリー・Z・デーヴィス、前掲書、160頁。
82. Jean Nicolas, *La rébellion française*, Gallimard, Paris, 2008, p. 677.
83. Ibid., pp. 679-680.
84. J・R・ギリス『〈若者〉の社会史』、北本正章訳、新曜社、1985年、53頁。
85. ユマニストの詩人・ラテン語学者のエティエンヌ・ドレ（1509-46）も、グリフの工房でともに出版活動をおこなっていた。『ラテン語注解』（2巻、1536年）を著したドレは、1538年、カテキズムの書『カトー・クリスティアヌス』を上梓したが、異端の廉で発禁・焼却処分となり、彼自身も最終的にソルボンヌから異端を宣せられて逮捕・投獄され、1546年、パリのモベール広場で、獄中で書いた『エティエンヌ・ドレの讃歌』とともに焚刑に処された。その最期の言葉は「ドレは自分のために悲しむのではなく、理性のために悲しむ」だったという。
86. デーヴィス、前掲書、21-22頁。ちなみに、パリで最初に正式な印刷工房が設け

de recherches médiévales et humanistes, vol. 37, 2019, p. 319.

58. 必ずしも善行とはいえないかもしれないが、たとえばスイスと国境で接するサヴォワ地方のペ・ド・ジェクスでは、恐妻家の夫の隣人が、妻の悪行を記したプラカードを背中から吊り下げてのアゾアドがおこなわれ、ときにはその妻と一目でわかる服を着せた人形が荷車に据えられ、若者たちが賑やかにこれを引き回した。このアゾアドは日曜日ごとに繰り返されたが、興味深いのは、3 度目の日曜日は夫婦の和解に向けられ、ふたりは改めてそれぞれの代理人によって厳粛な再婚式が営まれたことである。ただし、そこでは妻の首に大きな鉄の首輪がかけられたという（Roger Devos, *Vie et traditions populaires savoyardes*, Horvath, Ecully, 1991, p. 48）。これは夫への服従を印象づけ、それによって地域の伝統的な家父長制を維持するための仕掛けであった。

59. エマニュエル・ル・ロワ・ラデュリ『南仏ロマンの謝肉祭（カルナヴァル）——叛乱の想像力』、拙訳、新評論、2000 年。

60. ロマンに住み着いた行商人を父にもち、町の実質的な支配者となった彼の子孫には、リヨン大司教から国務大臣にまでなったピエール・ゲラン・ド・タンサン（1680-1758）や、その妹で、18 世紀前葉にパリで有名な文芸サロン——モンテスキューもその常連だった——を主宰するようになるクロディーヌ・ゲラン・ド・タンサン（1682-1749）、さらにその息子で『百科全書』の編者ダランベールがいる。

61. Le Roy Ladurie, Présentation, in Philippe Vznault, Philippe Blon et Jôel Farge, *Un soulèvement populaire*, Albatros, Paris, 1979, pp. 9-35.

62. Jean de Loyac, *Le bon prélat ou discours de la mort de Revenant Père en Dieu Messire Antoine de Tolosany, Abbé Supérieur Général de l'Ordre de saint Antoine de Viennois*, Antoine Bertier, Paris, 1645, BNF. LN-27-19684, pp. 34-37.

63. Peyrard,op. cit, pp.135-137.

64. Jean-François Fournel, *Traité de l'adultère considéré dans l'ordre judiciaire*, Jean-François Bastien, Paris, 1778, BNF. UNMM-9611433, .pp. 362-363.

65. 詳細は拙論「リュステュクリュ——戯画の中の男と女」、『女と男の人間科学』所収、早稲田大学人間総合研究センター／コロナ社、2004 年、pp. 121-139 を参照されたい。

66. ちなみに、フランスの戯画文化の最盛期は 19 世紀中葉・後葉で、この時期には戯画（カリカチュール）を販売戦略とした戯画新聞や雑誌が相次いで創刊されている。その代表的なものとしては、反動化したルイ゠フィリップの七月王政を批判するため、週刊風刺紙の《ラ・カリカチュール》（La Caricature morale, religieuse et scénique）がある。1830 年から 43 年まで、途中、出版条例にともなう休刊時期を挟んで 251 号まで刊行され、バルザックなどの文豪も寄稿したこの新聞は、全体で本文 2000 頁、リトグラフの挿入図版 530 葉を数えた。創刊者はリヨン出身の画家でジャーナリストのシャルル・フィリポン（1800-62）。彼はまた同様の絵入り風刺新聞である《ル・シャリヴァリ》（1832-37 年）や、《笑いのための新聞》（1848-55 年）も創刊している。

67. Jean-Pierre Bernard,《La sanction coutumière des maris battus : deux pail-

45. 同義の表記はほかにもあり、たとえばクリュニーではアベイ・ド・マルグーヴェルヌ（Abbaye de Malgouverne）と呼ばれていた。マコンと同名の結社はフランス中・東部の都市、たとえばグルノーブルやロマン、アンブランなどにもあったが、興味深いことに、近世の文法家で歴史家でもあったジル・メナジュの『フランス語語源辞典』（1650 年）には、この Malgouverne について以下のような説明がなされている。「悪政修道院長を演じる。それは着衣をすべて脱いで地面に投げ捨てる児戯の謂いである。（…）マルグーヴェルヌと綽名されたある修道院長が、修道院の財産を浪費したことに由来する」（Gille Menage, *Dictionnaire étymologique de la langue française*, t. II, éd. par A.-F. Jault, Briasson, Paris, 1750, p. 190）。はたして「ある修道院長」が誰かは不明だが、風変わりな児戯があったものである。
46. Lenoir Lex, *L'Abbaye de Maugouvert de Mâcon*, Impremerie Générale, Mâcon, 1897, p. 9.
47. たとえば 1548 年 6 月のシャリヴァリでは、寡夫で寡婦と再婚したノエル・デュモンなる人物が、悪政大修道院に対して 4 エキュの「大修道院税」（シャリヴァリ税）をあらかじめ支払っている（Antoine Périgaud, *Recueil des chevauchées de l'asne faites à Lyon en 1566 et 1578*, N. Scheuring, Lyon, 1862, p. xi）。
48. Lex, op. cit., pp. 15-16.
49. Ibid., p.17.
50. François V. Pageau,《*'On the streets and in the book' : text, subtext and context in Lyon's Chevauchée de l'asne, 1566*》, Thesis, University of Alberta, Edmonton, 2013, p. 18.
51. リヨンの主たる産業のひとつであった印刷の職工たちは、16 世紀中葉から 17 世紀初頭までコキユ（Coquille. 字義は「貝殻」）という愚行結社を組織し、定期的に上演されるソティのテクストなどを出版していたが、彼らはまた 16 世紀後葉にスキャンダラスなロバによる恐妻シャリヴァリもおこなっていた。その詳細は Perigaud の前掲書にある。
52. Prost de Royer et als., *Dictionnare de jurisprudence et des arrêts, ou Nouvelle édtion du Dictionnaire de Brillon*, t. IV, Aimé de La Roche, Lyon, 1784, pp. 785, etc.
53. Éric Négrel,《Le théâtre à l'invers de Maugouvert. Impuissance masculine et chevauchée de l'âne au XVIe siècle》, in *Cahier de recherches médévales et humanists*, no. 37, 2019, p. 352.
54. H. Rey-Flaud, *Le Charivari. Les rituels fondamentaux de la sexualite*, Payot, Paris, 1985, p. 235.
55. Fréderic Mistral, *Lou Tresor dóu Felibrige*, Culture Provençale et Méridionale, Rophète-lès-Arles, 1878, p. 530.
56. Octave Teissier, *Le Prince d'Amour et les Abbes de la Jeunesse*, Publications Populaires, Marseille, 1891, pp.6-9.
57. Jean-Yves Champeley,《La justice de l'abbaye de Maugouvert》, in *Cahiers*

からでなければ、宿舎を出ることができない。また、病気中だったり、住まいから総会会場に来るのに6日以上かかったりする者以外、欠席は認められない。③メンバー同士で喧嘩や反目・対立があった場合、協会は木曜日の日の出から日没までのあいだにこれに対応しなければならない。④総会ではメンバーのうちから王と6人の評定官を選ぶ。彼らはとくに翌年の協会行事を秩序立て、費用を要求する。協会の騎士や平貴族たちは分担金を払うが、その金額は、領主役は騎士役や平貴族役の3分の2、伯爵役は領主役の3分の1とする。⑤集会当日の朝、メンバー全員はクレーフェの聖母教会に集まり、メンバーの物故者のために祈り、各人が供物を捧げるものとする（Tilliot, op. cit., p. 47)。ただ、具体的にディジョン歩兵隊の規約とどこが類似していたかについて、「書き手」は言及していない。「書き手」はまた歩兵隊のもうひとつの起源として、同じブルゴーニュ地方のオータンで、1411年から16年まで営まれていた愚者の祭りについても触れている。この祭りでは、グロテスクな衣装をまとって仮装した愚者たちがロバを引き連れ、その鳴き声を真似て「エ、エ」と叫びながら、教会堂に闖入したとしている。

31. Claude-François Méméstrier, *Des représentations en musique anciennes et modernes*, René Guignard, Paris, 1681, pp. 52-53.
32. Jaucourt, *Encyclopédie*, t. 10, op. cit., pp. 379-380.
33. Frédéric Lépine,《La Mère folle à Dijon》, in *Les fastes de la Bourgogne*, s.l.(1886?), pp. 5-6.
34. Ibid., pp. 13-16.
35. 詳細は匿名の書『ディジョン歩兵隊劇場。アスヌリないし4作劇』（*Théâtre de l'Infanterie dijonaise. Asneries ou les Quatre jeux*, Darantière, Dijon, 1887, Hachette, Paris, 2014）を参照されたい。
36. Tilliot, op. cit., p.77. たとえば1604年に入会したド・ヴェンドゥネスなる人物は、祭りの参加費を含めて6リーヴルを払っていた(Tilliot, op. cit., p. 74)。ちなみに、ディジョン市が2018年に発行した広報用パンフレット（Parcours Dijon aux 17e et 18e siècles, 2018）によれば、17世紀から18世紀にかけて、その人口はおよそ1万3000から2万になったという。
37. Jaucourt, *Encyclopédie*, t. 10, op.cit.p. 381.
38. *Mercure de France*, op. cit., pp. 60-66.
39. Julleville, *Les comédiens...*, op. cit, p. 199.
40. Tilliot, op. cit, pp.111-112.
41. Ibid., p. 67.
42. Henri Chabeuf, *Dijon. A travers les âge*, Damidot Frères, Dijon, 1897, p. 29.
43. Philippe Poirier,《Le retour de la "Mère folle" et des fêtes carnavalesques à Dijon》, in D. Tartakowski (dir.), *Les usages politiques des fêtes au XIXe-XXe siècles*, Publications de la Sorbonne, Paris, 1994, pp.1-13.
44. 新たに市長となったジャルディリエもまた失業者支援に尽力し、6000人規模の労働者デモを支援して、1か月間、彼らに食事やコーヒーを提供し、学童たちにはミルクやビスケットを配ったことなどで知られる。

et profane, t. IV, J-B. Coignard, Paris, 1674 /1763, p. 2. この一文に続けて、モレリはこう述べている。「しかし、この自由は、（コナールたち）自身が設定した制限の範囲内では長くは続かなかった。揶揄や嘲笑があまりに辛辣になり、そしてあまりにも広まったため、王権は教会当局と協調して、この結社を壊滅させた」。
17. Ibid., p. 112.
18. Reid, op. cit., p. 1045.
19. Michel Rousse, op. cit., pp. 38-39.
20. Philip Benedict, *Rouen during the Wars of Religion*, Cambridge University Press, 1981, p. 53. この書は宗教戦争時代のルーアンを知る上での基本文献である。
21. Floquet, op. cit., p.111, n.1.
22. Théodore de Bèze, *Histoire ecclésiastique des Églises Réformées au Royaume de France*, T. 1, éd. par P. Vesson, Société des Livres Religieux, Toulouse, 1882, pp. 390-393.
23. Floquet, op. cit., pp. 118-119.
24. Rousse, op. cit., pp. 36-37.
25. 善良公と呼ばれた彼は、1430 年、ポルトガル王女イザベルとの挙式の場で、イングランドのガーター騎士団をモデルとする金羊毛騎士団の結成を宣言している。本拠は 1172 年の創建になり、ブルゴーニュ公爵家が有するディジョンのサント=シャペル（礼拝堂、1802 年解体）においた。金羊毛とは、いうまでもなくギリシア神話におけるイアソンの冒険と旧約聖書の『士師記』に登場するギデオンの物語に由来する呼称だが、おそらく善良公の念頭には、この騎士団をかつての十字軍に近づけたいとの想いがあった。事実、1453 年にコンスタンティノポリスがオスマン軍によって陥落させられ、2 年後の 56 年、時の教皇カリストゥス 3 世が新たな十字軍の遠征を呼びかけると、善良公は彼の騎士団とともにそれに参加しようとした（実現せず）。
26. Julleville, *Les Comédiens...*, op. cit., p. 196.
27. たとえば南仏タラスコンの今も営まれている怪物タラスクの祭りは、15 世紀後葉に、前述した道化師トリブレを召し抱えていたルネ・ダンジュー公の命で始まったとされる。この祭りの詳細は拙論「タラスク再考」（《国立歴史民俗博物館研究報告》、第 51 号、1993 年、103-138 頁を参照されたい。
28. Ernest Petit, 《La Mère-Folle de Dijon. À propos d'un manuscrit de Du Tilliot》, in *Le Bibliophile français*, t. III, Bachelin-Deflorenne, Paris, 1869, p. 286.
29. *Mercure de France, dédie au Roy*, janvier 1724, Guillaume Cavelier et als., Paris, 1724, BNF. PER-84, t. 6. pp. 60-66,
30. ティリオによれば、クレーフェの協会の規約は以下のようなものだったという。①銀製刺繍の愚者章、あるいはこれを衣服に縫いつけて日々身に着けていなければならない。それに違反した者は、だれであれ 3 トゥール硬貨の罰金を払うものとする。この罰金は、慈善院の貧者たちに与えられる。②年に 1 度、聖ミカエルの祝日（9 月 29 日）のあとの日曜日に総会を開き、総会費用の分担金を払って

de Rouen》, in *Annales de Normandie*, 27e année, no. 2, 1977, p.180.

4. この「コナール」の性的・諧謔的意味については、以下を参照されたい。Michel Rousse,《Les Cornards de Rouen la corne et le crosse》, in *Cornes et plumes dans la littérature médiévale*, Fabienne Pomel（éd.）, Presses Universitaires de Rennes, 2010, pp. 27-42.
5. このメンバーの詳細は、Dylan Reid,《Carnival in Rouen : A History of the Abbaye des Conards》, in *The Sixteenth Century Journal*, Winter, 2001, vol. 32, no.4, pp. 1027-1055にある。
6. Montifaud, op. cit., pp. 14-80. なお、この年のカーニヴァルとコナール大修道院については、永井敦子「1540年ルーアンの謝肉祭――愚者結社〈コナール修道院〉の活動記録から」（《北大史学》、第34号、1994年、pp. 42-60）も参照されたい。
7. 一時期ルーアンに住んでいた歴史家・考古学者のジャック＝クサヴィエ・ド・ビュセロルによれば、修道院長はこの宮殿でおどけた模擬裁判を主宰し、たとえば、1485年のカーニヴァルでは、判決の内容は不明だが、妻たちから痴情問題で訴えられた夫たちを裁いたという（Busseroll, op. cit., p.5）。
8. Corvisier, op. cit., p. 182.
9. おそらくこの年代記は、1532年に出た巨人伝承譚の『ガルガンチュア年代記』のこと。いうまでもなく、フランソワ・ラブレーの『ガルガンチュワとパンタグリュエル』の底本となった書である。
10. Montifaud, op. cit., p. XXX.
11. Reid, op. cit., p. 1041.
12. A. Floquet,《Histoire des conards de Rouen》, in *Bibliothèque de l'École des Chartes*, 1839-1840, vol.1, p. 113.
13. このシャリヴァリには後日談がある。犠牲となった参事会員たちからの訴えによって、参事会は高等法院からコナール大修道院を廃止するとの裁定を受けた。だが、この大修道院の名声は宮廷にまで届いており、アンリ2世はそれを実見しようと、1545年10月、ルーアンを訪れている。そして、目の前で繰り広げられたコナールたちによる飾り山車の引き回しや無数の松明行列、道徳劇といったパフォーマンスを見て大いに喜び、大修道院の維持を命じたのだった（Corvisier, op. cit., p. 190）。それから5年後の1550年、この王はルーアンを再訪し、有名な模擬海戦を見物し、さらに盛装したコナールたちの楽隊による演奏や山車・仮装行列、ファルスや道徳劇、無数の松明あかしなどを堪能している（Floquet,《Histoire des conards...》, op. cit, p. 116）。
14. この檄文事件とマロについては、たとえば名取誠一「フランソア一世とクレマン・マロ：檄文事件を中心として」、《人文学報、仏文学》（24）、pp. 19-39、1961年を参照されたい。
15. *Appologie faicte par le grant abbe des Conards sur les invectives Sagon, Marot, La Huterie, Pages, Valetz, Braquetz & etc*, Paris, Pierre Vidoue, circa 1537, BNF., NUMM-1521356.
16. Louis Moréri, *Dictionnaire historique ou le mélange curieux de l'histoire sacrée*

教最初の助祭とみなされているためである。その根拠は、『使徒言行録』（第 6 章）で、ステファノが、使徒たちから人びとの食事の世話をさせるために選ばれた、「霊と知恵に満ちた評判のよい」7 人のひとりだったと記されていることによるが、とくにフラ・アンジェリコがヴァチカン宮殿のために描いた壁画『聖ペトロによって助祭に叙階されるステファノ』（1447-49 年）が、ステファノ＝助祭の対合の普及に一役買った。

69. Félix Bourquelot,《Arrêt du parlement de Paris relatif à la fête des Innocents dans la ville de Tournay》. 1499, in *Bibliothèque de l'école des Chartes*, t. 3, 1842, pp. 568-577.　ちなみに、ブルクロはジュール・ミシュレとともにフランス・ロマン主義歴史学を代表する歴史家。わが国でも邦訳のある『メロヴィング王朝史話』（1833 年）で知られるが、失明して身体不如意になったオーギュスタン・ティエリ（1795-1886）の助手をつとめていた。

70. Marc de Montifaud, *Les triomphes de l'Abbaye des Conards, avec une notice sur la fête des fous*, Librairie des Bibliophiles, Paris, 1874, p. X.

71. Guechot, op. cit., pp. 12-13.　.

72. Max Harris, *Sacred Folly. A New History of the Feast of Fools*, Cornelle University Press, 2011, p.288.

73. バフチン、前掲書、279 頁。

74. その極端ないし突飛な事例としては、帝政ロシアにみることができる。バフチンによれば、ピョートル 1 世（大帝、ツァーリ在位 1682-1725）は愚者の祭りの近代版を帝政ロシアに招来しようとしたという。つまり、国家主導の合法的な祝祭として、愚者の祭りを選んだという（バフチン、前掲書、349 頁）。「愚者の祭りの近代版」が何を指しているかは不明だが、周知のように、のちに皇帝を称することになる彼は、西欧の進んだ軍事・科学技術を吸収してロシアの近代化を実現するため、1697 年から 98 年まで使節団を送り、自らもその一員としてヨーロッパ各地を回ったが、あるいはこの滞在中に愚者の祭りのことを知ったのかもしれない。ロシアにはマースレニツァと呼ばれる古来からのカーニヴァルがあったにもかかわらず、である。

75. Jacques Heers,《Carnavals et fêtes des fous au Moyen Âge》, *in Cuaderos del CEMYR*, no. 2, 1994, pp. 168-169.

76. クリフォード・ギアツ『文化の解釈学』I、吉田禎吾・柳川啓一・中牧弘允・板橋作美訳、岩波現代選書、1987 年、79 頁。

第 5 章　愚行結社

1. フランス象徴主義を代表する詩人・作家のリラダンとも親交のあったシャトルールはまた、雑誌《L'Artiste》の寄稿者で、1875 年には自らも美術誌《L'Art moderne》を創刊している。

2. Montifaud, op. cit., p. ix.

3. André Corvisier,《Une société ludique au XVIe siècle : l'Abbaye des Conards

40キロメートルほど北東の古都ニームに住んでいた法学博士の妻の愛人だったが、ある日、数人の学生を引き連れた夫に密会の現場を押えられ、学生たちに縄で縛られた挙句、男性器と鼻を切り取られて、通りに投げ出されてしまった。男は何とか一命を取りとめたが、その姿は哀れをとどめるものだったという(*Félix et Thomas PLATTER à Montpellier*, Camille Coulet, Montpellier, 1892, p. 98)。さらに2年後の1757年7月1日(告発状の日付は同月21日)、ペズナスのプロテスタントたちがフランシスコ会修道士たちに暴行を働いたとする史料もある(ADH. C. 6662)。

56. ADH., C. 6661-121(原文誤記訂正).

57. André Nos, *Montagnac 6000 ans d'histoire*, Les Amis de Montagnac, Montagnac, 1991, p. 179.

58. 長谷川輝夫「18世紀の社会と文化」、『フランス史2』所収、山川出版社、1996年、328頁以下。

59. こうした教会の危機意識を端的に示す事例として、モンタニャックの10キロメートル西に位置するルピアンでの出来事がある。ブデの事件より13年前の1742年、この村司祭が日曜礼拝の最中に教会前でダンスをしていた若者たちを追い払ったところ、これを根に持った彼らから、毎晩のようにタパージュを仕掛けられ、罵詈雑言を浴びせられたという(ADH. C.6656)。2年後の1744年にも、同じ村司祭は、やはりミサの最中に、ペルメル遊び(路上で行われたゴルフの前身)に興じていた若者たちが、卑猥かつ冒瀆的な歌を高吟して信者たちの心を乱し、さらに参事会員たちを小馬鹿にしたばかりか、止めに入った沿岸警備隊長のシャツを引き千切ったりもしたと告発している(ADH. C.6657)。また、ペズナスの参事会員たちが連名でヴィコントに提出した控訴状には、1748年1月6日の公現祭(愚者の祭り?)で、30人ほどの「労働者」が、夜通しタパージュを繰り広げたとある(ADH. C.6658)。

60. Daniel Borzeix, René Pautalet et Jacques Serbat, *Révoltes populaires en Occitanie*, Les Monédières, Treignac, 1982, pp. 297-298)。

61. ル・ロワ・ラデュリ『ラングドックの歴史』、和田愛子訳、白水社(クセジュ文庫)、1994年、113頁。

62. Ven Gennep, op. cit., t.I. 8, pp. 3422-3423.

63. Ulysse Chevalier, *Ordinaire et coutumier de l'église cathédrale de Bayeux (XIIIe siècle)*, Paris, Alphonse Picard et fils, 1902, pp. 69-72.

64. Marcel Jérôme Rigollot, *Monnaies inconnues des évéques des Innocents, des fous et quelques autres associations singulières du même temps*, Merlin, Paris, 1837, pp. 15-18.

65. ヴェルドン、前掲書、153頁。

66. *Bibliothèque de l'École des Chartes*, Ier série, t. III, p. 571.

67. *Almanach de la mémoire et des coutumes 1980*, Hachette, Paris, s. p.(12月26日の頁).

68. ちなみに、ステファノが助祭たちの守護聖人とされたのは、彼自身がキリスト町の主任司祭や市参事会員たちのもとまで行進した。仮面・仮装の行列で、窓越しや通りでそれを見物する者たちに、山車から小石などを投げつけ、見物人たちもまた、怒って反撃するのだった。1605年と12年、ラングドック地方総督代理だったヴァンタドゥール公は、市参事会に彼らの集会を取り締まるよう命令したが、選挙後のシャリヴァリは許した。条件は彼らが貧民院になにがしかの寄付をすることだった（Ibid., pp. 238-239）。

54. ADH., C.6661-68. ちなみに、ここペズナスには今もなお盛大に営まれているカーニヴァル行事がある。本書第1章で紹介しておいた巨大な張りぼて「プーラン」が登場するものである。多少本文と重複するのを承知で、少し本文の内容を補足しておこう――。これはエスティエヌーとエスティエネットという2体の人形を乗せた、360キログラムもある巨大な馬の張りぼて「プーラン」が、赤い上衣と白のパンタロンに道化帽、さらに手にタンバリンという出で立ちの仮装者に先導され、9人の若者に担がれて町を練り歩くもので、南仏各地の動物祭のなかでもつとに知られた祝祭となっている。毎年カーニヴァルの火曜日（と7月1日）に登場するこのプーランは、伝承によれば、イングランドからフランス南西部の一部を奪い返した、獅子王ルイ8世（在位1223-1226）の愛馬で、主人が1226年に同地を訪れた際、畜疫に罹ってしまった。アルビジョワ十字軍の指導者として、カタリ派討伐に赴かなければならなかった国王は、愛馬を残して泣く泣くペズナスを離れる。やがて、この地に舞い戻った時、死んだとばかり思っていた愛馬が元気な姿で彼を迎え、そればかりか、その傍らには子馬もいるではないか。喜んだ国王は、この望外の出来事を長く記念するため、町に張りぼての馬を作らせ、以後、町のあらゆる行事に張りぼてを登場させるように望んだ。これがプーランの始まりだという。

本文にあるバソンピエール元帥にまつわる伝承ともども、これもまたあくまでも後世の付会による物語で、絶対王政の基礎を固めたとされるルイ13世（在位1610-43）が、1662年に同地を訪れたことを受けて創作されたものであり、行事自体はどうやら18世紀初頭に始まったらしい。《メルキュール・ガラン》誌の1702年2月号にこれにかんする記述があるからだ（Claude Achard, *Pézenas, coeur secret du Languedoc*, Loubatieres, Toulouse, 1987, p. 8.）。とすれば、上記の事件は、1755年のプーランの登場前日に起きたことになる。つまり、若者たちは、不届きにもプーランをロバに、その騎乗者をブデに見立てて、1日早い「プーラン」巡行を愉しんだ。そうとも考えられる。

55. あるいはこの事件に刺激されたのか、その2日後、すなわち1755年の復活祭前の潔斎期間である四旬節初日にあたる灰の水曜日には、モンタニャックの北東100キロメートルほどに位置する、ニーム近郊のロシュフォール゠デュ゠ガールでも、仮面仮装をした若者たちが、笛や太鼓の音に合わせてダンスに興じ、ついには苦行者の扮装をして町の司祭館を襲ったりもしている（ADH. C. 6860）。ジュネーヴの医師フェリクス・プラッターは、1555年、留学先のモンペリエで、長いローブに身を包んだ鼻のない男が、しばしば靴屋の店先に座っていたり、松葉杖をついて歩いたりしているのを見かけている。彼によれば、この哀れな男は、

41. Ibid., p. 28
42. Sébillot, *Folklore et curiosités...,* op. cit., p. 487.
43. Jérôme Bujaud, *Chants et chansons populaires des Provinces de l'Ouest*, Laffitte Reprints, t. I, Marseille, 1975, pp. 65-66.
44. ただ、ロバはつねに愚性の象徴だったわけではなく、たとえば聖書の世界では、エルサレムに入城した際、イエスが乗っていたのがロバであり、将軍が凱旋行進をおこなう際に乗る馬ないしその戦車を牽く馬（＝戦争）と対比的に平和の象徴とされる。また、とくにクリスマスの時期に教会堂や広場などに展示されるクレーシュ・ド・ノエル、すなわちイエス誕生の神聖な情景を表す模型には、しばしば牛や羊と並んでロバの人形――プロヴァンスではサントン人形と呼ばれる――が配されている。
45. Sébillot, *Folklore et curiosités...,* op. cit., p. 484.
46. ちなみに、コルベイユは『愚者の祭りの祭儀』（筆者未確認）を著しているという。これはサンスの市立図書館に保管されていた13世紀の文書を、1854年に歴史家のフェリクス・ブルクロ（後出）がまとめて校注を付したものだが（*L'Office de la fête des fous de Sens*, éd. par Félix Bourquelot, C. Duchemin, Sens, 1856）、現在では実際に彼が書いたものかどうかは不明とされている。この書の内容に記されたロバの祭りについては、ヴェルドンの前掲書（pp. 154-157）を参照されたい。
47. Busserolle, op. cit., pp. 3-11.
48. Jean Bouvet, 《Correspondance d'Adam, abbé de Perseigne : 1188-1221》 in *Société historique de la province du Maine*, Le Mans, 1951-1962, p.289.
49. Pierre Louvet, *Histoire et antiquitez du païs du Beauvaisis*, t. II, Veuve G. Vallet, Beauvais, 1613, BNF. NUMM-8705329, pp. 300 sq.
50. Heers, *Fête des Fous...*, op. cit., p. 137.
51. Robert Jarby, *Le folklore du Languedoc*, Maisonneuve et Larose, Paris, 1971, pp.144-145.
52. C. M. Guechot, *Les fêtes populaires de l'ancienne France*, Charles Bayle, Paris, 1889, pp. 64-66.
53. これについての詳しい紹介は、Albert-Paul Alliès, *Une ville d'États Paznas aux XVIe et XVIIe siècles*, 4e éd., Les Amis de Pézenas, Pézenas, 1973, pp. 258 sq. を参照されたい。この書にはまた、1世紀半以上前のことだが、若者結社によるシャリヴァリにかんする次のような言及がある――。

町の守護聖人である聖ブレーズ（伝承によれば、司教・医師でもあった彼は、獣たちに囲まれて洞窟に住んでいたが、316年にアルメニアないし小アジアで鉄製の櫛ないし馬鍬で肉をえぐられるという拷問を受けたのち、斬首されて殉教したという。この故事から農業（収穫・家畜）や羅紗職人および梳毛職人、さらに咽喉の疾患の守護・治癒聖人として信仰されていた）の祝日にあたる2月3日――ラブレーはこの日をガルガンチュアの誕生日としている――、若者たちが役場に集まって隊長と旗手を、夫たちが大修道院長をそれぞれ選ぶことになっていた。ただ、この選出はしばしば殴り合いの場となり、それが収まらないまま、彼らは

25. Jacques-Xavier C. de Busserolle, *Notice sur les Fêtes des Ânes et des Fous qui se célébraient au Moyen-Âge dans un grand nombre d'églises*, 1889, BNF., 8-LM3-2048, p. 11.

26. A. L.Millin, *Description d'un diptyque qui renferme un missel de la fête des fous*, L'Imprimerie Impériale, Paris, 1806, p. 24.

27. Monique Decitre, *Fêtes et chansons historiqes et politiques*, Lugd, Lyon, 1995, p. 132.

28. Dulaure, op. cit., pp. 225-233. ちなみに、この一文は、デュロールが1786年に著した『歴史の奇怪さ』(*Singularités historiques*, Baudouin Frères, Paris, pp. 48-50)の記述を、のちに加筆再録したものである。

29. この王は最初の妃イザベルと死別して3年後の1193年、デンマーク王女のインゲボルグと結婚したが、彼女が気に入らなかったために離婚し、96年、バイエルンの公女アニェスと結婚した。しかし、インゲボルグは離婚を認めず、フィリップ2世の結婚を重婚としてローマ教皇に訴えた。これを受けて、時の教皇ケレスティヌス3世は尊厳王とアニェスとの結婚を無効とする。それでもなお、国王はアニェスを離別しなかったため、1198年、新教皇インノケンティウス3世によって破門され、王国内も聖務停止となった。

30. この大修道院とジャンセニスムにかんする詳細は、拙著『奇蹟と痙攣』(前掲)を参照されたい。

31. Yann Dahhaoui, 《L'Evêque de Paris, le légatu et la Fête des fous à Notre-Dame. Histoire de l'interprétation d'une ordonnance (1198)》, in *Notre-Dame de Paris, 1163-2013.* Actes du colloque scientifique tenu au Collège des Bernardins à Paris, du 12 au 15 décembre 2012, Brepols, 2013, p. 370.

32. ヤコブス・デ・ウォラギネ『黄金伝説』I、前田敬作・今村孝訳、人文書院、1979年、197-198頁。

33. Astrik Ladidlas Gabriel, 《Les écoles de la Cathédrale de Notre-Dame et le commencement de l'Université de Paris》, in *Revue d'histoire de l'Église de France*, t. 50, no. 147, 1964, p. 87

34. Petri Blesensis, *Opera omnia*, d'après Dahhaoui, op. cit., p. 382.

35. Paul-Yves Sébillot, *Folklore et curiosités du vieux Paris* (réimp.), Maisonneuve et Larose, Paris, 2002, pp. 483-484.

36. ジェルソンの生涯や家族については、Henri Jadart, *Jean de Gerson 1363-1429. Recherches sur son origine, son village natal et sa famille*, Delions et Renart, Reims, 1881を参照されたい。

37. Jean de Gerson, *Œuvres complètes*, vol.7, éd. Mgr Palémon Glorieux, Desclée, Paris, 1967, p. 409.

38. Thiers, op. cit., p. 442.

39. Jacob, *Curiosités...*, op. cit., p. 18.

40. F-V. Fournel, *Le Vieux Paris. Fêtes, jeux et spectacles*, Alfred Mame et Fils , Paris, 1887, pp. 27.

ソワ・ド・パリス（1690 – 1727）の死後、その墓で起きた数百もの奇蹟的快癒をすべからく欺瞞として断じて憚らなかった人物である（詳細は拙著『奇蹟と痙攣』、前掲参照）。ヴォルテールやモンテスキューとアカデミー・フランセーズ会員の椅子を巡って激しい対立を展開した彼が、なぜ3世紀も前の愚者の祭りに関心を抱いていたか、残念ながらティリオは何も言及していない。

8. この問題については拙論「文化の見方に関する試論」、蔵持編『エコ・イマジネール——文化の生態系と人類学的眺望』所収、言叢社、2007年参照。

9. Jacob, *Curiosités ...,* op. cit.p. 26.　ちなみに、現在、フランス国立図書館の別館となっているアルスナル図書館と同じ建物で生まれた自称「愛書家ジャコブ」の彼は、1830年、《ル・ガストロノム（美食家）》誌を創刊し、テオフィル・ゴーティエやネルヴァルらがそこで健筆をふるっている。

10. Ibid., p. 30.

11. Tilliot, op. cit., pp. 63-64.

12. バフチン、前掲書、169頁。

13. ジョクールは1736年にパリに移り、ヴォルテール・グループに哲学者として加わった。彼はまた、ジュネーヴ出身の医師で、種痘の推進者としても知られ、『百科全書』にもかかわったテオドル・トロンシャン（1709-81）と親交を結び、ロンドンの王立学会（1756年）をはじめ、ベルリンやストックホルム、ボルドーのアカデミー会員にも選ばれている。

14. Jaucourt, *Encyclopédie,* t. 6, Armand Colin, Paris, 1751, pp. 573-576.

15. ジョクールのこの記述にかんする解説は、以下の論考を参照されたい。Renée Relange,《La fête des Fous dans l'Encyclopédie》, *in Recherches sur Diderot et sur l'Encyclopédie,* no. 25, 1998, pp. 135-159.

16. おそらくジョクールは、パリ高等法院で弁護士でありながら、歴史家・文法家としても名をはせたシャルル・デュ・フレーヌ、通称デュ・カンジュ（1610-88）が1678年からリヨンで上梓するようになった、『中世ラテン語彙集』（Du Cange, *Glossarium mediæ et infimæ latinitatis,* Apud Anisson, Lyon, 1678）の“Kalendae”の項に多くを依拠している。

17. Édouard Fleury, *L'Art théâtral dans la Provence ecclésiastique de Reims,* A. Cortilliot, Laon, 1880, p. 36.

18. Caesaris Baronii,《Annales ecclesiastici a Christo nato ad annum 1198》, t. 10, rééd., Bar-le-Duc, 1869, p. 956.

19. Tilliot, op. cit., pp.7-8.

20. ナタリー・Z・デーヴィス『愚者の王国　異端の都市』、成瀬駒男・宮下志朗・高橋由美子訳、平凡社、1987年、373頁。

21. バフチン、前掲書、336頁。

22. Tilliot, ibid., p. 10.

23. Frédéric Bernard, *Les Fêtes célèbres de l'Antiquité du Moyen Âge et des temps modernes,* 2e éd., Hachette, Paris, 1885, p.69.

24. Jacques Heers, *Fête des Fous et carnavals,* Paris, Fayard, 1983 p. 124.

66. ルキアノス『本当の話』、呉茂一訳、ちくま文庫、1989年、48頁。
67. ヘロドトス『歴史上』、松平千秋訳、岩波文庫、2007年、284-285頁。
68. アイソーポスの顔の醜さと笑いを醸しだす言葉の巧みさについては、たとえばギリシアのソフィストで修辞学者でもあったヒメリオス（315頃-386頃）も指摘している（Himerii Sophistae, *Eclogae*, XIII,Vandenhoeck & Ruprecht Gottingae, 1790, 5, p. 592)。
69. Canel, op. cit., p. 29.
70. Heers, op. cit., p. 158.
71. Canel, op.cit., p. 29.。

第４章　愚者の祭り

1. たとえば561年のオーセール司教区会議は、おもに司祭や助祭、副助祭を対象として、愚者の祭りの名指しこそないが、1月1日に牛や鹿の真似をしたり、俗人の合唱団や娘たちが「祈りの場」である教会内で歌ったり、祝宴で歌やダンスに興じたりすることを禁じている。ちなみに、他の禁止事項としては魔術や卜占、あるいは魔術師に頼ること、水入りのワインではなく、蜂蜜入りのワインを祭壇に捧げること、聖職についたあとに妻帯したり子どもをもうけたりすること、女性を修道院に招き入れること(違反した修道院長は3か月間、水とパンだけの日々を送る)、破門された者と接触すること、飲み食いしたあとで聖務に参加することなどがある。
2. フレイザー『金枝篇』、第4巻、永橋卓介訳、岩波文庫、1974年、196頁。また、レスリー・アドギンズとロイ・A・アドギンズの『ローマ宗教事典』によれば、この冬至祭は共和政ローマ時代に12月17日から23日にかけて営まれたという。祭りはローマのサトゥルヌス神殿における大規模な供儀に始まり、期間中は国全体が休日で、賭博が公然と認められた。人びとはフェルトの帽子（ピッレウス）をかぶり、奴隷たちも仕事から解放され、主人から奉仕されることもあった。そして、家族ごとに祭りを取り仕切る「にせ」の王を選ぶのが習わしだったともいう（前田耕作監修、暮田愛ほか訳、原書房、2019年、117頁)。
3. E.-Hyacinthe Langlois, *Discours sur les déguisemens monstreux dans le cours du moyen-âge, et sur les fêtes des fous*, F. Baudry, Rouen, 1855, pp. 6-7.
4. Paul L. Jacob, *Curiosités des sciences occultes,* Librairie de Garnier Frères; Paris, 1885, p. 13.
5. バフチン、前掲書、102頁。
6. Jean-Baptiste du Tilliot, *Mémoires pour servir à l'histoire de la Fête des Fous, qui se faisait autrefois dans plusieurs Églises.* Marc-Michel Bousquet, Lausanne et Genève, 1741, BN.FB-1348422、p. 73..
7. 興味深いことに、この私信の差出人だったサンス大司教はジャン=ジェゼフ・ランゲ・ド・ジェルジ(在任1730 – 53)。反ジャンセニスト勢力の指導者のひとりで、パリのサン=メダール教会の高徳をもって知られたジャンセニストの助祭フラン譃はときにことほどさように奇怪である。

59. Lever, op. cit., pp. 34-35.

60. Ibid. ただし、ルヴェが典拠としたCatalogue des Actes de François Ier, Imprimerie Nationale, Paris, 1905, pp. 270・280の記述は少し異なっている。1538年10月の記録には、同年6月、南仏のヴィルヌーヴ・ド・タンドで国王に13リーヴル10スーで売られた金製の聖像がル・ルーに与えられ、11-12月の記録では、トロワのニコラなる王室調度方から3213ルーヴル11スー8ドゥニエで購入した羅紗や金・銀の織物、絹織物が、ヴィルヌーヴ・ド・タンドとエグ=モルトにいる王太子妃をはじめとする王室の貴婦人たちや、ル・ルーおよび宮廷道化のブリアンダ（不詳）などに授けられたとある。

61. Jean-Baptiste Thiers, *Traité des jeux et des divertissements*, Antoine Dezallier, Paris, 1686, BNF. FB-27532.

62. トリブレを含むフランスの道化やヘンリー2世の道化ロジャーをはじめとするイングランドの道化については、ジャン・ヴェルドン『笑いの中世』、池上俊一訳、原書房、2002年、pp. 117-120を参照されたい。

63. Gazeau, op. cit., pp. 168-169. ガゾーはまた、喜劇作家のアリストファネス（前445頃-前386頃）や弁論家のイソクラテス（前436-前338)、さらに生薬学の父と称されるテオフラテス（前372頃-前287頃）の時代、道化たちは公共の広場や祝祭（および定期市や太市）に姿を現し、腹話術を見せたり、豚や鶏やハシボソガラスの鳴きまね、あるいは占いや手品などで人びとを寄せ集め、仮設舞台で即興劇を演じたりしていたという（Gazeau, ibid., pp. 170-171)。このリストにはさらに軽業や百面相、火吹き、曲芸、綱渡りといった一連の見世物芸も加えるべきだろう。ありていにいえば、古代から中世にかけて登場した彼らの多くは大道芸人の範疇に入れるべきであり、ときに集まった人びとの笑いをとったとしても、本書で取り上げる道化、すなわち「愚性を演じる道化」とはいささか性格を異にする。ミーモス（mîmos）と呼ばれた無言劇の役者たちもまた然りである。たとえ道化の役を演じたにせよ、道化が役者となったわけではないからだ。だが、おそらく民衆は学問的な分類とは埒外なところで、これら大道芸人たちを道化として、より正鵠を期していえば、一種の道化とみていたはずである。ガゾーはこれら大道芸人たちを数多く紹介し、最後に希代のシャルラタンであるタバラン（Tabarin）も道化リストに加えている（Gazeau, ibid., pp. 228-234)。パリのドーフィヌ広場に仮設舞台を設け、相方のモン・ドール（字義は「金山」）とともに、パラード（パレード）と呼ばれる面白おかしい客寄せ芝居で集めた観衆に、その巧みな口上で、いささか怪しげな「特効薬」や「霊薬」を売りつけたタバランは、1923年につくられた「道化」や「悪ふざけ」を指す造語「タバリナード（tabarinade)」の名祖となっているが、このタバランにかんする詳細は、拙著『シャルラタン』（前掲）を参照されたい。

64. Charles Daremberg & Édmond Saglio, *Dictionnaire des antiquités grecques et romaines, d'après les textes et les monuments*, t. I, Hachette, Paris, 1873, p. 404.

65. Félix Gaffiot, *Dictionnaire Latin français*, Hachette, Paris, 2000, p. 161.

えば、イタリア中北部フェラーラで、13世紀中葉からシニョリーア（僭主国家体制）を敷いた名門貴族エステ家の道化ピエトロ・ゴンネッラないしゴネッラ（1390-1441）である。フィレンツェの商人を父にもつ彼の名は、シャルル7世とルイ11世お抱えの細密画家だったジャン・フーケ（1415頃-78／81）が、1445年にフェラーラに滞在した際に描いたとされる有名な油彩画のモデルとなったことで知られるようになった（この制作時期については諸説ある。詳細については、たとえば畏友竹山博英氏の訳業でわが国でも広く知られるカルロ・ギンズブルグの以下を参照されたい。Carlo Ginzburg, *Lean Fouquet. Ritratto del buffone Gonella*, Franco Cosimo Panini, Modena, 1996）。現在、ウィーンの美術史美術館に収蔵されているその作品では、腕を組んでこちらに微笑みかけているようなゴンネッラは、短い髭を蓄え、エステ家の紋章の色である赤と黄色の被り物をかぶっている。この宮廷道化をとくに有名にしたのは、15世紀の修道士で、のちに南仏アジャンの司教となったマッテオ・バンデッロ（1480-1562）である。彼は1554年に上梓した214篇の『物語集』のなかで、ゴンネッラについてこう記している。

> ある日のこと、主人であるフェッラーラ侯のニッコロ3世デステ（1383-1441）が四日熱に罹った際、ゴンネッラはこの主人の体をポー川に浸した。病は「恐怖心」で治るという伝統医学の仮説を確かめようとしたのである。これに怒った侯爵の側近（？）が、道化の愛馬の尻尾を切ってしまう。すると、道化は復讐とばかりに他のすべての馬の上唇を切り取った。それを知った主人は道化の首を切り落とすと言い渡す。おそらくそれは本心ではなかった。事実、処刑執行人は道化の首に軽く傷をつけただけだった。だが、再婚した妻と前妻の息子の不倫を知って、ふたりともども斬首刑に処した主人である。たとえ冗談交じりではあっても、ゴンネッラにとってはこの上もない脅しだった。やがて宮廷から追放された彼はその恐怖心で衰弱し、ついに死んでしまったという（Matteo Bandelle, Novelle, www.liberliber.it, pp. 846-847：Franco Pignatti,《Pietro Gonnella : storia di un buffone》, in *Giornal storico della letterature*, IV, 1996, p. 89 ; Olivier Chiquet,《Gonnella méritait-il de mourir de la nouvelle（IV, 17）de Matteo Bandello》, etudesitaliennes. hypotheses. org. fev. 2014, pp. 3-5）.

ギンズブルグによれば、この実験はゴンネッラのいつもながらの悪ふざけだったが、このときばかりは投獄され、バンデッロの記述とは多少異なり、死刑を宣告されて斬首されたという（Ginzburg, op. cit., p. 16）。恐怖心が病を癒す薬ではなく、むしろ人を殺す毒薬であるということを、皮肉にも身をもって立証したのである。これもまた見ようによっては道化の真骨頂といえるかもしれないが、少なくとも彼は主人と自分とのあいだにあった見えない壁と暗黙の了解を、哀れにも才気に走って打ち砕いてしまった。分身がその本体を怪しげな治療の実証実験によって危険にさらしたのだ。おそらく伯爵の四日熱はやがて快癒した。むろん道化の実験のおかげではない。だが、どうした偶然か、この主人もまた分身が死んで間もなく、ミラン滞在中の1441年12月に毒殺（？）されている。歴史の諧

etrangers de son temps》, in *Mémoires*, II, Jean Sambix le Jeune, Leyde, 1666, pp. 258-271.
43. Dreux du Radier, op.cit, pp. 10-27
44. Jal, op. cit. p. 610.
45. Baulant Micheline, 《Prix et salaires à Paris au XVIe siècle. Sources et résultats》, in *Annales. Économies, Sociétes, Civilisations* , 31e année, n°. 5, 1976, p. 982.
46. リシュリューのマリオンに対する偏愛ぶりについては、彼の庇護の下でアカデミー・フランセーズの創設を唱え、その初代終身書記となったヴァランタン・コンラール（1603-75）が、ランスの司教座聖堂参事会員首席に宛てた書簡に記されている。それによれば、ルイ13世の寵臣だったが、リシュリューに対する陰謀を企てて処刑されたサン=マール（1620-42）もまた、マリオンを愛していたという（Dreux du Radier, op. cit., pp. 56-58）。
47. Jal, op. cit., p. 603.
48. Gazeau, op. cit., p.143.
49. Canel, op.cit, p. 252.
50. Gazeau, op. cit., p. 144.
51. 作家で詩人のタルマン・デ・レオー（1619-92）によれば、ある朝、ランジェリがパリ大司教アルレ・ド・シャンヴァロンの病気見舞いにその邸館を訪れると、緑の服を着た若い女性が大司教の部屋から出てきたという。それから彼が部屋に入ると、大司教は前夜、数度失神したと症状を語った。そこですかさずランジェリが返す。「ああ、そのせいですね、緑の服が目の前を通ったのは」。大司教はそれに何も答えず、道化にルイ金貨4枚をチップとして渡したのだった（Canel, op. cit., p. 253）。
52. ニコラ・ボアロー=デプレオー『風刺詩』、守屋駿二訳、岩波書店、1987年、24頁。この詩集の第八「人間などというものは」では、アレクサンドロス大王の狂気（フー）とランジェリの道化（フー）が対句的に記されている（116頁）。
53. Andrea Shannon, 《"Uncouch lamguage to Prince ears" : Archibald Armstrong, Cour Jester, and Early Stuart Politics》, in *Sixteenth Century Journal*, XLII, 1, 2011, pp. 99-112 および *Encyclopædia Britannica* vol. 2, Cambridge University Press, Cambridge, 1991, pp. 590-591.
54. 《Archy's Dream, sometimes Jester to his Majesty, but exiled the Court by Canteburies malice》, 1641, in Charles Hindley（ed.）, *Old Book Collector's Miscellqny,* vol. 5., Keeves and Turner, Strand, 1873, p. 1.
55. Ibid., p. 6.
56. アーチーを含むイングランドの宮廷道化の詳細については、たとえば以下を参照されたい。John Doran, *The History of Court Fools*, Richard Bentlet, London, 1858 ; Platanus Publishing, Ankara, 2020, pp. 94-220.
57. シェイクスピア『十二夜』、小津次郎訳、岩波文庫、1960年、23頁。
58. むろん宮廷道化のなかには、その才知ゆえに身の不運を招いた者もいる。たと

20. Jacques Antoine Dulaure, *Histoire physique, civile et morale de Paris*, 7e éd., t. I, Bureau des Publications Illustrées, Paris, 1842, p. 25.
21. Canel, op. cit., p. 42.
22. 詳細は拙著『ペストの文化誌』、朝日新聞社、1995 年参照。
23. Canel, op. cit., p. 47.
24. Christine de Pisan, *Le Livre des faits et bonnes moeurs du sage roy Charles V*, t. I, éd. de S. Solente, Paris, 1936, pp. 43-44. ちなみに、シャルル5世はまたパリのバスティーユ監獄に近い居館サン=ポルの傍らに動物小屋を建て、そこで数頭のライオン（リヨン）を飼っていた。リヨン=サン=ポール通りはそれにちなんで命名されている。
25. Jean-François Dreux du Radier, *Récréations historiques, critiques, morales et d'érudition, avec l'histoire des fous en titre d'office*, 1e tome, Robustel, Paris, 1767, p. 2.
26. この祝祭についての詳細は、拙論「タラスク再考」、蔵持編著『ヨーロッパの祝祭』所収、河出書房新社、1996 年を参照されたい。
27. Lever, op. cit., p. 127.
28. Jean Marot, *Le voyage de Venise*, Droz, Genève, 1977, p. 110.
29. Paul L. Jacob, *Les deux fous , histoire du temps de François Ier*, P. Martinon, Paris, 1845, p. 13.
30. Jean Bernier, *Histoire de Blois*, François Muguet, Paris, 1682, rép. Culture et Civilisation, Breuxlles, 1976, p. xxxix.
31. ラブレー『第三の書』、宮下訳、前掲、486-487 頁。
32. エラスムス『痴愚神礼讃』、前掲、26 頁。
33. 同、36 頁。
34. Bonaventure des Périers, *Les Contes ou les Nouvelles récréations et joyeux devis de Bonaventure des Périers*, Nlle édit. augmentée et corrigée avec des notes historiques et critiques, par M. de La Monnoye, t. II, Z. Chatelain, Amsterdam,1735, pp. 167-168.
35. Jacob, *Les deux fous*, op. cit., p. xv.
36. Ibid., p. xvi.
37. Gabriel-Henri Gaillard, *Histoire de François Ier*, t. III, J. J. Blaise, Paris, 1819, p. 283.
38. Dreux du Radier, op. cit., p. 10 ; JACOB, *Les deux fous*, op. cit., p. xvi.
39. Aristide Joly, *La vraye histoire de Triboulet et autres poésies inédites*, N. Scheurinc, Lyon, 1867, pp. 29-30.
40. 文学に登場するトリブレたちにかんする詳細は、たとえば以下を参照されたい。Guillaume Berthon,《Triboulet a frères et soeurs── Fou de cour et littérature au tournant des XVe et XVe siècles》, in *Babel*, 25, 2012, pp. 97-120.
41. Jacob, *Les deuc fous*, op. cit., pp. xix-xx.
42. Pierre de Bourdeille,《Les vies des hommes illustres & grands capitaines

王の遊興費にすがっていたという（Auguste Jal, *Dictionnaire critique de biographie et d'histoire, Errata et supplément pour tous les dictionnaires historiques d'après des documents authentiques inédits*, 2e éd., Henri Plon, Paris, 1872, p. 500)。

7. ヒュルティエールは1684年にこの辞典の抜粋を発表したが、編纂作業中だった『アカデミー・フランセーズ辞典』（初版刊行1694年）を阻害するものとして追放されてしまう。これに憤った彼は、1687年、「アカデミーの黄昏」という攻撃文書を出して鬱憤を晴らした。
8. Voltaire, *Dictionnaire philosophique*, t. 18, Garnier, Paris, 1878.《Bouffon, Burlesque》.
9. Richelet, op. cit., p. 331.
10. Rabelais,《Schiomachie et festins faits à Rome au palais de mon seigneur reverendissime cardinal du Bellay, pour l'heureuse naissance de mon seigneur d'Orléans》, in *Oeuvres*, t. III, éd. par Alphonse Lemerre, Ch. Marty-Laveaux, Paris, 1873, p. 396.
11. ラアリー『中世の狂気』、濱中淑彦監訳、人文書院、2010年、378-379頁。なお、引用文中のサワールとはサワードのことで、テクストは彼の書『完璧な狂人たち』（Perfect fools,1980）の仏訳。
12. イーニッド・ウェルズフォード『道化』、内藤健二訳、晶文社、1995年、112頁。
13. 同、387頁。
14. エラスムス『痴愚神礼讃』、前掲、91頁。
15. フィリップ・ヴァルテール『アーサー王神話大事典』、渡邉浩司・渡邉裕美子訳、原書房、2018年、242頁。
16. この主題については、たとえば石塚倫子の秀逸な論考「シェイクスピア劇の宮廷道化」、《東京家政大学研究紀要1》、第44巻, 2004年、181-189頁がある。
17. Alfred Canel, *Recherches historiques sur les fous des rois de France et accesoirement sur l'emploi du fou en général*, Alphonse Lemerre, Paris, 1873, p. 31.
18. *The Fragmentary of History of Priscus*, trad. by J. P. Given, Evolution Publishing, Merchantville, N. J., 2014, p. 70. なお、矮人をはじめとする身体道化の詳細は、Paul Moreau, *Fous et bouffons. Étude physiologique et historique*, Librairie J.-B. Baillièreet Fils, Paris, 1885. 古代ローマの宮廷道化については、Montalant-Bougleux, *Études sur les poètes dans leurs relations avec les cours, et, par extension, sur les bouffons, les nains, les abbés etc*, Imprimerie Montalant-Bougleux, Verasilles, 1854, pp. 203-220. また、世界各地の宮廷道化については、Beatrice K. Otto, *Fools are everywhere : The Court Jester around the World*, Chicago, Chicago University Press, 2001などを参照されたい。
19. フランス最初の宮廷道化は、カロリング朝末期の西フランク王で、単純王とも呼ばれるシャルル3世（在位893-922）に用いられていたジャンなる人物だとされる。ただ、この道化が実在していたどうかは、それを立証する史料がないため、定かでない。

72. Jacques Paul, *Histoire intellectuelle de l'Occident médiéval,* Armand Colin, Paris, 1998, p. 187.
73. ジャン=クロード・シュミット『中世の身ぶり』、松村剛訳、みすず書房、1996年、271頁。
74. Marie-Madeleine Davy,《La situation juridique des étudiants de l'université de Paris au XIIIe siècle》, in *Revue d'histoire de l'Église de France,* t. 17, n. 76., 1931, p. 310.
75. Maurice Lever, *Le sceptre et la marotte,* Fayard, Paris, 1983, p. 31.
76. Lever, op. cit., p. 32。なお、ゴリヤール全体にかんする詳細は、たとえばHelen Waddell, *The Wandering Scholars of the Middle Age,* Dover Publications, New York, 1932／2000を参照されたい。
77. Nathalie Gorochov,《The Great Dispersion of the University of Paris and the Rose of European Universities（1229-1231)》, *CIAN-Revista de Histoire de les Universidades,* 21／1, 2018, pp. 99-119)。
78.「司教ゴリアスの黙示録」、『放浪学僧の歌』所収、瀬谷幸男訳、南雲堂、2009年、43-44頁。
79. このゴリヤール作品は、カール大帝からヘイスティングスの戦いまでのラテン語の抒情詩のアンソロジーで、そこには賛辞や挽歌、政治詩、滑稽物語、宗教詩、教訓詩、春と愛の詩などが収録されている（全83篇)。原典は1168年にカンタベリーの聖アウグスティヌス教会に保管されていたが、火災で焼失したとされる。作者のゴリヤードたちは、ラインラント北部または中部の出身だが、いくつかの歌はフランスやイタリアで生まれたともいわれている。
80.『全訳カルミナ・ブラーナ　ベネディクトボイエルン歌集』、永野藤夫訳、筑摩書房、1990年、5頁。

第３章　道化の世界

1. 詳細は拙著『シャルラタン――歴史と諧謔の仕掛け人たち』、新評論、2003年を参照されたい。
2. David Leeming, *The Oxford Companion to World Mythology,* Oxford University Press, New York, 2005, p. 386（なお、この書は拙訳で柊風舎より近刊予定。)
3. H・コックス『愚者の饗宴』、志茂望信訳、新教出版社、1971年、217頁。
4. 拙著『異貌の中世』、前掲、67-69頁。
5. 文学に登場する愚者については、上記の著作のほかに、たとえばPhilippe Ménard,《Les fous dans la société médiévale. Le témoignage de la littérature au XIIe et au XIIIe siècle》, in *Romania,* t. 98, no 392, 1977, pp. 433-459などを参照されたい。
6. Gilles Ménage, op. cit., p. 220. ちなみに、フランス海軍修史官から海軍古文書館長となった歴史家オーギュスト・ジャルの『文献・歴史事典』（初版1867年）の増補・改訂版（1872年）によれば、いったいに宮廷道化は精神的に脆弱で、国

1903-04 : Slatkine, Genève, 1974, p. 28.
61. Julleville, *Les Comédiens...*, op. cit., p. 64.
62. Fabre, op.cit., pp.128-129.
63. Graham A. Runnalls, 《La confrérie de la Passion et le mystères. Recueil de documents relatifs à l'histoire de la confrérie de la Passion depuis la fin du XIVe jusqu'au milieu du XVIe siècle》, in *Romania*, tome 122, n° 485-486, 2004, p. 141.
64. Ibid.,p. 138.
65. Jacob, op. cit., pp. xvii-xviii.
66. Julleville, *Les comédiens...*, op. cit., p. 5.
67. ただし、大市演劇が盛んになるのは18世紀に入ってからである。この演劇にかんする詳細は、たとえばAgnès Paul, 《Les auteurs du théâtre de la foire à Paris au XVIIIe siècle》, in *Bibliothèque de l'École des Chartes*, 141-2, 1983, pp. 307-335を参照されたい。
68. あるいはその公演を観たかもしれない、パリの回想録作者ピエール・ド・レトワル（1546-1611）によれば、1577年5月19日の観劇料は1人当り4スーだったという。これは石工の日当の約5分の1に相当する。演目は不明だが、舞台では女優たちが胸を露出して走り回り、放蕩者たちの喝采を浴びたという。いくら国王の声がかかっているにしても、さすがに高等法院としてもこの放埒さは看過できず、公演開始から6週間後には、この種の芝居を禁じ、違反者には「救貧箱」の資とするため、1万パリ・リーヴルの罰金を科した。だが、一座はそれにもめげず、7月27日には、アンリ4世の許可を得て、ブルボン館で公演を再開したともいう（d'après Adolphe Julien, *Histoire du costume au théâtre depuis les origines du théâtre en France jusqu'à nos jours*, G. Charpentier, Paris, 1880, p. 42)。この邸館の大広間は、数多くの宮廷行事に使用されたが、カトリーヌ・ド・メディシスは、1572年8月20日、すなわち自らが主導（？）することになるサン=バルテルミの虐殺の4日前、この虐殺のきっかけとなったカトリックのマルグリット・ド・ヴァロワとプロテスタントのアンリ・ド・ナヴァール（のちのアンリ4世）の結婚式の際に、ここで政治的な意味合いの強いバレエ劇『愛の楽園』を主宰している。コンメディア・デッラルテにかんする詳細は、たとえばコンスタン・ミック『コメディア・デラルテ』（簗木靖弘訳、未来社、1986年）を参照されたい。
69. このあたりの詳細は、戸口民也の労作論考「ヴァルラン・ル・コントあるいは新しい演劇のために――17世紀フランス演劇史（1-6）――」（1：《エイコス》、第2号、1980年、2-6：《論争》第28-39号、長崎外国語短期大学、1985-1992年を参照されたい。
70. ゴリヤールの語源をラテン語で「大食漢」を意味するgulaに求める説もあるが、これに対する批判的な考察は以下を参照されたい。Edward G. Fischtner, 《The Etymology of Goliard》, in *Neophilologus*, vol, 51, no. 3, 1967, pp. 230-231.
71. 上尾信也『吟遊詩人』、新紀元社、2006年、221頁。

した。だが、汚物を川船に積み込むためには、どうしてもこの草地を通らなければならない。行く手を遮られた荷車引きたちは、そこでサン゠ジェルマン゠デプレの修道士たちに事態の収拾を訴えた。翌日、大修道院の求めに応じて、刑事代行官が配下の警吏や射手を従えて、学生たちが遊んでいたプレ゠オー゠クレールに乗り込む。そして、彼らの特権を象徴するマントを奪うなど手荒く扱い、ひとりの手首を斬り落としたりもした。それは修道士たちに対する学生側の憤りをことさらながら煽り立てた。こうして彼らは、7月4日、ついに大勢で大修道院を襲ったのだった。

大修道院はこの襲撃を高等法院に訴えた。そこで書記（バゾシュ）たちは、大修道院が学生たちのプレ゠オー゠クレールを侵奪して、建物を勝手にいくつも建て、彼らの活動スペースを狭めたと主張し、大修道院の小塔の採光窓を塞ぐこと、荷車引きたちがセーヌ川に汚物を廃棄するためにプレ゠オー゠クレールを通るのを禁止すること、修道士たちがその件にかんして口出ししないこと、馬匹商が大修道院の許可のもとでプレ゠オー゠クレールで馬市を開いたりするのを禁じること、さらに、警吏が学生たちから奪ったマントを返却することなどを要求した。これに対し、当時の大修道院院長だったトゥルノン枢機卿と学生たちはそれぞれ弁護士を立てて新たな攻防が展開するようになるが、その詳細はファーブル・A・ルイの『司法宮の書記たち』（Fabre, *Les clercs du Palais*, op. cit., pp. 49 sq.）に譲り、ここでは当時の学生およびバゾシュたちと修道院との関係を確認するだけで能事足れりとしたい。

50. Amable Floquet, 《Requête en vers français, adressée, le 23 février 1670, au Parlement de Normandie...》, in *Bibliothèque de l'École des Chartes*, 1830-1840, vol. I, Lib. Droz, Paris, p. 100.

51. Ibid., p. 101.

52. Michel Cassan, 《Basoches et basochiens à Toulouse à l'époque moderne》, in *Annale du Midi*, t. 94, n° 158, 1982, p. 266.

53. Ibid., p. 264.

54. Edmond Lamouzèle, *Toulouse au XVIIIe siècle d'après les Heures perdues de Pierre Barthès*, J. Marqueste, Toulouse, 1914, p. 234.

55. *Règlement de la Basoche de Versailles*, imp. de Montalant-Bougleux, Paris, 1863, p. 12, d'après Marie Bouhaïk-Gironès, *Les clercs de la Basoche..., op. cit., p. 80.*

56. Robert Badinter, *L'excécution*, Grasset, Paris, 1973, p. 19.

57. Didier Piganeau, *Le Roi chez l'Empire,* La Table Ronde, Paris, 2008。

58. Richelet, op. cit, p.557.

59. こうした同信団のうち、現在も活動しているひとつに、北仏ベテュヌの「慈善同信団（コンフレリ・デ・シャリタブル）」がある。1188年に結成され、町の葬祭や埋葬を担っているこの同信団の詳細については、拙著『ペストの文化誌——ヨーロッパの民衆文化と疫病』（朝日選書、1995年）を参照されたい。

60. Émile Roy, *Le mystère de la passion en France XIVe au XVIe siècle*, Dijon,

が周辺にあるできる限り高いポプラの木を伐採し、18 世紀の悪政修道院（本文後出）のメンバーのいで立ちをした 11、12 歳の少年をその上に乗せたまま、村の教会前まで運ぶ。目的地に着くと、待ち構えていた主任司祭が 5 月柱を祝別する。それから、これを教会堂の正面に立て、8 月 15 日（聖母被昇天の祝日）まで据えられる。こうして立てられた 5 月柱が鐘楼の高さを超え、周囲の農場からも見ることができるようになると、一斉に歓喜の声が起こり、聖女テュルを称える伝統的な聖歌が唱和され、儀式が終わる。近年までこの儀式に女性たちが立ち会うことは禁じられていたが、未来の夫を求める娘たちが 5 月柱にリボンをつけることは認められていたという（Lean-Paul Clébert & Josiane Aoun, *Les fêtes Provençales,* Aubanel, Genève, 2001, pp. 103-104）。

一方、アルザス地方では 5 月柱（マイア）の伝統が往時とは異なる文脈で今も息づいている。筆者の調査地のひとつであるバ＝ラン県のスルツバック＝レ＝バン村では、6 月 24 日前夜の聖ヨハネの火祭りに先立って、若者たち――1997 年に徴兵制が廃止されるまで、「コンスクリ（新徴兵）」と呼ばれていた――が、通過儀礼の一環として、村を見下ろす丘の上に、ブドウの枯れ枝を高さ 5 メートルほどに積み上げた火塚と並べて、先端に三色旗をつけたマイアと呼ばれる樅の若木を立てる習わしとなっている。（詳細は拙論「アルザス地方の火祭りとその変容」、伊東一郎・松平俊久・蔵持不三也『ヨーロッパ民衆文化の想像力』所収、言叢社、2013 年を参照されたい）。今ではこの火祭りもすっかり規模が小さくなり、マイアも立てられなくなっているが、かつてはこのマイアの下で採火した松明を手にしたコンスクリたちが、丘を一周したのち、火塚に点火し、なおも燃える火塚の上を跳び越して、村人たちから喝采を浴びたものだった。ただ、これらの民俗慣行がバゾシュたちの 5 月柱に由来するのか、あるいはその逆なのかどうかは不明である。

49. Marius Audin, *La bazoche et les clercs du Palais,* Petrus Decleris, Lyon, 1909, p. 7-8. この草地《プレ》は、のちに決闘場として知られるようになるが、もともとは大修道院の所領だった。だが、その所有権を巡って、1548 年 7 月 4 日、大きな事件が起きている。バゾシュを含むパリ大学の学生《クレール》たちが武器を手にサン＝ジェルマン＝デ＝プレ大修道院を襲い、敷地内の畑地や果樹園を荒らして、数棟の建物に火を放ったのである。パリ奉行はこれを抑圧しようとしたが、かえって叛徒たちの修道士たちに対する怒りを増幅させるだけだった。この草地では古くからサン＝ジェルマン＝デ＝プレの修道士と学生たちが衝突し、ときには死者までも出ていた。1163 年、トゥールの司教区会議は両者の主張を審査して修道士たちの訴えを是とした。だが、学生たちはそれでもなおプレ＝オー＝クレールが自分たちのものだとして、そこで勝手な振舞いに興じた。そして 1192 年、彼らはサン＝ジェルマン郊外区の住民と喧嘩沙汰を引き起こし、学生がひとり殺害されてしまう。学生たちと大修道院はそれぞれ教皇に上訴したが黙殺され、最終的に、1215 年、パリ大学にその所有権が認められた。それから 3 世紀以上たった 1548 年 6 月のある日、荷車引きと放下車引きたちがパリで出た汚物を積んでセーヌ川に運ぶため、学生たちが遊んでいたプレ＝オー＝クレールを横切ろうとした。学生たちはそれを阻止

Xiii.　かつてこの5月柱の行事はフランス（をはじめとする西欧）の各地でみられた。ジェネップが紹介するところによれば、たとえばアルザス地方では、1870年頃まで、5月1日に、若者が恋人の住む家の窓の前に、同地方の代表的な樹木である樅の枝を切り落とし、梢にまでリボンを飾りつけて植えたという。パリ出身の画家フランソワ=エドアール・ジエ（1856-1924）の原画を版画にした、フランス国立民衆芸術博物館（ATP）にある図15には、リボンらしきものは見られないが、この慣行は、肝心の樅が、他地域の5月柱の場合と同様、共有林や私有林からの盗伐によるものが多かったため、森林所有者や行政当局の反発にあって終焉した。だが、それでもなお1930年には、枝を恋人の家の屋根や出入口の扉の上に立てることがおこなわれていたともいう（Van Gennep, *Manuel*..., op. cit., p. 1541.)。年頃の娘たちにとって、他の娘より大きな、そしてより立派な樅が家の前に立てられていることが誇りとなり、それがなければ屈辱を覚えた。自分が若者たちから関心をもたれていない証明となったからである。ただ、さほど一般的ではなかったと思われるが、地域によっては、5月柱の樹種に意味をもたせてもいた。たとえば、パリ南方ユルポワ地方のブイヨンでは樅材は尻軽女、ナラ材は腐れ縁、シデ材は魅力的といったように、である（Claude et Jacques Seignolle, *Le folklore du Hurepoix*, Maisonneuve et Larose, Paris, 1978, p. 146）。とすれば、娘は自分の家の前にどのような柱が立てられるか、夜通し気が気ではなかっただろう。いや、それだけならまだしも、なかにはスイス国境のジュラ地方にあるプレーニュなどの村では、5月1日の夜、サンザシの木が娘の家の前に立てられた場合は、この娘が魔術にかかわっている、つまり魔女であることを意味したという（Antoinette Glauser-Matecki, *Le premier mai ou le cycle du printemps*, IMAGO, Paris, 2003, p. 17）。

中世ヨーロッパでは、5月の植生を代表するサンザシは、民間信仰では邪悪で不吉な木とされ、これを家に持ち込むと死者が出るとされた。サンザシはまた魔女のお気に入りの木のひとつで、4月30日の日没から5月1日の未明まで、ドイツ北部の最高峰であるブロッケン山で、大規模な魔女の集会であるヴァルプルギスナハト（魔女の夜）が開かれ、一部の魔女はサンザシに姿を変えたとする伝承もあった。サンザシにはまた払禍力があるともされ、5月1日の日の出前、サンザシの枝を堆肥の山に立てると、魔除けになると信じていた地域もあったという（Paul Sébillot, *Le folklore de France*, Maisonneuve et Larose, Paris, 1964, p. 274）。

5月柱のエピソードにかかわる民俗はほかにもある。アヴィニョンを中心都市とする南仏ヴォークルーズ地方のコキュロン村では、1720年のペスト猖獗期、住民たちは村の守護聖女であるテュル（おそらく地方聖人）のとりなしを求め、もしこの聖女が疫病を退けてくれるなら、5月柱を捧げると誓った。その願いが通じたのか、災禍は過ぎ去った。そこで、村のなかでもっとも屈強な若者たちが、感謝の印として、デュランス川の中の島に赴き、立派なポプラの木を引き抜き、これを教会の前に立てた。1721年からは、毎年5月21日の聖女の祝日前夜に、聖女の聖遺物を掲げての宗教行列のあと、5月柱を立てる行事が営まれてきた。

興味深いことに、この伝統は今もなお続いている。そこではまず村の若者たち

Genève. 2005 および 拙著『奇蹟と痙攣——近代フランスの宗教対立と民衆文化』、言叢社、2019 年などを参照されたい。

33. Marie Bouhaïk-Gironès, *Les clercs de la Basoche et le théâtre comique*, Honoré Champion, Paris, 2007, p. 67.

34. Pierre de Miraulmont, *Mémoires de Pierre de Miraulmont*, Claude La Tour, Paris, 1612, Arsenal 8-J-4233, pp. 651-656.

35. Christine Peyrard,《Classe d'âge ou classes sociales ? La jeunesse à Avignon et dans le Comtat Venaissin à l'epoque moderne》, in *Annales du Midi*, t. 91, no. 142, 1979, p. 141)

36. Julleville, *Les comédiens...*, op. cit., p. 93.

37.『フランシヨンの滑稽物語』、渡辺明正訳、国書刊行会、2002 年。

38. Charles Sorel, *La Maison des jeux*, t. I, Honoré Campion, Paris, 2017, p. 426.

39. François Hédelin, *La pratique du theâtre*, t. I., Jean. F. Brenard, Amsterdam, 1715, p. 349. BNF. FB-7605-7607.

40. Adolphe Louis Fabre, *Études historiques sur les clercs de la Basoche*, Potier, Paris, 1856 , pp. viii-ix. なお、この書は 1875 年に『司法宮の書紀たち。高等法院のバゾシュたち、バゾシュおよびアンファン=サン=スーシの演劇結社にかんする歴史研究』(本章註 31) と題名を変えて再版されている。

41. 奇妙な符合というべきか、彼らはいずれも体制に背いた詩人たちだった。クレマン・マロは、本文にあるように、フランソワ 1 世によるプロテスタント弾圧のきっかけとなった、1534 年の反教皇や反カトリックの攻撃文書事件——いわゆる檄文事件——のあと、逃亡生活を送り、ヴィヨンは司祭の殺人を皮切りに、強盗・傷害の罪で投獄・出獄を繰り返して死刑を宣告されたが、のちに減刑されて追放処分となり、それきり行方不明となっている。

42. Julleville, *Les Comediens...*, op. cit., p. 100.

43. Fabre, op. cit., p. 136. これより 20 年以上前の 1420 年には、ポワティエの高等法院もまた同様の禁令を出している。それは、裁判所の書記たちがまっとうな個人をあげつらってその名誉を傷つけたりするようなファルスや喜劇の上演を一切禁じ、違反者は (投獄されて) パンと水だけしか与えず、あるいは追放などの重い罰を科すとしている (ANF. U. 2024, t. 129, fol. 58 v°.)。

44. Fabre, ibid., p. 137.

45. Fabre, ibid., p. 144. それと引き換えに、法院はこの上演のためにかかった費用に充当させるため、バゾシュたちに 60 パリ・リーヴルを与えている。さらに 1552 年にも、法院は自らが禁じた 1 月 (おそらく愚者の祭り) の上演と宴会の準備費用の補償として、彼らに 80 パリ・リーヴルを寄付しているという (AN, Xia 1572, fol. 147)。

46. Michel Félibien, *Histoire de la ville de Paris*, t. IV, 1725 : Hachette/BNF, Paris, 2021, p. 633.

47. Bouhaïk-Gironès, *Les clercs de la Basoch...*, op. cit, p. 80.

48. Luc-Vincent Thiery, *Le voyageur à Paris*, Hardouin & Gattey, Paris, 1788, p.

三の書』、宮下志朗訳、ちくま文庫、2007年、411頁)。ラブレーはまたsotとほぼ同義でフォル(fol)という語も用いている。渡辺訳ではこれも「瘋癲」と訳出しているが、宮下訳では「道化師、愚者」となっている。

30. フランス語で「はすっぱなおしゃべり女」をカイエット(caillette)というが、これは道化カイエットがウズラ(caille)のように饒舌だったことに由来する。ちなみに、モリエールの戯曲『女学者』(初演1672年)に衒学者・剽窃者として登場するヴァディウスのモデルとされた、文法学者・歴史家のジル・メネジュ(1613-92)の大著『フランス語の起源』(1650年。のちに『フランス語語源辞典』と改称)によれば、南仏のニームやモンペリエでは「カイエットのように愚か」という侮蔑的な慣用句が用いられていたという(Gilles Ménage, *Dictionnaire étymologique de la langue française*, nlle. éd., t.I, Briasson, Paris, 1750, p. 285)。死後1世紀以上たって自分の名前がこうしてネガティヴな言語表現に組み込まれる。あるいは本人は冥界で快哉を叫んでいたかもしれない。「してやったり!」と。だが、M=A・ガゾーの『道化たち』によれば、このカイエットは彼とは無縁で、1514年に発表された小詩「カイエットの生涯と他界」に登場するジャン・カルラン(詳細不詳)のことだという。カルランは50年あまりパリ中を走り回り、子どもからさえも嘲られながら、施しで生きてきたともいう(M.-A. Gazeau, *Les bouffons,* Cheminement, Mayenne, 2007, p. 72)。

31. basocheないしbazocheの語源は不明だが、言語学者・語彙論研究者のアラン・レの『フランス語の歴史事典』によれば、古代ローマで裁判や商取引、集会などに用いられた長方形の建物を指す、ラテン語のbasilica(バシリカ)から派生した語という(Alain Rey, *Dictionnaire historique de la langue française*, Robert, Paris, 1992, p. 189)。中世の一時期、王室所管の刑場もバシリカと呼ばれていた。法曹家でバゾシュ法廷の検察官役をつとめたピエール・ド・ミロルモン(1550-1611)によれば、14世紀初頭、法院に持ち込まれる訴訟が多すぎて対応ができなかったため、良家の若者を補助役として用い、裁判の進め方を教えて将来の検察官にした。やがて、彼らが「司法宮の書記」(clercs du Palais)と呼ばれるようになったという(Fabre Adolph Louis, *Les clercs du Palais : Recherches historiques sur les Bazoches du Parlements & les sociétés dramatiques des Bazochiens & des Enfant-sans-Souci*, 2e éd., Lyon, 1875, p. 3)。ただし、バゾシュという語が登場するのは15世紀である。

32. この高等法院は、聖王ルイ9世が1250年に国王会議(クリア・レギス)から独立させてシテ島の宮殿に設けたものである。以後、高等法院はトゥールーズ(1443年)やグルノーブル(1453年)、ボルドー(1462年)など、王国内の13の主要都市に設けられ、フランス革命期の1790年まで存続した。基本的に売官制によって官職を手に入れた法服貴族をメンバーとするこれらの高等法院は、貴族の特権を守り、裁判のみならず、王令や勅令の制度的な登録や国王への建言もおこなった。それゆえフロンドの乱にみられるように、ときに王権と対立し、ときにはまたジャンセニスムの牙城のひとつとして、イエズス会やその擁護勢力とも闘った。詳細はSylvie Daubresse, *Le Parlement de Paris ou la voix de la raison*, Droz,

17. Picot, op. cit., p. 238.
18. Ibid., pp. 239-240.
19. Ibid., pp. 309-310. フランス近代史家のアラン・フォールによれば、パリのカーニヴァルは中世にラ・サン・テチェンヌでの「愚者の教皇」の選出時に教会で生まれ、愚者の祭りで聖職者たちがおこなう1月1日（イエス・キリスト割礼の祝日）の集団的熱狂に続くものだったという。「しかしその集団的熱狂は、多量の汚物の中でぐでんぐでんに酔っぱらった聖職者たちの練り歩きとともに、またにわか役者たちによる広場での即興劇とともに、すでに路上へとあふれ出ていた」（アラン・フォール『パリのカーニヴァル』、見富尚人訳、平凡社、1990年、p.91）ともいう。
20. Julleville, *Répertoire.*, op. cit., p. 153.
21. 川那部和恵「フランス15～16世紀の「愚者演劇」における笑いの衣装：その批評性をめぐって」、《東洋法学》、第58巻第2号、2014年、62頁。
22. Marie Bouhaïk-Gironès, 《Pierre Gringoire, fils de juriste et homme de théâtre》, in Anna Bellavitis et Isabelle Chabol (éds.), *La juriste des famille, autour de la transmission des biens, des savoirs et des pouvoirs*, École française de Rome, Rome, 2011, p. 311.
23. Olga Anna Dull, 《La sottie et l'Éloge de la folie》, in *Bulletin de l'Association d'étude sur l'humanisme, la réforme et la renaissance*, no 35, 1992, p. 17.
24. 詳細は Frère Armand-Joseph, *Étude sur les Contredits de Songecreux*, Schawingan, Quebec, 1951 を参照されたい。
25. グランゴワールは聖史劇も書いており、パリの石工・大工組合の求めに応じて、1514年、パリ最大の宣誓印刷製本業者だったフィリップ・ル・ノワールの工房で上梓した、『さまざまな登場人物による聖ルイ王の生涯』は、彼の作品の最高傑作ともされる。
26. Pierre Gringoire, *Le Jeu du Prince des sots et de Mère Sotte,* reimp. Classiques Garnier, Paris, 2000. なお、この書の上梓を巡る詳細は、たとえば以下を参照されたい。Andreea Marculescu, 《Mere Sotte and the Printing Press Editorial Strategies, Readers and Readings》, in *Pierre Grigore's Jeu du Prince des Sots*, Sitm, 2007, v.fcnrs.fr. pp. 1-28.
27. 片山幹生「フランス中世演劇史のまとめ」（http://morgue.asablo.jp/blog/cat/theatre/?offset=10）
28. この戯曲は、1512年2月23日の上演後、グランゴワールの作品を手がけてきた印刷業者ピエール・ル・ドリュによって速やかに出版されたという（Cynthia Brown, 《Pierre Gringoire et ses imprimeurs》, in *Seizième Siècle*, 10, 2014, p. 83）。
29. フランソワ・ラブレー『第三之書　パンタグリュエル物語』渡辺一夫訳、岩波文庫、1988年、214-216頁。ちなみに『ガルガンチュアとパンタグリュエル』の全巻を近年全訳した宮下志朗訳では、この前半の部分は以下のようになっている。「パリの有名なる道化師で、カイエットの曽祖父にあたる、ジョアンのばか殿様」（『第

6. パリ第３大学でフランス演劇史を講じていたアンドレ・ティシエによれば、今日までテクストが残っている15-16世紀に書かれ演じられたファルスの作品数は、およそ100点あるという（André Tissier, *La farce en France de 1450-1550*, t. I, Centre de Documentation universitaire & Société d'Édition et d'Enseignement Supérieur, Paris, 1976, Introduction）。彼はまた中世のフランス演劇を以下のように分類している。
   - ・宗教劇
     - －奇蹟劇（13-14世紀）：絶望的な状況にある者を救うために、天上、とくに聖母マリアのとりなしを訴える芝居。
     - －聖史（神秘）劇（15世紀）：聖書や聖人伝の聖書や伝記から借用した教訓的な物語の演劇化。
   - ・世俗劇
     - －陽気な説教劇：演者ひとりのモノローグによる説教のパロディ。
     - －ドラマチックなモノローグ：シャルラタンや香具師の巧みな口上に着想を得た芝居。
     - －教訓劇（モラリテ）：道徳的な教化を目的とするが、しばしば社会的・宗教的な風刺を主題とする。
     - －ソティ（省略）
     - －ファルス：滑稽な娯楽である茶番劇。たとえ風刺的であったとしても、教育や啓蒙を目的とするものではなく、その唯一の目的は、日常の現実からさまざまな題材を引き出して人びとを笑わせることにある（Ibid., pp. 14-17）。
7. この作品の台本を含む詳細は、たとえばP. L. Jacob, *Recueil de farces, soties et moraliés du quinzième siècle*, Garnier Frères, Paris, 1882, pp.1-208を参照されたい。
8. Bruno Roy,《Pathelin, l'hypothèse Triboulet, Orléans, Paradigme》, in *Medievalia*, 71, 2009, p. 13.
9. Armand Strubel,《"Sottie"》, in Claude Gauvard, Alain de Libera & Michel Zink (éds.), *Dictionnaire du Moyen Âge*, Quadrige ／ PUF., Paris, 2002, p. 1348.
10. 川那部和恵『ファルスの世界』、溪水社、2011年、8頁。
11. Le Petit de Julleville, *Répertoire du théâtre comique en France au Moyen Âge*, Léopold Cerf, Paris, 1886, p. 105.
12. Émile Picot,《La sottie en France》, in *Romania*, t. 7, n. 26, 1878, p249.
13. Ibid., p. 236.
14. Jean Savaron, *Traité contre les masques*, P. Chevalier, Paris, 1608, p. 16, d'après Sara Beam,《Les notables catholiques et la marginalisation de la culture populaire au XVIe siècle》, *Société française d'histoire urbaine*, no. 25, 2009, p. 105.
15. Champfleury, *Histoire de la caricature au Moyen Age et sous la Renaissqnce*, E. Dentu, Paris, 1872, p. 76.
16. Ludvic Lalanne, *Journal d'un bourgeois de Paris sous le règne de François Ier*（*1515-1536*）, Jules Renouard, Paris, 1854, p. 13. BNF. NUMM-6429183.

た（狂人)」や「愚かな（愚者)」を指すモーロス（μωρὀς）を語源とするラテン語の Morus に由来するとしている（エラスムス『痴愚神礼讃』、沓掛良彦訳、中公文庫、2014 年、14 頁)。
26. A. Van Gennep, *Manuel de folklore français contemporain*, t. I-3(1), Picard, Paris, 1947, p. 1051。
27. 拙著『異貌の中世』、弘文堂、1986 年。
28. 同、28-29 頁。
29. Gennep, op. cit., pp. 1051-1061.
30. François Dezeuze（dit l'Escoutaire), *Saveurs et gaîtés du terroir montpelliérain*, Montpellier, Impr. Dezeuze, 1935, d'après Gennep, op. cit., p. 1055. ちなみに、ドゥズーズ作のファルスは、毎週日曜日、素人劇団によって一帯の町村で上演されていた。
31. Claude Gaignebet, *A plus hault sens*, t. I, Maisonneuve et Larose, Paris, 1986, p. 89)。この「プーラン」の起源にかんする異説などについては、本書第 4 章註 54 参照。
32. Pierre Malpoy, *Description en vers bourguignons de l'ordre tenu en l'Infanterie dijonnais*, d'après Gaignebet, ibid., p. 88.

第２章　愚者劇

1. たとえばアンリ 4 世がナントの王令を草するために滞在していた、フランス中北西部アンジェの演劇結社「ギャラン=サン=スーシ（能天気な伊達男たち)」は、ブルターニュ公の前でソティを演じるたびに、報酬として 20 トゥール・リーヴル（リーヴル・トゥルノワ）を得ていた。また、1478 年には、ロレーヌ公の総徴税官からソティの上演ごとに 10 フローリン金貨を報酬として受け取り、85 年にはオルレアン公爵夫人がルーアンの演劇結社に 8 トゥール・リーヴルを下賜したという（Jelle Koopmans,《Un théâtre singulier ou un théâtre pluriel》, in *Presses universitaires du Midi*, no. 97, 2018, pp. 49-50)。
2. ル・プティ・ド・ジュルヴィルによれば、彼らソたちの衣装に好んで用いられた色のうち、黄色はサフランの色で、その香りは笑いを引き起こす特性があり、緑は希望や自由、才気煥発さ、そして若さを象徴していたという（Le Petit de Julleville, *Les comédiens en France au Moyen Âge*, Léopold Cerf, Paris, 1885, pp. 147-148 。
3. フランス演劇史家のフランソワ・パルフェ（1698-1753）は、弟クロードとの共著になる『起源から今日までのフランス演劇史』第 2 巻のなかで、このアンファン=サン=スーシのメンバーを「パリの怠け者や放蕩者たちの結社」だと断じているが（François Parfaict, *Histoire du théâtre français depuis son origine jusqu'à présent*, t. II, La Mercier, Paris, 1745)、むろんこれは根拠に乏しい暴言である。
4. Julleville, op. cit., pp. 32-33.
5. Ida Nelson, *La sottie sans souci*, Honoré Chamion, Paris, 1977, p. 243.

の闘い』にかんする分析は、拙著『祝祭の構図—ブリューゲル・カルナヴァル・民衆文化』、ありな書房、1984 年を参照されたい。

18. Claude Gaignebet et Jean-Dominiaue Lajoux, *Art profane et religion populaire au moyen âge*, P. U. F., Paris, 1985, p. 167.

19. 同様の疑問は、たとえばテイリー・ブッケイが『ファルスの幻影』で記している次の一文についてもいえる。「左上から押し寄せる愚者の群れが、画面手前の 4 人の人物を経て右上に伸び、そこから出発点の方向を取り、中央に戻り、輪を閉じる。このローレン（rollen）の意味する円運動は明白である。その動きを図式化すると、螺旋を描きながら、中央のひっくり返った愚者の姿に行き着く。フレームの対角線と螺旋の極が交差する地点に、作品全体の鍵があり、円と線が収束して全体が見えてくる」（Tierry Boucquey, *Mirages de la farce : Fête des fous, Bruegel et Molière.* Purdue University Monographs in Romance Languages, series no. 33, Amsterdam/Philadelphia: John Benjamins Publishing Company, 1991, p. 61）。たしかにブリューゲルはこうした仕掛けが好きで、前記『四旬節とカーニヴァルの闘い』でも用いている。だが、それは画面に自分を道化師として登場させ、その眼差しを通して、1 年の祭日とそこでのパフォーマンスを螺旋状に構図化するためであって（詳細は拙著『祝祭の構図』、前掲を参照されたい）、そうした仕掛けはこの作品にはみられない。

20. フランス語でのこの語は、「愚かな言動」の謂いである想定擬音語の語根 *sott- から派生し、ジャージー島出身のアングロ=ノルマン人聖職者で詩人でもあった、ロベール・ウァースの 1155 年頃の著作に、「知力や判断力のない」を指す形容詞（表記は soz）として初出するという（Dauzat, op. cit., p. 720）。未確認だが、おそらくこの著作はジェフリー・オブ・モンマスの『ブリタニア列王伝』（1136 年頃）に基づく『ブリュ物語』に間違いないだろう。

21. 前同。

22. ただし、このブラントは必ずしも「反体制的」な存在ではなかった。ストラスブールのオーベルジュを実家——オール（黄金）通りには、彼が 1501 年から没年まで住んでいたことを記した記念板が今もかかっている——とする彼は、まず近隣のアルザス人文主義の中心地だったセレスタ、ついで 1475 年からはバーゼル大学に学んで法学の博士号を取得し、96 年には同大学の教授になっている。1500 年、ストラスブールに戻った彼は、ラテン語はむろん、ギリシア語にも精通していたことから、同市の評定官や秘書官を没年までつとめる一方、反オスマンを訴えて、神聖ローマ帝国の文化的・政治的なアイデンティティを擁護した。バーゼル時代の 1492 年には、グラナダ王国を滅亡させてムーア人を一掃した、アラゴン王フェルナンド 2 世（カトリック両王）を称える讃歌をものしたりもした。

23. ミシェル・フーコー『狂気の歴史』、田村俶訳、新潮社、1975 ／ 82 年、26 頁。

24. 同、30 頁。

25. ちなみに、エラスムスはロンドンのトマス・モア邸に滞在中（3 度目）の 1509 年に書き、2 年後にパリで出版した『痴愚神礼讃』のなかで、その意図は不明だが、この同性愛の関係にあったとされる恩人の姓である More が、ギリシア語で「狂っ

13. この宗教的な教訓性と世俗的な喜劇性が同居した演劇形態の盛行は、とくに『薔薇物語』のジャン・ド・マン（1240頃-1305頃）による続編（1269-78年）の寓意的人物を用いた教訓の影響によるところが大きいという（岩瀬孝・佐藤実枝・伊藤洋『フランス演劇概説』（前掲、18-19頁)。エリザベト・ラルーはこの教訓劇を「真摯な芝居と世俗的ないし喜劇的な芝居の境界」に位置づけている（Élisabeth Lalou,《Le théâtre médiéval ; le tragique et le comique : réflections sur la définition des genres》, in *Actes de colloques et journées d'étude*, CÉRÉDI, no. 7, 2012, p. 2)。一方、ベルナール・フェーヴルによれば、14世紀末に誕生し、15世紀にはフランスのみならず、イングランドやネーデルラントでも盛んになった教訓劇は、現実を反映させた単なる芝居ではなく、善（＝救い）と悪（＝劫罰）の対立を寓話的な登場人物に演じさせ、その宗教的・思想的な問いかけによって、観客に実存的な選択を迫る、一種のプロパガンダ的な性格を帯びていたという（Bernard Faivre, in Michel Corvin, éd., *Dictionnaire encyclopédique du théâtre*, Bordas, Paris,1912, p. 624)。教訓劇の詳細については、さらに以下を参照されたい。W. Helmich（dir.）, *Moralités françaises.* Réimpression fac-similé de vingt-deux pièces allégoriques imprimées aux XVe et XVIe siècles, Slatkine, Genève, 1980およびJelle Koopmans, *Recueil des sermons joyeux*, Droz, Genève, 1988.
14. 端麗王フィリップ4世の妃だったナバラ女王ファナ（フランス語名ジャンヌ。1271-1305）が、郷里ナバラ地方出身の学生たちを受け入れるため、死去の前年に、セーヌ左岸サン＝タンドレ＝デ＝ザールの邸館を提供して設立された寄宿学校。哲学、天文学、数学、経済学、音楽学、物理学などに精通していた、14世紀のフランスを代表する碩学で、1380年から晩年まで北仏リジューの司教もつとめていたニコル・オレーム（1325頃-82）は、一時期、母校でもあるこの学寮の教壇に立っていた。ちなみに、詩人フランソワ・ヴィヨンは24歳のとき、ある司祭を殺害してパリから逃げ出している。だが、翌年(1456年)、密かにパリに舞い戻った彼は、悪友たちと学寮に忍び込み、500エキュを盗み出し、のちに悪事が露見したため、再びパリから逃亡している。
15. Margarete Newels,《Le Fol dans les moralités du Moyen Âge》, in *Cahiers de l'Association internationale des études françaises*, no.37, 1985, pp. 23-24. このソティを思わせる教訓劇の詳細は、André et Robert Bossuat, *Deux moralités inédites composées et représentées en 1427 et 1428 au Collège de Navarre*, Librairie d'Argence, Paris, 1955, pp. 18 sq. を参照されたい。
16. ルイ・ロベール『ペーテル・ブリューゲル版画展カタログ』作品解説、安井源治訳、1972年、163頁。
17. 美術史家のキース・モクシーはこれをフルートだとして、フラマン語で「フルートを吹く（fluten)」は、転義で「裏切る」を意味するところから、「ブリューゲルのフルート奏者もまた、欺瞞を指していると考えるべきだろう」(Keith P. F. Moxey,《Peter Bruegel and The Feast of Fools》, in *The Art Bulletin*, vol. 64, no. 4, 1982, p. 641）としている。なお、ブリューゲルの『カーニヴァルと四旬節

第１章　愚者の風景

1. 聖書協会共同訳では、この箇所は以下のように訳出されている。「曲がったものはまっすぐにならず　失われたものは数えられない」。ちなみに、同様の表現は、以後、たとえば「家族書簡」（IX.22）で「いたるところ愚者だらけである」（Stultorum plena sunt omnia）と記したキケロ（前106-前43）をはじめとして、さまざまな著作家に援用されるようになるが、とりわけトマス・アクィナス（1225-74）の大著『神学大全』には、20か所以上にこれが引用されているという（Jean Lauand,《Foolishness and Fools in Aquinas's Analysis》, in *Notandum*, 32, 2013, CEMOrOC-Feusp / IJI-Universidade do Porto, p. 25）。
2. ニコラウス・クザーヌス『学識ある無知について』、山田桂三訳、平凡社ライブラリー、1994年、p. 18。
3. 1829年、文学史家で伝記作家でもあったルイ・モンメルケ（1780-1860）は、パリの書肆シルヴェストルからこの小冊子の復刻版を出している。そのこと自体はいかにもありうる話だが、興味深いことに、4年後の1833年に上梓された版の編者は、アマチュア鳥類研究家のサヴォワ公フランソワ・ヴィクトル・マッセナ（1799-1863）。彼は鳥類の標本収集家としても知られ、その1万2000点にのぼる標本は、フィラデルフィア自然史博物館に納められている。そんな彼がなぜこの書に関心を抱いたのか。いささか気になるところではある。
4. *Le dialogue du fol et du sage*, Chez Simon Calvarin, Paris, 1571-93, s.p.（p. 41）
5. シェイクスピアといえば、『十二夜』（1601-02年）や『リア王』（1606年）などで宮廷道化＝愚者に重要な役回り、すなわち国王の分身としての役回りを演じさせ、さらに『オセロ』（1602年）では、国王を、たった1枚のハンカチーフのために愛する妃を失い、真実を知って自死するという「愚者」に仕立て上げている。
6. Nicolas Boileau, *Oeuvres de Boileau*, éd. par M. Amar, Lib. De Fermin Didot Frères, Paris, 1860, p. 67.　ちなみに、ボワローはまた次のような名言を残している。「ソはつねに自分を讃えるような一層愚かな者を見出す」（Boileau, *L'art poétique*, vol. I, Chant I, Imprimerie générale, Paris, 1827, p. 201）。
7. 興味深いことに、とくにドイツ南西部のロットヴァイルやフィーリンゲンなど、今も盛んに営まれているファッシング（カーニヴァル）に登場する愚者、すなわちNarro（ナロ）あるいはナール（Narr）の語源を、このヘブライ語のナアル（נער）に求める説もある。
8. Albert Dauzat et als., *Dictionnaire étymologique et historique du français*, Larousse, Paris, 1993, p. 311.
9. 『ローランの歌』、佐藤輝夫訳、『ローランの歌　狐物語』所収、岩波文庫、1986年、98頁（傍点蔵持）。
10. César-Pierre Richelet, *Dictionnaire de la langue française ancienne et moderne*, Les Frères Duplain, Lyon, 1759, p. 230.
11. エルヴェ・マソン『世界秘儀秘教事典』、拙訳、原書房、2006年、p. 237。
12. A. J. Greimas, *Dictionnaire de l'Ancien français. Le Moyen Âge*, Larousse, Paris, 1997, p. 372.

と対立しており」、彼らに敵意をもっていたはずの聖職者たちは、しかしその活動を描写することにさほど関心を示さず、彼らの魂を救うことにも無頓着だった。彼らの見世物芸は「仕事」でなく、罪以外の何ものでもなかった。それゆえ、ジョングルールたちに行動を改めるようにとの助言はせず、ただ「ジョングルールをやめよ」という厳しい要求をしただけだった。「聖職者にとって、ジョングルールたちは決して話が通じる相手ではなかった。彼らは一般人や信者の社会には属さず、社会的にはまったくの役立たずで（誰の役にも立たないし、何の役にも立たない）。それゆえ社会と信者の共同体から排除されることが正当化されるのである」(Caria Casagrande Silvana & Vecchio,《Clercs et jongleurs dans la société médiévale XIIe et XIIIe siècles》, in *Annales. Économies, Sociétes, Civilisations*, 34e anneé, no. 5, 1979, p. 914)。はたして誰の言葉か明示はないが、むろんジョングルールたちが「社会的にはまったくの役立たず」とは単なる罵言で、おそらく言葉の主は、彼らがゴリアールともども、フランス文学史に位置づけられているファブリオーを数多く創作していることを知らなかったのだろう。

さらにいえば、13世紀の作曲家で最後のトルヴェール（宮廷風叙情詩人）とされるアダン・ド・ラ・アル（1276頃没）が、郷里の北仏アラスで1276年6月3日に上演したピカルディ語による『葉陰（葉隠れ）劇』は、ジョングルールや富裕市民たちからなる有名な慈善団体であるカリテ・ノートル=ダムの後援によるという（Adam de la Halle, *Le jeu de la Feuillée*, Introduction par Jean Dufournet, Flammarion, Paris, 1989, p. 9)。とすれば、ファブリオーや武勲詩の作者として知られるジャン・ボデル（1165-1210）や、アラス大修道院の修道士でありながら、貴族向けのモノフォニー歌曲や宮廷愛を歌う詩を残したモニオ・ダラスなど、中世を代表するトルヴェールゆかりのこの町では――ただし、「メリュジーヌ伝承」をまとめたジャン・ダラス（14世紀）とのかかわりは不明――、ジョングルールが有力者と並ぶ力をもっていたことになる。ここで注目したいのは、町の居酒屋を舞台とし、アラスを発ってパリに向かう主役（作者自身）の言挙げから始まるこの風刺劇では、愚者が重要な役回りをしているところから、ソティ劇の先駆とされることである。

ちなみに、アングロ=サクソンの詩人で、律修司祭になったウァース（1115頃-83頃）の『ブリュ物語』(1155年頃) に登場するボールダルフ (バルダルフ) は、アーサー王の軍に包囲された弟の城に入るため、竪琴を首から下げ、頭髪を半分剃り落とし、口髭と顎鬚を生やしたジョングルールを装っていた。最初のトルバドゥールとされるアキテーヌ公ギヨーム9世の孫で、フランス王妃、のちにイングランド王妃となったアリエノール・ダキテーヌ (1122／24-1204) に捧げたこの物語は、ジェフリー・オブ・モンマスの偽史『ブリタニア列王史』(1155年頃) を底本としたものだが、当時、剃髪は愚者ないしジョングルールの特徴であり、それゆえボールダルフは敵軍に阻止されることなく入城できたという。

10. ミハイル・バフチン『フランソワ・ラブレーの作品と中世・ルネサンスの民衆文化』、杉里直人訳、水声社、2007年、17頁。

呼ばれていた。彼らはまた、ゴリアールともども、韻文滑稽譚と訳されるファブリオー（fabliau）を創作・朗読したりしてなにがしかの口銭を稼ぎ、糊口を凌いでいた。このファブリオーにかんする詳細については、たとえば新倉俊一『ヨーロッパ中世人の世界』（ちくま学芸文庫、1998年）や、松原秀一『西洋の落語』（中公文庫、1997年）、原野昇「フランス中世文学にみる笑い」および中尾佳行「チョーサーのファブリオーに見る笑い」、水田英美・山代宏通・池村彰之・中尾・原共著『中世ヨーロッパにおける笑い』（渓水社、2008年、81-180頁）などを参照されたい。ファブリオーの代表作としては、1179年頃にまとめられた『狐物語』（鈴木覚・福本直之・原野昇訳、岩波文庫、2002年）があり、さらにその中世オランダ語版の韻文『狐ライナールト譚』（1250年頃）を経て編まれた、韻文の『ライナールト物語』（1425-50年頃）と散文の『狐ライナールト物語』（1479年）がある。後二者については、畏友檜枝陽一郎の訳・解題になる『狐の叙事詩』（言叢社、2012年）および『民衆本狐ライナールトと検閲』（同、2020年）を参照されたい。

古代ギリシア（前4-3世紀）の植民地だったシチリアやイタリア南部の広場などに現れて、風刺唄やマイムで笑劇を演じていた放浪芸人（フリュアクス）（Alfred Simon, *La planète des clowns*, La Manufacture, Lyon, 1988, pp. 60-61）や、古代ローマにおける道化役者の衣鉢を継ぐとされるこのジョングルールについて、シャルトル司教座聖堂付属学校などで学業を修めたのち、カンタベリー大司教トマス・ベケットの秘書をつとめ、終焉の地シャルトルの司教となったソールズベリーのジョン（1115-80）は、有名な政治哲学書『ポリクラティクス』（1150年頃）で以下のように記している。「あらゆる欺瞞と虚栄に陥っているわれわれの世紀は、目や耳を楽しませることで、怠惰を愛撫し、淫欲に火をつけ、悪徳にありったけの栄養を与えようとしている。こうして人びとは見世物を導入し、虚栄の見習い期間を設け、完全に怠惰になることを望まない人たちが、好ましからざるものに身を委ねるようになった。（…）あらゆる種類のジョングルールが登場した所以である。そして今では、このような愚行・愚性が蔓延し、貴顕の邸館にまで入り込むようになっているのだ」（Julleville, op. cit., p.18）。これは、いったいに放浪芸人や非キリスト教的な民衆祭が、良俗や道徳に反するものだとして反発していた聖職者のいわば「嘆き節」である。むろんこうした想いは、ひとりの司教にのみ帰されるものではなかったはずだ。ただ、これを裏返してみれば、教会当局の反発や敵意（そしてときには抑圧策）にもかかわらず、ジョングルールたちによる「愚行」が、すでに当時の社会のかなりの部分に受け入れられていたといえるだろう。そして、こうした教会の論理と愚行の角逐は、以後、さらに常態化していくようになる。

これに対し、世俗の権力は必ずしも教会の対応とは符合しなかった。たとえば悲惨な結果に終わった第8回十字軍の途中、チュニスで落命した聖王ルイ9世（在位1226-70）は、ジョングルールたちの行き過ぎを罰しながらも、彼らになにがしかの金銭を下賜していたという（Ibid., p. 19）。たしかに王侯貴族のイベントでは、その場の感興を盛り上げる手法として、彼らのパフォーマンスが不可欠だった。「周縁的で法外なジョングルールたちの世界は、中世社会の厳格さや安定性

5. 引用文中にあるグレーヴ広場は、セーヌ河岸、現在のパリ市庁舎前広場で、13 世紀から 19 世紀まで処刑場となっていた。毎年 6 月 24 日の聖ヨハネの祝日前夜には、ここに巨大な火塚が設けられ、中央の芯木の先端には、魔女の眷属とされた黒猫が縛りつけられ、塚とともに燃やされた。また、希代の大悪人だったルイ＝ドミニク・カルトゥーシュが、1721 年 11 月 28 日、夥しい数の見物人たちが見守るなか、車刑で 28 歳の人生を閉じたのもこの広場だった。いささかわれわれには理解しがたいことだが、市庁舎前の広場の敷石の下には、こうして処刑された罪人たちの血が埋もれているのである。その血のなかには、ここで魔女として処刑されたエスメラルダのものも混じっているのかもしれない（グレーヴ広場の詳細は、拙著『英雄の表徴』、新評論、2011 年、11-17 頁ほかを参照されたい）。
6. Maurice Allem, *Anthologie poétique française : XVI*e *siècle*, t.I, Garnier- Flammarion, Paris, 1965, p. 49.
7. あえてその疑問を封じてさらに物語を読んでいけば、グランゴワールたちの折角の上演は、「お偉方」によって邪魔されたという。それだけではない。この不運な劇作家は、「エジプシャン」（ジプシー＝ロマの旧称）であるエスメラルダのあとを追いかけ、気がつくと、悪名高い「奇跡小路」に迷い込み、エスメラルダが自分の夫だといってくれて危うく一命をとりとめたとある。グランゴワール本人にしてみれば、いささか不名誉な話ではある（中世パリの代表的な悪場所だったこの小路の詳細は、拙著『シャルラタン――歴史と諧謔の仕掛け人たち』、新評論、2003 年、522-524 頁を参照されたい）。
8. このソラマメの興味深い神話的背景については、フィリップ・ヴァルテール『中世の祝祭』（渡邉浩司・渡邉裕美子訳、原書房、2007 年、35-42 頁）を参照されたい。
9. これらの大道芸人の総称であるフランス語のジョングルール（jongleur）は、ラテン語で「道化者」などを意味する joculātor を語源とする。中世史家で、コレージ・ド・フランスのラテン語教授をつとめたエドモン・ファラルは、1910 年に上梓した『中世フランスのジョングルールたち』の冒頭で、この遍歴の芸人を次のように定義している。「ジョングルールは多様な存在である。楽師であり、詩人や役者、軽業師でもある。王侯貴族の宮廷に伺候するいわば娯楽の仕掛け人であり、街道を放浪し、村々でパフォーマンスをおこなう放浪者であり、宿駅で巡礼者たちに「武勲詩」を歌い聞かせるハーディ・ガーディー弾き、十字路で群衆を楽しませるシャルラタン、祝日に教会の出口で上演される「芝居」の作者および役者でもある。また、若者たちが踊る「カロル」（緩やかなテンポの輪舞）やダンスの師、「タブールール」（小太鼓の鼓手）、行列を律するトランペットや「ビュイジヌ」（バグパイプの一種）の演奏家、祝祭日や結婚式、夜の団居を盛り上げる語り部となり、歌い手にもなる。 さらに、曲馬師や手品師、ナイフを投げたり、輪をくぐったり、火を飲み込んだり、逆立ちして、自在に手足の関節を外したりする曲芸師、客寄せ芝居やパントマイムをする芸人、間抜けなことをしたり言ったりする道化師など、ジョングルールはこれらすべての謂いである」（Edmond Faral, *Les jongleurs en France au Moyen Âge*, Honoré Champion, Paris, 1987, p. 1）。
　さらに、香具師や手品師、軽業師、百面相、動物遣いなどもジョングルールと

註

略称

BNF：フランス国立図書館

ANF：フランス国立古文書館

ADH：エロー県立古文書館

はじめに

1. ヴィクトル・ユゴー『ノートル=ダム・ド・パリ 上』、辻昶・松下和則訳、岩波文庫、2018 年、21-23 頁。
2. L. P. Bchard (éd.), *Lettres inédites de Maximilien, Duc d'Autriche, Roi des Romains et Empereur, sur les affaires des Pays-Bas*, 1er partie, C. Muquardt, Bruxelles et als., 1851, pp. 31-34 および Michel Fleury (dir.), *Almanac de Paris des origines à 1788*, Encyclopaedia Universalis, Paris, 1990, p. 112.
3. Jean de Roye, *Journal de Jean de Roye connu sous le nom de Chronique scandaleuse*, Renouard, Paris, 1620, BNF. 25168.
4. この聖史劇が大規模なスペクタクルに発展したのは 14 世紀末から 15 世紀にかけてだった。百年戦争による荒廃で苦悩した人心の気分転換のためのスペクタクルが求められ、1371 年にナントで結成された受難劇上演組合を皮切りに、パリをはじめとして各地に同様に組合が組織されたという（聖史劇にかんしてもっとも定評のある書としては、Le Petit de Julleville, *Les Mystères,* Hachette, Paris, 1880 がある）。フランスにおける受難聖史劇の三大作品とされるのは、ピカルディ地方の宗教裁判官で詩歌競作会（ピュイ）で優勝したユースターシュ・マルカデ（14 世紀末 -1440）の『アラス受難劇』（15 世初頭、約 2 万 5000 行）、神学を修め、パリのノートル=ダム司教座聖堂のオルガニスト・聖歌隊長からル・マンの参事会員、さらに晩年はメディチ家の楽隊長となった、アルヌール・グレバン（1420 頃 -73 頃）の『受難聖史劇』（1452 年以前）、そしてトゥールの医師ジャン・ミシェル（1502 没）の『アンジュー受難劇』（1486 年、約 4 万 5000 行）である。このうち、グレバンの作品はパリの受難同信団（後出）用に創られたもので、韻文 3 万 4574 行、登場人物累計 224 名の大作で、前口上を含め 4 日間かけて演じられたという（その内容を含む詳細は、岩瀬孝・佐藤実枝・伊藤洋『フランス演劇概説』、早稲田大学出版部、1995 年、8-11 頁を参照されたい）。

地　名

人　名

索　引

＊「愚者」、「パリ」は除く

事　項

蔵持不三也（くらもち・ふみや）

1946年栃木県今市市（現日光市）生まれ。早稲田大学第一文学部卒。パリ第4大学（ソルボンヌ校）修士課程修了。パリ高等社会科学院博士課程修了（歴史人類学・ヨーロッパ民族学専攻）。早稲田大学人間科学学術院教授、モンペリエ大学客員教授を経て、現在早稲田大学名誉教授、博士（人間科学）。
著書：『異貌の中世―ヨーロッパの聖と俗』（弘文堂、1986年）、『ワインの民族誌』（筑摩書房、1988年）、『シャリヴァリ―民衆文化の修辞学』（同文館、1991年）、『ペストの文化誌―ヨーロッパの民衆文化と疫病』（朝日選書、1995年）、『シャルラタン―歴史と諧謔の仕掛人たち』（新評論、2003年）、『英雄の表徴』（同、2011年）、『ヨーロッパ民衆文化の想像力：民話・叙事詩・祝祭・造形表現』（共著、言叢社、2013年）、『文化の遠近法』（監修・著、同、2017年）、『奇蹟と痙攣：近代フランスの宗教対立と民衆文化』（同、2019年）ほか多数
訳書：エミール・バンヴェニスト『インド=ヨーロッパ諸制度語彙集Ⅰ・Ⅱ』（共訳、言叢社、1986年・1987年）、ラッセル・キング編『図説 人類の起源と移住の歴史』（リリー・セルデン共訳、柊風舎、2008年）、パトリシア・リーフ・アナワルト『世界の民族衣装文化図鑑Ⅰ・Ⅱ』（監訳、同、2011年、合本2017年）、アンリ・タンクほか『ラルース版世界宗教大図鑑』（原書房、2013年）、フィリップ・パーカー『世界の交易ルート大図鑑――陸・海路を渡った人・物・文化の歴史』（嶋内博愛共訳、柊風舎、2015年）、ベルナール・ステファヌ『パリ地名大事典』（原書房、2018年）、ティム・ダウリー『地図で見る世界の宗教』（柊風舎、2020年）、ジョン・ヘイウッド『世界出来事年表』（監訳、石井佑樹訳、同、2021年）、デルフィヌ・パパン編『ロシア地政学地図』（柊風舎、2023年）、アンバー・リンカーンほか編『極北の人びとと暮らし：気候・知恵・文化』（同、2024年）ほか多数

Shufusha

愚者と民衆文化

中世フランスの歴史人類学

2024年10月11日　第1刷

著　者　蔵持不三也
装　丁　古村奈々
発行者　伊藤甫律
発行所　株式会社　柊風舎

〒161-0034 東京都新宿区上落合1-29-7 ムサシヤビル5F
TEL 03-5337-3299 ／ FAX 03-5337-3290

印刷・製本　株式会社明光社印刷所

Printed in Japan ISBN978-4-86498-114-9